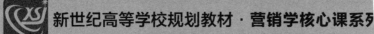
新世纪高等学校规划教材·营销学核心课系列

商务谈判理论与实务

第3版

仰书纲 ◎主编

Theory and Practice of
Business Negotiation

北京师范大学出版集团
BEIJING NORMAL UNIVERSITY PUBLISHING GROUP
北京师范大学出版社

图书在版编目（CIP）数据

商务谈判理论与实务/仰书纲主编. —3 版. —北京：
北京师范大学出版社，2018.5
新世纪高等学校规划教材·营销学核心课系列
ISBN 978-7-303-23600-8

Ⅰ．①商… Ⅱ．①仰… Ⅲ．①商务谈判－高等学校
－教材 Ⅳ．①F715.4

中国版本图书馆 CIP 数据核字(2018)第 068682 号

营 销 中 心 电 话　010-62978190　62979006
北师大出版社科技与经管分社　www.jswsbook.com
电 子 信 箱　jswsbook@163.com

SHANGWU TANPAN LILUN YU SHIWU

出版发行：北京师范大学出版社 www.bnup.com
　　　　　北京市海淀区新街口外大街 19 号
　　　　　邮政编码：100875
印　　刷：保定市中画美凯印刷有限公司
经　　销：全国新华书店
开　　本：730 mm×980 mm　1/16
印　　张：21.5
字　　数：400 千字
版 印 次：2018 年 5 月第 3 版第 9 次印刷
定　　价：45.80 元

策划编辑：马洪立 陈仕云　责任编辑：姚　兵 陈仕云
美术编辑：刘　超　　　　　装帧设计：刘　超
责任校对：李　菡 赵非非　责任印制：赵非非

新世纪高等学校规划教材　营销学核心课系列

编写指导委员会

新世纪高等学校规划教材　营销学核心课系列

编写委员会

总　序

　　市场营销理论的产生是美国 20 世纪初社会经济环境发展变化的产物。市场营销思想及理论的出现和发展，不仅对美国而且对所有市场经济国家的社会和经济都产生了重大影响。它指导着成千上万的企业，有力地推动了企业的市场营销实践的发展乃至企业市场地位的提高；市场营销思想及理论还改变了人们对社会、市场和消费的看法，形成了人们新的价值观念和行为准则。因此，各国的商学院都重视市场营销思想及理论的研究，并进而使之成为一门独立的学科即市场营销学，该学科后来逐渐成为所有商学院培养方案的中心课程，对培养企业的管理精英起了很重要的作用。

　　随着我国市场取向的经济体制改革的开始和深入发展，市场营销学也开始由西方引进并得到了迅速的传播，逐渐成为适应我国经济改革与发展需要的最重要的管理学科之一。同时，市场营销学也被引入了我国企业的经营管理实践中，它对我国企业的成长、经济的发展、市场的繁荣、人民生活水平的提高，甚至对政府的经济决策都产生了重要的影响，发挥了积极的作用。

　　任何理论的发展都是一个逐渐积累的过程，都是对实践的不断总结、提升和发扬的过程。中国特色的市场营销学理论的建设也是如此。虽然中国的营销学者们对市场营销的研究还存在着一些不足，比如对于西方的市场营销学理论基本上是以引进和解释为主，吸收和消化不够，还没有完全把西方的营销理论中国化；又如营销学教材建设滞后，专业教材大部分缺乏一定的深度和可操作性。但是，中国的市场营销学从孕育、生长到发展，其营销思想都在不断地创新与丰富，因为营销思想的创新正是营销领域前进的动力和知识源泉。本套"新世纪高等学校教材·营销学核心课系列教材"正顺应了国内营销学的发展和这种创新的需求，力图弥补国内教材的不足，成为国内市场营销系列教材的代表之作。

本套书定位于管理学本科生的基础教材。对于本科生教学，人们往往认为：本科生的接受能力有限，因此只需要学习一些最基本的理论与方法就可以了；更深入的理论与方法和实践操作，应在研究生阶段或在以后的职业培训中学习。从我们的教学经验来看，这实际上是一种误解。本科生的可塑性和接受能力是相当强的，尤其是一些知名高等院校的本科生。另外，由于以往本科生教学中理论体系的不完整，导致其在实际应用中的困难，也会使学生丧失学习积极性，最终导致本科教育没有达到其应有的效果。

鉴于这种情况，我们考虑开创一种全新的本科生教材体系。这种教材既要突出理论性、科学性，又要强调应用性、操作性，并且在介绍基础理论的同时保持一定深度。具体来看，本套教材具有以下特点。

1. **体系完整**。教材站在营销学理论发展的前沿，内容涵盖了国际、国内营销研究领域中已经形成的理论体系以及营销学科的最新发展，并按照营销理论的体系框架形成了条理清晰的分析结构。

2. **本土化和操作性**。强调营销理论与中国企业实践的结合，充分考虑中国宏观、微观环境对企业营销战略和行为的影响，注重采用中国企业本土化事例讲解，采用本土化案例分析；从培养学生分析问题解决问题的能力出发，通过大量的实战案例和练习，提高学生运用理论解决问题的能力。

3. **强调科学性**。强调营销的科学性和营销技术的运用，在定量数据分析方法方面加以突出；注重学科发展的新理念与传统理论的有机结合；不仅介绍了营销专业的基础理论知识，还融入了营销工程、网络营销、数据库营销等营销新理论。

4. **编写体例完善**。每一章的开始设有本章学习目标、内容结构图表、导读案例，引导学生渐渐深入到课程内容中；每章的内容中根据教学需要，穿插学科背景知识、学术争论、经典案例、最新进展等，增加可读性；每章结尾有本章小结或者本章精要、复习思考题、案例分析等，便于学生很好地总结、复习，并将理论联系实际。这一体例设计也便于授课教师的备课、讲授以及测评授课效果。另外，在写作上，力求文笔生动，表达活泼，提高可读性。

成思危先生百忙之中审阅肯定了本套书的编写大纲，并嘱咐在内容和体例方面力争创新，力求本土化。编写指导委员会各位成员对本套书的体系、内容定位、编写要求等提出了很好的建议。在此，我代表编写委员会对他们表示诚挚的谢意！

参与本套教材编写的作者均出自上海交通大学安泰经济与管理学院、南京大学商学院、武汉大学商学院、上海财经大学国际工商管理学院等著名高校的营销科学领域的教师和学者。这几所大学的营销学专业在我国高校同专业排名中名列前茅。上海交通大学安泰经济与管理学院的营销专业实力超群，吕巍副院长、国内最早研究公共关系学的专家之一余明阳等著名教授均担任本丛书多部教材的主编；复旦大学管理学院的黄沛教授、武汉大学商学院的景奉杰教授、对外经贸大学的王永贵教授、上海财经大学的陈信康教授等也担任了重要教材的主编。

经过各位作者的努力，本套教材终于能和各位读者见面了，我们热忱期待各位专家和读者提出批评建议，以便重印和再版时日臻完善！

中国市场学会副会长

上海交通大学安泰经济与管理学院原院长王方华

记于上海

序

　　大量国内外的商务活动都要面对市场经济中激烈的竞争，谈判作为一种方法和工具越来越被广泛使用，但因为历史原因，我国缺乏经过系统培养和训练的谈判人才，许多企业在商务活动中常因此而处于十分被动的局面。由于谈判是一种科学和艺术紧密结合的知识和技能，既需要深厚的理论功底，又需要大量的务实性经验，因此，培养人才需要花费大量的时间和精力。本书作者在参照了以往国内外商学院许多教材的基础上，结合多年的 MBA 和相关商务专业教学和咨询经验，并重新调整了思路，编著了本教材。

　　本书主要包括三个部分：第一部分主要讨论和讲述商务谈判的基本思路和方法，读者可以从中了解商务谈判人员必须具有的理念和思维能力，以及需要掌握的基本理论和方法。第二部分，根据谈判的五个阶段（APRAM）进行详细阐述，读者可以了解到每个阶段的重点和需要解决的问题、需要掌握的基本方法、主要的流程、谈判时需要具有的心理状态和应对的主要手段。每个阶段都各有其特殊的要求和应对的方式方法，需要认真对待。第三部分，针对商务谈判中需要注意的几个重要问题展开论述：谈判是决策活动，其中存在着大量风险，采用科学合理的方法规避各种风险是谈判中不可忽视的重要问题；谈判中经常会碰到僵局，面对谈判僵局，应该采取有效的措施去突破，其中需要各种方法和技巧，这是谈判艺术的巅峰；为了提高谈判能力，有必要组织各种形式的模拟训练，这也是作者在长期教学和培训中得到的体会。

本书将大量案例融入每个章节的编写中，不再将案例和讲述严格分开，目的是让读者在阅读案例时直接思考谈判中的具体细节，从而减少了许多解释性的表述。书中设有大量的讨论题和思考题，目的也是希望全方位地帮助读者提高谈判能力，这些问题没有标准答案，读者可以结合不同的场合和行业，总结出不同的答案。这是一种新的尝试，希望得到读者的支持和帮助，作者将在本书今后的修订中不断提高。

仰书纲

目　录

第 4 章　谈判的基本方法 ························ 50

第 5 章　项目评估 ······································ 67

第 7 章 建立信任关系 ·············· 104

第1章 前　言

【本章结构图】

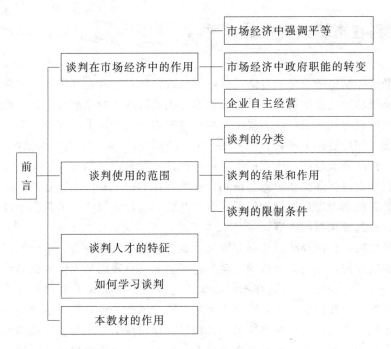

【本章学习目标】

通过对本章的学习，加强对谈判的了解。认识谈判在市场经济中的作用，了解谈判的分类、谈判的结果和作用以及谈判的限制条件，明确一个合格的谈判人员应该具备的几个特征。最后认识到谈判是一门科学和艺术相结合的学科，并在此基础上，结合本教材的整体内容，理解学习谈判的方法。

进入 21 世纪，世界经济最引人注目的成就之一就是中国经济持续、快速、稳定的增长。中国不仅经济总量在不断增长，而且最为突出的是中国经济融入世界经济大格局中的速度也在不断加快。这是中国改革开放政策的成功，也是中国在世界市场中地位提升的重要表现。随着这种变化，中国企业的经营环境和格局正在发生根本性的变化，经营者的经营思路和方法也在进行大范围的调整。引入先进的经营思想、理论和方法成为社会的需求，现代化经营人才的培养也成为高等教育培养人才的主要方向之一。目前，商务谈判人才已经成为紧缺人才，造就一批具有现代化商务谈判能力的人才成为企业经营中最为迫切的需求之一。本教材的编写就是为了适应这种实践需求，希望本教材的出版能推动这一实践的发展。

1.1　谈判在市场经济中的作用

计划经济体制中的大量商务活动依赖于行政协调，政府在其中起着决定性作用，经济活动中发生的所有矛盾都要根据各级政府的指令来解决。基层组织或企业之间的纠纷和矛盾往往需要上一级行政机构来处理，上一级处理不了则再往上递交，如此层层上递，直到有关领导拍板定调结束。在当时的情况下，政企不分，行政等级越高，决策层次越高，因此，没有用谈判方式解决问题的需要。只有在少数国际交往中需要谈判，在这种谈判中也是由政府官员出面应对，以行政思路来考虑和执行，何况在改革开放前这种谈判绝大多数属于政务谈判，极少有商务领域的内容。

改革开放后，我国经济快速稳定发展，经济总量大幅度提高，不仅国际商务活动大幅度增加，国内商务活动也越来越多。尤其自我国加入世界贸易组织（WTO）以来，经济增长势头还在不断加大。这种增长中最大的变化是经济增长模式的改变，即我国从计划经济进入市场经济，因此，经营模式也随之而改变。企业或组织之间的合作在不断增加，包括合作总量的增加与合作范围和领域的扩大，国内外都存在着大量合作的机会。同时，在合作中发生的矛盾及纠纷也在大幅度增加，应对这种局面需要多种方式方法。原来的行政干预方式已经不适用了，也无法合理解决这样的问题。新的体制下必须用新的方法来应对，商务谈判就是重要的方法之一。

1.1.1　市场经济中强调平等

市场经济中强调公平、公正、公开，企业或组织之间既处于竞争之中，也可以进行多种形式的合作，而这种竞争和合作应建立在平等的基础之上，无论企业或组织规模的大小、实力的强弱、经营产业的先进或落后，在市场上均享有平等的权利。企业在商业上可以有盈有亏，但在社会地位上都应处于同等的地位。因此，市场经济中强调法制化管理，每个企业或组织在市场中遵守相同的法律制度，经营决策过程中需要以法制化运作为前提。商务谈判就是在这样的环境下，用相互沟通、协商、共同决策的方式来寻求合作、处理矛盾、化解纠纷。因而，谈判是在平等的基础上开展的，其结果不仅受到谈判各方的尊重，还将成为社会判断相关企业或组织的诚信度的重要依据。

我国加入 WTO 后，对平等的要求就更加具体化和制度化了。在国际商务活动中 WTO 的各种要求和规则都成为必须遵守的基本行为规范，谈判的作用就得到了进一步的体现。如果违反了其中的某方面原则，不仅使一次商务活动受到挫折，还会影响到今后相当长时间内的经营效果，就会在市场中造成缺少信誉的形象，从而大大减少了合作伙伴和商业机会。

1.1.2　市场经济中政府职能的转变

市场经济中，政府的职能发生了根本变化，政企分开是改革的第一步，政府对企业的日常经营活动不再进行直接干预，也不再承担企业经营成功或失败的责任。从商务活动上来看，政府起到的作用主要是用制度化的方式确保市场运行的公平、公正、公开，利用法律手段来维护市场公平竞争的环境。无论是对什么性质的企业(国有的、私有的、外资的)，都遵循同一套制度，政府都应鼓励其发展对国家、地区有利的经营活动，同时限制其有损于国家、地区利益的行业和经营活动。服务型政府的概念就是在这样的基础上提出来的，对有利于国家和地区经济发展的行业和相关企业，政府将用改善经营环境的方式来鼓励其发展，从各种资源上来支持其发展。商务谈判的结果如果符合这些要求，将受到保护，包括法律保护和行政保护，使其结果能得到实现。从而，谈判的功能就在其后续性上体现出有效的特点。对合同执行中发生的纠纷，如果无法内部协调的话，可以通过仲裁机构进行裁决，仲裁委员会和地方法院都可以起到积极的作用，确保公正、公平的处理。因此，只有受到各方面的支持和保护，谈判才会成为有效的工具。

1.1.3　企业自主经营

市场经济条件下，企业经营是自主的，体现在决策的自主、经营活动的自主、经营结果的自主承担三方面。企业的自主经营不受其他方面的干预，但也不能获得没有限制的承诺和保护，这一点和计划经济时期的经营方式有着本质的区别。责任、权利、义务的对称使企业在社会上成为独立的实体，企业被称为"法人"的原因就是其必须单独承担所有的法律责任。商务谈判就是企业作为法人的一种行为，是一种决策，因此企业必须承担其行为的一切后果，没有推诿和反悔的余地。因此，谈判是严肃的社会活动，是法人的活动，不能轻视谈判行为中任何一个细节。当发生经济纠纷和诉诸法律时，谈判的结果，如合同书，将成为法律机构判案中最重要的证据。因此，企业对于谈判留下的结果不能有任何懈怠，包括合同书的起草、签订、履行、考核及各种信息的保存。

1.2 谈判使用的范围

1.2.1 谈判的分类

谈判的使用范围很大，形式也是多种多样，因此分类方式也有许多。了解谈判的分类可以理解其作用和使用范围。

1. 根据谈判使用的范围分类

（1）政治谈判。

①国家与国家之间的谈判，为了解决国际上的纠纷、合作等问题。例如最受关注的朝鲜核问题的谈判、伊朗问题的谈判等都属于这方面的谈判。这种谈判一般由政府出面，往往由国家元首出席最高级别的关键时刻的谈判。

联合国每年一度的会议实际上就是一种国际间有组织、有目标的谈判。例如，关于联合国改革方案的谈判就属于这类谈判，各成员方派代表团出席，并在集体或双边两种方式上进行磋商并达成共识。又如，WTO 的谈判，是世界贸易组织成员方之间的协商、谈判，有整个组织内部的集体讨论，也有各成员之间的协商和谈判，按照规定的议事规则进行。

②地区行政组织之间的谈判。有跨国的，也有国内的，为解决地区之间的合作或纠纷问题。例如重大工程的联合和分工谈判，政法部门合作办案的合作谈判等。

③政府职能部门之间的谈判。政策制定中的协调，政策执行中的配合和协调等也要通过谈判来解决。

（2）商务谈判。国际间或国内企业之间的商务活动中，需要资源的整合和优势互补时，谈判就会出现，在平等互利的前提下进行。商务谈判的内容十分复杂，可以分成以下几种类型。

①国际贸易谈判。跨国企业之间进行贸易需要进行沟通协商并获得双方的

认可，其中不仅有商品贸易，还有大量的服务贸易内容，例如专用技术的贸易、软件包的贸易等。

②国内贸易谈判。和国际贸易类似，但在渠道、交付方式等环节上有很大的不同，谈判方式也会有较大的不同。

③工程项目谈判。商务活动中的各种工程往往需要多方面的合作，因此谈判是不可避免的过程。大型工程往往采取多边合作的方式，其谈判方式和内容就有其不同的特点。例如北京到上海的高速铁路工程，因为涉及大量的资金、技术，同时涉及多个省市，各种要求和综合问题也非常复杂，谈判的困难是可想而知的。

④合资合作谈判。现代经营中合资经营和合作经营是经常性的经济活动，它和其他经济活动最大的区别就是需要有较长时间的共同联合活动，所涉及的因素是大量的而且是可能发生变化的，因此其谈判也是比较困难的。中外合资或合作在我国改革开放以来成为主要的经营方式之一，这方面的谈判也是常见的。

⑤企业并购谈判。近年来投资方式发生的最大变化就是从直接投资向并购方式转移，其中包含着许多因素，最主要的目的是为了全面降低投资成本，提高投资效益。但并购谈判的难度是相当高的，涉及的问题很难全面概括，高风险是这种谈判最大的特点。

（3）处理纠纷谈判。社会中出现各种形式的纠纷是不可避免的，依靠行政方式远远无法解决所有的问题，现代纠纷处理中同样引入了谈判的方式。

①法人之间的纠纷处理。企业或组织之间的各种纠纷，可以通过谈判方式进行协商，这样既可以避免直接的冲突，还能营造出公平合理的气氛。经济纠纷、行为纠纷等都可以通过协商来解决。

②法人与自然人之间的纠纷。有许多利益问题涉及的是组织或企业与特定的自然人之间的矛盾，例如最常见的建设过程中的动拆迁，就涉及法人与自然人之间的矛盾，这项工作在许多国家中都是难题，只有通过平等协商，相互体谅和让步，才能取得进展。

③自然人之间的纠纷。人与人之间也会发生各种纠纷，例如家庭遗产的继承问题，有两代人之间的纠纷，也有兄弟姊妹之间的纠纷，采用谈判协商的方式处理可以得到较好的结果。

2. 按照谈判规模分类

（1）大型谈判。这种谈判涉及的因素广泛，动用了大量人力物力，往往花费较多的时间进行。大型谈判不太可能在一个领域中进行，因此，常常被分解为多个小项目进行，通常称其为子项目。特大型谈判的子项目还可以再次被分割成更细致的项目。其目的是减少每个谈判项目的解决问题的数量，提高谈判效率。例如，我国加入WTO的谈判被分解成和众多成员方的双边会谈，最后才和理事会进行谈判，而不可能一揽子统一进行。

（2）小型谈判。对于只有较少问题需要解决的谈判，一般规模就很小，参加人数不多，占用时间不长，这是数量最多的一种谈判。一般情况下，贸易谈判都属于小型谈判，时间都比较短。把问题简单化，是在商业竞争中抓住时机的必要手段。

3. 按照谈判主体的多少分类

（1）双边谈判。谈判者由两个主体构成，例如贸易谈判由买方和卖方构成，通常将卖方定义为甲方（A方），买方为乙方（B方）。双边谈判是合作双方之间的协商，不涉及别的行为主体，谈判结果只对双方发生作用。这是最常见的谈判。当然也会聘请咨询服务机构参与谈判，通常称为丙方（C方），但这种谈判仍称为双边谈判，因为利益主体仍然只涉及两个方面，不能将其定义为三边或四边谈判。

（2）多边谈判。谈判者多于两个行为主体，涉及的利益是多方面的，这种谈判称为多边谈判，在政治谈判中十分多见，在商务活动中也经常出现。例如大型项目的招标活动中，一个项目需要多个主体来参与投标或竞标，这时就会出现多边谈判的局面。又如拍卖活动，一件文物会有多家买方来参与竞拍，这时出现的就是多边谈判。当然还有许多类似的谈判活动也采用多边谈判的形式。

1.2.2 谈判的结果和作用

在平等、自愿的前提条件下，谈判各方通过充分协商，最终对所需解决问题达成一致意见，并形成了书面的文件，称为合同。合同的作用是十分重要的。

（1）合同将成为谈判各方相关行为的依据。凡是合同中已经明确的权利、责任和义务，以及相关的规定，都将成为合同签约方的行为依据，不能随意反悔或改变，包括经济责任和其他所有的责任都在此范围内。例如商务谈判确定的产品交换价格，不论什么主观或客观原因，买卖双方都不能随意改变，即使市场发生了很大变化，卖方也无权进行单方面改变，买方也不能寻找任何理由推翻。

（2）在发生纠纷请求法律裁决时，合同将成为主要证据。在执行合同过程中，谈判各方发生争执和各种形式的纠纷，为了解决争端，求助于法律，即请求仲裁机构或法院裁决时，合同将成为所需提供的证据中最有力的证据。其他证据如果与其有矛盾，首先要考虑的就是合同中的约定。当然，前提是该合同属于有效合同。

（3）合同受到法律的保护。各个国家都根据各自的国情，制定了与之相适应的合同法，用立法的方式对合法的合同进行全方位的保护，不允许侵犯合同规定的权益。我国的合同法在颁布和实施后经过多次的修订和改进逐步趋于完善，合同的作用也越来越重要。

从以上三个方面不难看出，合同在日常工作和生活中的重要地位和作用，从而，也可以体会到谈判的重要性。归纳起来谈判需要注意以下几点。

（1）合法性。为了受到法律保护，发挥合同的制约作用，合法是第一位的。不能采取投机取巧的方式来进行谈判，否则其利益将得不到法律的保护，国内的和国际的谈判都是如此。

（2）依据性。谈判也好，合同也好，不能抽象地进行，必须务实，只有务实的内容才能获得明确的依据。空泛的内容和语言，不仅成不了行为的依据，一旦发生纠纷，还无法追溯责任，也无法寻求法律的保护。

（3）严肃性。谈判是严肃的社会经济活动，不能以轻视的态度来对待，即使是小型谈判也不能掉以轻心。谈判中要严肃，合同签订也要严肃。

（4）技巧性。谈判是一种社会活动，里面包含着大量技巧，如关于怎样才能使对方接受我方的建议，怎样才能保证我方的利益，怎样才能使谈判顺利进行，怎样尽可能使谈判不要出现僵局等问题的处理技巧。因此，谈判不仅需要科学的态度和方法，还需要灵活多样的方式和技巧，即谈判充满着艺术性。

因此，谈判作为一种科学和艺术紧密结合的学科，其学习方法将会有很大的个性化特点，本书也力图在这方面尝试新的编写方式。

1.2.3　谈判的限制条件

尽管谈判有如此重要的作用，但和所有事物一样，也有其局限性。主要表现在以下几个方面。

(1)谈判是一种决策活动，会受到客观条件的影响，主要表现在信息掌握不足方面。决策的准确性在相当程度上依赖于对信息的掌握，信息的不全面、不正确都会影响到决策的质量。更何况谈判涉及多个参与方，很难掌握完备的信息。尤其是国际商务谈判，涉及的事物更为复杂，这就更难掌握完备的信息。

(2)谈判是人们社会活动的一种形式，因此，人的各种因素都会直接影响谈判的效果；谈判还涉及不同组织，组织间的差异也会影响谈判效果。客观和主观两方面的综合因素，对谈判的效果都会发生很大的影响。即使是合作已久的"老朋友"，因为各方利益追求的不同，也会有很多意想不到的情况出现，更何况谈判经常面对的是第一次合作的组织和个人，人文上的差异将直接影响谈判的过程和结果。因此，对于同样的事物，不同的谈判参与者，完全可能出现不同的谈判结果。

(3)因为以上原因，谈判中隐匿着欺骗和被骗的可能性，因此谈判各方都会提高警惕，防止吃亏上当，从而就可能缺乏相互的信任感。这样的情绪直接影响了谈判的成功和最终的结果。历史上也出现过大量为了自己的利益不惜采用损害别人利益的方式进行谈判的案例。

(4)谈判结果既然是一种决策，一旦达成协议，其影响是比较长远的，但在今后的时期内情势可能发生变化，合同所规定的内容可能给某方带来没有预期到的损失，这样就有可能出现反悔、违约等恶性行为。这也是十分常见的现象，但在谈判时却很难预见和提防，尤其当涉及影响时间较长的合同时，对这种隐患就很难应付。

(5)谈判各方都会追求各自的利益，但往往在追求利益的同时会影响到不直接涉及本次谈判的组织和个人的利益，有时还会给其他组织带来相当大的负面影响，甚至影响到整个社会的共同利益。纠纷也就必然出现，如何处理这种事件常常成为谈判各方关心的问题。

从以上五个方面可以清楚地看到，谈判中存在着大量不确定性因素，用学术观点来解释，就是在谈判中存在着多种形式的风险。面对如此复杂的问题，不能简单依靠谈判来解决，而需要一个完善的体系来保证。为了规避这些问题，在谈判过程中和签订合同时，都必须遵守一系列原则，不能有丝毫懈怠。这些也是本书在以后各章节中将要强调重点，学习谈判时切不可轻视这些要素。

1.3　谈判人才的特征

进入市场经济之后所发生的最大变化是对人才需求的变化，经济的持续稳定增长依靠的是人才供给的保证。同时，谈判，尤其是商务谈判在市场经济中出现的频率越来越高，用一句通俗的话来形容："总经理面前的桌子就是谈判桌"。也就是说，经理人员每天的工作就是谈判。大公司固然如此，即使是小型企业，在市场经济的运作范围内同样面对着许多谈判。谈判已经成为经营活动中不可或缺的工具和方法。因此，谈判人才也成为市场经济中越来越重要和急需的人才。谈判人才的主要特征表现在以下几个方面。

1. 较高的综合素质

热爱自己的事业、热爱自己的国家、热爱自己所在的企业或组织，对于谈判人员来说十分重要，也只有这样才能经受得起各种挑战，包括谈判对手的挑战和自身利益带来的挑战。忠诚度对于谈判者非常重要，这是不言而喻的，同时谈判者的知识结构也是重要的，不仅要对谈判涉及的相关技术和专业知识有相当高的掌握和应用能力，而且更要有很好的心理素质。既要能接受不同程度的挑战，又要经受得起失败；既能面对强者的威胁，也能接受弱者的奉承；既能主动抓住时机不犹豫，也能不为小利而动摇；气度大而心又细，不急不躁，能冷静面对不断变化的事物。另外，谈判还需要较好的身体素质，既能适应千变万化的环境，也能经受夜以继日的磨炼。

2. 较强的综合能力

谈判中需要很强的综合能力，其中沟通能力是最为基础的要求，谈判者要能和不同的人、不同的组织进行各种问题的沟通，交换意见，了解信息，尤其是能和不同国家、不同职业的人员进行沟通，这是十分重要的能力；表达能力，对于不同的问题善于用合适的方法进行表达，不仅能表达准确，而且最易被对方接受；协调能力，谈判中难免发生争论，甚至出现僵局，谈判者要能用积极的手段和措施使其得到解决，协调能力也表现在善于调动谈判团队内部的人员并使其作用得到充分发挥；洞察能力，当发生各种问题及问题发生变化时，谈判者要能在最短的时间内认识其缘由，发现其本质，找到解决问题的途径和方法。

3. 宽泛的知识面

谈判人员不仅要对本专业有很高的造诣，而且要掌握跨专业的知识。主要表现在工程技术和管理技术的结合上，懂得相关的专业技术，能了解其中的关键知识，才能比较深入地参与谈判中的各种决策；同时对商务活动中各个环节也必须有深入的了解和掌握，才能对商务操作过程进行明确的分工；还要对经营管理中的具体过程有深入的了解。无论是买方或卖方，如果都能把握具体细节，谈判就十分容易深入，而且不容易误入歧途。法律意识及法律知识也很重要，谈判本身离不开法律，因此对经济法的掌握及灵活运用成为谈判人员的必要知识和技能。国际商务谈判人员不仅要熟知本国的法律，还应该对相关国家的法律、国际商法、国际惯例、WTO 的规则有较为深入的研究。

4. 丰富的实践经验

要成为谈判高手，不能寄希望于读几本书，看几次别人的表演，必须亲身投入，在谈判实践中多次磨炼。同时要不断深入思考，总结其规律，从而形成具有自身个性特色的谈判风格。谈判是一门艺术，和其他艺术一样，只有在实践中才能获得真知。

5. 良好的仪表礼仪

庄重的仪表给人一种信任感，谈判者要语言得体，举止庄重，谈吐稳健；尊重客观事实，不强词夺理；尊重对方的人格，诚恳待人，不轻易贬低别人，哪怕别人有明显的差错；不怕别人的挑战，经受得起无理取闹。恰当的礼仪和礼仪安排，不需要豪华奢侈，但却能让人感到舒畅。谈判中应尊重对方的文化取向，合理安排各种活动，计划周全，不轻视细节。

6. 熟练掌握相关的语言

国际商务谈判需要和相关国家的人员进行沟通交流，尽管可以起用翻译，但自己能熟练应用该语言，对于谈判则会带来极大的方便。从谈判技巧出发，就更容易和谈判对手进行周旋，更易于了解对方的意图和策略。

可见，要成为一位老练的谈判人员，甚至谈判高手，不可能通过简单的学习和训练就能达到目的，需要在多方面进行培养，还需要长期的实践磨炼，这就是我们要加强谈判学习和实践的目的。

1.4 如何学习谈判

商务谈判的学习与其他知识和技能的学习一样要付出艰苦的努力，此外，由于谈判是科学和艺术的结合，所以谈判的学习又有其特殊性。

1. 谈判科学的学习

谈判是一门涉及面很广的科学，因此在学习商务谈判前应该学好许多前导课程。

(1)经济学。学好经济学的目的是使谈判人员掌握经济分析的基本能力。谈判前的准备工作大部分都需要进行严密的经济分析，以确定商务行为的合理方案。因此，将会大量涉及与经济学相关的财务分析、成本分析等知识。当然，谈判不是一个人能完成的工作，相互配合十分重要，有些专业性很强的工作可以另外物色专家介入。但要掌握谈判的基本规律，经济理论的学习不可缺少。

(2)市场营销学。商务谈判需要大量的商务知识作为基础，而学习市场营销学的目的就是使谈判人员能有十分敏锐的市场意识，包括重视市场信息的获得，能进行细致的市场分析，从而把握市场机会。当然谈判中还会大量涉及顾客关系管理、信息技术、企业文化等相关领域的知识内容，这些知识可以在长期的实践中不断学习和提高，而市场营销却是不可缺少的前导课程。

(3)经济法学。谈判人员需要有扎实的法理基础，因为要贯彻谈判的结果，就必须得到法律支持，所以协议或合同的合法性就成为关键。谈判人员的法制思维能力和对法律工具的熟练使用能力是十分重要的。当然在合同的制订和协商中还会大量涉及公司法、合同法、知识产权保护法等相关法律，国际商务谈判还会涉及国际商法、国际惯例等内容。这些内容需要谈判者在不断地学习中提高和掌握，其中经济法的基本原理和方法是谈判学习不可缺少的前提。

(4)相关产业知识。商务谈判必定和某个产业领域相结合，因此谈判人员必须对谈判所涉及的产业比较熟悉，对其内在规律比较清楚。因此，在学习谈判时必须对相关的专业知识和技能有比较深入的掌握和运用能力。例如进行贸易谈判时，不仅要对贸易商品的特点有深刻的了解，还要掌握运输、仓储、包装、通关、外汇结算等业务知识；工程项目谈判则更需要对相关工程的理论和技术有深入的了解和研究；合资合作谈判，尤其对当前重要的投资方式——企业并购谈判，则更需要对相关的产业有一定的实际运作能力。

2. 谈判艺术的培养

谈判是一种艺术，它和其他艺术的相同点在于谈判者需要有一定的先天性条件，不是所有的人都适宜进行谈判；它和其他艺术的不同点在于谈判者具有其特殊的个性，因此需要长期的培养，从而形成适应于个人的谈判艺术特点。

(1)谈判心理素质的培养。心理素质的培养不仅要学习心理学的有关知识，更需要在实际工作和生活中有目的地进行培养。培训方式可以采用博弈类游戏的训练方式，可通过这种游戏来培养平静的心态，不急不躁，冷静对待各种事态的变化。同时，谈判中会遇到大量不确定情况，也就是存在着很多次博弈，谈判人员在实际参与谈判的过程中也应该不断锻炼自身的心理素质，尤其在每次谈判结束后，应该静心总结自己的体会，并获得经验和教训。

(2)谈判语言训练。谈判用语充满着艺术性，它和平时讲话的方式方法有很大不同，谈判人员不仅要清楚表达自己的意愿，而且还必须留有余地。要尊重对方，又不显得低三下四；要能争善辩，又要注意分寸。语言训练可以从最简单的语句训练开始，逐渐扩展到阐述整个问题的能力训练，其中最常用的方式是一对一的对话训练。

(3)文字条款练习。谈判最后都要以文字方式获得结果，无论是合同、协议、备忘录、意向书还是相关文件，都有很重要的作用，因此严谨的表达是必不可少的要求。这里要求的文字表达方式和其他体裁的表达方式有很大的区别，谈判者要对这方面进行严格的训练。在实际谈判中也要重视锻炼和培养这方面的能力。

(4)礼仪、态度训练。谈判中需要得体的态度和礼仪，这也是谈判艺术中不可缺少的要件。对于打扮穿着方面的学习比较容易，困难的是培养彬彬有礼的待人接物的态度，即使在激烈的争论中仍能保持这种态度是很不容易的。恰到好处的开场白、灵活自如的应变能力、圆满成功的总结等都是在训练后才能得到的能力。

(5)模拟谈判。选择合适的谈判案例并组织模拟谈判是很有价值的培训方式。学员分组形成谈判的双方，各自进行准备后，针对某一特定的主题，进入正式的谈判过程，教练员在旁进行指点和引导。每完成一个阶段，就进行一次全面的总结。可以进行多个主题的谈判，也可以对同一主题进行多次谈判，但最终必须形成书面的结论性文件，如备忘录、合同等。

1.5　本教材的作用

编写本教材的意图在于给谈判人才的培养提供一些帮助，作者力图尝试一种新的教学法，即尽可能地将理论和实际结合，因为谈判既是一门非常务实的学科，又有很深的理论底蕴。谈判的理论与实际的结合不仅体现在内容上，而且还体现在具体操作中。本教材是作者多年的教学经验的凝结，并经过了不断的调整、修改和总结。教材从思想和方法上结合了我国具体实际，并借鉴了美国几所著名商学院的教学内容和英国商学院的教学大纲编著而成。其中，引用了大量案例，主要针对国内的具体实情，也采用了国际上的一些思路和方法。用案例来说理，用理论引出案例。作为一种尝试，本教材肯定有许多不足，希望得到读者的指点和批评。

本教材分成以下三个主要部分。

（1）商务谈判所需要掌握的基本理念和方法。包括第 2 章、第 3 章和第 4章，其中第 2 章的目的是让读者了解谈判形态的多样性，了解谈判不仅涉及的领域广泛，而且形式多样，为以后的学习明确方向；第 3 章主要让读者掌握谈判中的基本理念，我国进入市场经济时间尚短，因此在理念上必须进行调整，这方面内容在国外著名商学院的教材上很少提及，而这又是不可缺少的部分；第 4 章主要讨论了谈判的基本思路和方法，使读者在学习具体谈判之前有比较明确的概念。

（2）商务谈判中各阶段的要点和主要方法。包括第 5 章到第 11 章，根据谈判的 APRAM（appraisal、plan、relationship、agreement、maintenance）五个阶段进行详细讨论，突出每个阶段的目标、重点，从而讲述为达此目标所必须掌握的理论、方法，强调该阶段的特点和与其他阶段的衔接要求。其中把建立信任关系分成两个章节，目的是重点突出谈判过程中两种不同的沟通协商方式；将达成协议分成第 9 章和第 10 章两章，也是将价格谈判这个在谈判中最为关注的问题单独列出，而表现出价格谈判的难点和解决的重点；在第 11 章中则重点强调合同条款的编写及谈判重点，这也是当前我国商务活动中最薄弱的环节之一。

（3）商务谈判中重要的影响因素和应对方法。包括第 12 章到第 14 章。文化因素对谈判有相当大的作用，利用得好可以支持谈判顺利进行，处理得不妥当将会严重干扰谈判的过程甚至结果；谈判是决策活动，因此充满了各种风险，应理解和学习风险在谈判中的表现形式和应对方式；谈判中出现僵局的可能性很大，如何应对和采取合适的突破措施是很有必要掌握的内容。这些内容与有关学科内容的不同点在于其和谈判的紧密结合，作者不在理论上进行更深入讨论。第 15 章的内容是模拟谈判的方法和案例提供，作为读者练习的参考。

第 2 章　谈判的形式

【本章结构图】

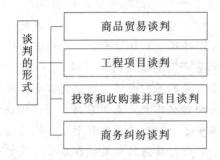

【本章学习目标】

通过对谈判形式的介绍，使读者正确认识谈判出现的机会、场合，同时理解谈判采取多种形式的必要性，为进一步学习和掌握谈判技能明确方向和要点。

一般认为，谈判是两方的人面对面地分坐一张长桌的两面，然后侃侃而谈，往往只有负责人讲话，其他人认真地听，正如许多电影、电视片里放映的场景那样。其实，谈判的形式是多种多样的，没有一定的模式。本章将根据不同的谈判类型列举其不同的谈判模式，让读者体会到它的多样性。当然，列举的形式也不是固定的，还要根据不同的情况进行调整、改变，甚至重新选择。

本章重点讨论商务谈判中主要的几种形式，并不涉及行政谈判中关于政策、人事方面的谈判实例。

2.1　商品贸易谈判

商品贸易的谈判是谈判中比较多的一种，凡是买卖双方要进行交易，都要进行谈判，即使是有较长历史的买卖关系，每次交易也都要谈判。贸易谈判中有许多种形式，以下列举几种。

【案例 2-1】

战略性供应协议谈判

B公司是国内最大的钢铁生产企业之一，其在特种薄钢板的生产和供应领域已成为世界公认的最大厂商。为了获得稳定的焦炭供应，多年前和国内较大的煤炭集团P公司签订了战略供应协议，执行至今不仅双方都获得了很高的经济利益，而且也为今后进一步发展奠定了良好的基础。这是次典型的双赢谈判，尽管花费了一年多的时间，其中也出现过多次波折，政府也进行了多次的协调和干预。为什么呢？按理来说仅仅是一个原料供应项目，只需要B公司的采购部门和P公司的销售部门直接谈判就可以了，为什么要惊动那么多部门，最后双方老总都亲自参与谈判呢？通过案例分析来看其问题的实质。

我们来分析B公司为什么需要定点供应商。高端钢铁材料对原材料的要求特别严格，铁矿石是其中之一，而焦炭也有十分严格的质量要求。通过多年采购使用，B公司认定了P公司提供的焦炭从各方面来说都最接近要求，尽管一些细小的问题也不断出现，如何能得到稳定的供货是B公司的重要追求。当然供货价格直接涉及成本，也值得关注。及时的交货期是生产者最关心的问题之一。这三个方面是B公司谈判的基本利益追求。

P公司作为焦炭供应商，他有自己的煤炭资源和比较大的焦炭生产线。国内能源需求很大，P公司不担心销售上有问题，至少眼前没有这方面困难。那为什么要和B公司合作呢？是迫于行政压力吗？不是。能为B公司供货，成为定点供应商，对P公司来说具有品牌效应，增加自身在国内和国际的影响力。尽管在过去多年的合作中有许多成就，但也有许多不愉快的事情，主要在产品质量上的纠纷较多。能建立长期合作关系，双方沟通就省力不少，有较稳定的质量标准，对于煤炭的选择和焦炭的制作就比较容易，成本控制也比较实际可行。

双方的冲突无法回避。首先，价格问题最敏感。协议中的供应价格定为多少呢？如果按谈判时期的市场价来确定的话，以后发生变化该如何应对呢？尤其进入市场经济后，这种变化将很难预测。国际价格的影响、国内市场的变化都直接影响到焦炭的价格。钢铁价格也会间接影响到采购的积极性。其次，需求量的问题也是十分敏感的问题。作为B公司，生产计划当然根据市场需求来制订，在此基础上制订采购计划，因此不可能在合同中规定明确的需求量。这对P公司来说是最大的麻烦，该按质量要求生产多少具体的量呢？少了不够供应，属违约，多了给谁呢？它不是大众产品，成本明显高于市场中的相似产品。最后，B 公司的产品更新很快，技术转变很大，单位生产需求也在不断变化，对焦炭的某些参数也在不断调整，P 公司也要不断调整产品生产，谁来承担这方面的责任和投资支出也成为冲突的主题之一。

细节性的问题还有许多，包括运输、包装、储存等，但上述问题成为谈判的主要方面。可见单纯依靠供应和采购两方面来谈判远远达不到预期效果。因此，本次谈判由双方总经理组织专门的谈判组精心策划和实施，分成多个谈判小组分工进行，花费一年多的时间最终达成协议。其中最关键的是从战略高度形成两家公司的合作，细节问题通过沟通和协商来解决。集中表现在：

1. 制度化地确定了双方承担的责任、权利和义务。

2. 建立了完整的沟通机制，组织上、制度上、运行经费上得到了保证。例如，制度上规定就价格和需求量每年 10 月组织一次谈判，确定下年度的需求量和供货价格，并签订供货协议。

3. 双方相互提供技术支持。包括产品生产过程和要求，双方相互交流和探讨。引入高校对专门技术进行研究和开发。

4. 以上内容都在合作协议中明文确定。

案例分析：

从上述案例我们看到了谈判不是面对单一问题的过程，涉及的问题有当前的也有长期的，更麻烦的是面临不确定因素时该如何应对。因此，谈判要思考的问题需要全面、深入，更重要的是谈判双方的利益追求是不同的，有互补的也有冲突的。不能简单靠一方面来确定，更不能依赖上级领导来决定。该案例带给读者更深层次的思想是，当前我国正处于转型期，各种企业都在寻找方向，上述 B 公司与 P 公司的合作模式是值得学习和推进的方式之一，不一定要用增加投资来促进经济转型和发展。

案例讨论：

1. 本案例谈判中总经理起到哪些作用？

2. P 公司供应部门和 B 公司采购部门之间主要谈论什么主题为好？

3. 还需要哪些部门参与？

4. 谈判主题的简和繁由谁来确定？

【案例 2-2】

一次失败的商务谈判

M 公司是一家国际上小有名气的化妆品企业，为了开拓中国市场，公司老总 S 先生带了助手直接来中国约见中国一家大型百货集团 K 公司总经理王先生。主题是如何使 M 公司的品牌产品大规模进入中国市场并超越竞争对手 B 公司。S 先生做了十分详细的准备工作，包括新产品样品、产品论证文书等，力图通过谈判获得 K 公司的信任。K 公司得知 S 先生的到来也很高兴，因为这以前 K 公司出售过 M 公司的化妆品，销量也很可观，但是通过中间商获得货源。这次 M 公司主动上门，可以直接取得货源肯定使得销售利润大幅度增加。

谈判开始 K 公司首先尽地主之谊高规格接待来访的 S 先生和同伴，参观了 K 公司最主要的商场，仔细讲述了中国市场这几年来化妆品销售量增长的情况以及需要商品档次提高的速度。在化妆品柜台上不仅看到了 M 公司的产品，也看到了 B 公司的产品。S 先生开始很高兴，随着进程的延伸显得不耐烦了。尤其看到 B 公司的商品位置明显放在比 M 公司更有利的位置，S 先生不高兴了。

S："怎么你们把我们的产品放在这儿呢？"

王："我们商品的摆放都有明确的计划和要求，便于清点和统计。"

S："那好，我的时间有限，我们坐下来谈具体的，不要再参观了。"

王："好呀，我们到接待室去。"

从而提前结束了参观程序。到了会议室，因刚收拾干净，有些配置还没完全到位，工作人员有些慌乱。开始谈判时中方人员没有到齐，有几位姗姗来迟。

王："欢迎 S 先生来访。"（后面又介绍了公司的情况）

S：（打断了王的讲话）"因为时间有限，请你听我介绍一下我的来意……（接着介绍了 M 公司的概况及今后几年的计划）。为了中国市场我想提几点建议……"（以下又谈了进入中国的战略思考）

王："S 先生很有想法，但中国市场有其个性化特点，尤其不同年龄段的人差异相当大，我们的生意很难做的。而 B 公司我们也多有接触，他们就会按照中国特点不断调整产品模式……"

S："B 公司的产品有它的问题，从产品品质到包装都有不少值得商榷的方面，比如……"（后面详细讲了其中的问题，以此来抬高自己公司产品的水平）

王："我能接受你的说法。我们可以考虑多引入贵公司的产品，你会有哪些优惠呢？"

S："当然有……"（讲了一系列条件，但未就价格问题提出具体的设想）

王："我们关心的进货价比以往有哪些优惠？"

S："会有的，但今天你们要承诺我的具体条件，我回去后给你们详细的报价。"

王："你提出的条件我们也需要认真研究后才能表态。我看今天就到此结束了吧。"

会谈结束，王总亲自送 S 先生到宾馆。后面就没有进一步联系。

案例分析：

谈判失败的根本原因是双方对合作的期望过高，都希望又快又高水平地合作，都认为这里不存在什么大问题，没有看清对方的意图和利益追求就急于求成。操之过急是谈判的大敌。直接讨论竞争对手的好与坏也是谈判中不能容忍的错误。

案例讨论：

1. 分析外方和中方在谈判中各有什么特点和不足。

2. 谈判准备工作有哪些需要充分重视的？

3. 这场谈判中我方要达到目的，但又无法改变对方时需要做哪些事？

4. 商务谈判不是争吵，但一味的退让能解决问题吗？

【案例 2-3】

展示大厅内的谈判

新新玩具公司是一家大型玩具出口公司，主要产品是向国外市场提供的有自主品牌的长毛绒玩具，另外也有其他玩具类的产品供应，公司下面有五家玩具制造厂分别生产不同类型的玩具。公司每年利用参加各种类型的交易会获得出口订单，如广交会。但订单的主要来源是公司的销售网络，占整个需求订单的 70% 左右。需求来自于世界各国，主要还是欧洲和美国。玩具销售有其特殊性：第一，需求的个性化，每个地区对玩具的要求是截然不同的，尤其是长毛绒玩具更与当地的文化、习俗、宗教有着密切联系；第二，每次的批量不会很大，批次多而批量小；第三，每年的需求都会变化；第四，技术要求很高，如对材料、工艺、美感、乐趣等方面都要求高，而且还要满足绿色标准的安全要求等。每到年初，许多客商都会应约到公司来为当年需要订购的产品进行谈判，尤其快到圣诞节的时候，更是有很大的需求。

P 先生是来自美国的客商，是老客户了，每年五月都会来公司订购当年的长毛绒玩具。销售部王先生出面接待，陪同 P 先生到公司产品展示厅，这是一个处于公司二楼的有 300 平方米的大厅，其中存放着 50 多个展示橱柜，里面放置着各种不同类型的长毛绒玩具的样品，这些样品每年都在更换，每个玩具边上都有一张说明书，标注着名称、规格、材料等要素，但没有价格内容。出面陪同的还有产品开发部的设计师李先生。因为是老顾客，所以直接走到适应美国需求的橱柜边仔细听李先生的介绍并察看。P 先生看的过程中提出各种非常具体的问题，王先生和李先生都热情、具体而深入地进行了解答。

P："这只兔子，眼睛为什么那么大？"

李："我们借鉴了卡通画的设计。你看，这样眼睛神气多了！"

P："颜色能否再深一些，最好不要这么均匀。"

王："可以呀！你认为怎样才最好？"

P："你看，那面的那个山羊的颜色不是更好看吗？"

李："当然可以！"

P："材料如何？"

李："没问题，和去年的一样，符合美国的标准。"

P："价格多少？"

王："要看多少订量了，如果和去年一样的话，价格水平不变。"

P："我看，你们再打个样子出来，根据今天的要求，要有三种不同的规格，下周三我再来。"

王："行！我到时恭候。"

谈话中还涉及许多技术性和外形上的要求，这里没有一一详细阐述。

很快过了一周，P 先生再次来到公司，并再度来到大厅。王先生出示了经过修改的样品，并作了详细介绍。

王："根据先生的要求，我们又做了三个不同规格的样品，你看如何？"

P 先生仔细地查看了样品，同时也提出了许多相关问题，王先生作了进一步解释。

P："我看这个样品可以认可了。"

他拿起一支水笔，在玩具样品的背上签了字并注明了日期。

P："第二个还要做一些修改，第三个我这次不要了。"

王："改好以后，我给你送过去，如果可以的话，签订单，你看好吗？"

P："行，周末之前，我还在，下周我要回国去了。"

周六，王先生到 P 先生下榻的旅店，双方再次见面，在第二个样品上签字。同时对商品订单上的有关条款进行协商，对价格、批量、交货期、付款方式等问题达成了协议。合同经签字后，一式六份，各持三份。

案例分析:

这样的谈判方式很特别,不是吗?在展示厅中进行,而且在确认的样品上签字。在许多相似的商品的国际贸易中经常采用这种谈判方式,如箱包、服装、鞋帽等。其优点是谈判可以直接涉及款式、材料和设计,能满足个性化的要求。谈判的中心也容易集中,很难被打岔。

案例讨论:

1. 为什么要在样品上签字,样品有哪些作用?
2. 这样的谈判对于谈判者有哪些要求?
3. 怎样布置样品的展示厅以更有利于谈判?

2.2 工程项目谈判

工程项目包括建造桥梁、隧道、公路、铁路等交通设施,电站、机场、车站、港口等公用设施,房屋、大楼等建筑,还包括建造工厂、基地等生产设施。其特点是这些项目都有明确的用途,因此具有各自的个性,从规划设计开始都有不同的要求。工程项目不是哪一家公司能统包完成的,工程的业主往往委托一家总包单位来负责,然后由总包单位分包给各种专业公司,专业公司可以自己完成一部分,而把其中的另一部分再一次分包给专业的工程队来完成具体的施工。这样做的好处是明显的,不仅能用比较低的成本来完成任务,从专业分工比较细致的因素出发又能满足工程质量要求和时间进度要求。由此可见,工程项目需要多个组织和团队经过仔细组织策划系统地进行,这其中每个过程都离不开谈判。

【案例 2-4】

黄河大桥的谈判

我国西部 L 市为了发展经济需要建设一个工业区,但原来的工业区已经有了一定规模,再在此基础上扩建将有许多问题,如电力供应、自来水供应、道路交通等方面的建设都有困难。同时,再建设还必须考虑更高的保护环境的要求,因此 L 市决定要另外建设一个独立的工业区。L 市在黄河的南岸,能用的土地已经用得差不多了,为了降低开发成本,同时带动黄河北岸的发展,准备在黄河北岸新开辟一片土地作为工业区的基地，这样就少不了交通设施的建设。黄河上原来有桥，一方面离新区较远，另一方面已经非常繁忙。因此，在建设工业区的早期应该首先在该地区新建一座大桥。市政府委托工业区筹备委员会进行该项工作。管委会成立了大桥筹备组，同时组织了专家咨询小组。首先确定了该座大桥的主要功能：公路大桥，兼有通水和通气的管道跨河输送功能；桥上允许通行集装箱卡车和特种载重车，最大限度为 80 吨载重车；同时大桥建成后不能妨碍原来河道的航运能力和水利功能。

建设大桥遇到的许多问题主要包括以下方面。

第一，规划问题、用地问题、动迁问题。这方面工业区有能力自己组织力量解决。

第二，设计问题，包括初步设计、详细设计和施工设计。初步设计可以委托省规划设计院来完成；而后两项要依靠建设单位来完成，才能保证质量、成本和工期。

第三，建设问题。必须由一级资质的桥梁建设单位来承包整个工程，至于由哪些分包商来参与该工程也委托该建设单位全面负责。

第四，质量问题。这是"百年大计"的工程，质量要求非常高，纯粹依靠建设单位是不行的，还需要物色一个工程监理公司对工程全过程进行监督。管委会要加强与建设单位和监理公司的沟通，了解情况，处理问题。

第五，工程费用问题。预算中的建设费用是很有限的，最好有其他资金来源和融资渠道，使工业区的建设水平能上更高的层次。单纯依靠管委会的力量是远远不够的，依靠银行系统和国内外的投资公司是主要的办法。

第六，工期问题。建设的周期必须和工业区建设的规划步骤相匹配，计划的控制主要依靠筹备组，但还必须和建设单位具体约定。

第一轮的工作就是物色总承包建设单位。根据上述要求采用招标方式进行。首先聘请具有丰富经验的咨询服务机构拟定招标书和策划"标底"，即合格标准，建立了由各方面专家组成的项目评标委员会；然后通过多种渠道向国内外发出邀请函，应标的单位多达 12 家；根据评标委员会的评选，确定了三家候选单位。

同时，用基本相同的方式选择项目监理公司，在技术、成本、工期等方面对大桥建设进行监理。

第二轮的工作中，大桥筹备组组织谈判小组分别与这三家单位进行谈判。谈判的主题是除了满足标书中的要求外，对于其他方面的要求，主要是融资的能力，如能提供建设资金的话可以优先获得总承包权。最终 M 公司获得了该项大桥工程的总承包权，双方签订了合同。M 公司是一家美国建设公司，有过多次大桥建设的经验，具有保证质量的能力，同时能提供建设资金的 80%。由于大桥通车后不准备收费，如何归还这笔资金和提供相应的利润是谈判中最困难的问题。经过多次协商，工业区专门制订了 10 年的还贷计划，另外划拨了 200 亩土地供 M 公司进行房地产开发，30 年不再收取土地使用费。这样做的优点是工业区可以省却另外的居住配套投资，而 M 公司可以从房地产开发中获益。但 M 公司对房地产开发，特别是对中国的房地产开发根本没有经验，因此，M 公司就全权委托在中国国内的一家合作伙伴 J 公司代理，不仅将房地产一项有偿转让给 J 公司，而且将大桥建设的许多具体事务也交给 J 公司代理。这样既节约了成本，又减少了项目沟通中的障碍。

在这以后，M 公司和 J 公司也进行了多次谈判，形成合作合同。M 公司又组织多次大桥建设工程分包谈判和招标活动。经过半年多的准备，大桥开始设计和施工，一年半后大桥建成，经过三轮的检验和验收，确定大桥各方面已经达到了预先确定的要求，进入试通车阶段，三个月以后正式通车，投入正式使用。此时，工业区的建设正好进入高峰期，各类物资的运输需要通过大桥。经初步计算，运输成本比不通过大桥要降低 10% 左右，这给该市的招商引资工作创造了非常有利的条件。

案例分析：

在大桥项目的实施中谈判起到了很大的作用，组合了各种优势，利用了多方面资源，使项目由多家企业联合完成。而在这样的合作中有大量因素需要协调和统一，只有依靠细致的谈判才能使分工合理，并使各方面利益得到保证。

案例讨论：

1. 为什么要进行那么烦琐的活动？初步估计应该有多少次的谈判？
2. 谈判中涉及多少问题？容易解决吗？
3. 谈判的形式是单一的吗？应该由谁来主持谈判？这个问题重要吗？

【案例 2-5】

关于地铁车厢改变尺寸的谈判

上海地铁建设过程中引进了德国 AEG 公司的车辆，经过一年多的使用，发觉这种车辆存在一些使用上的不足，因此在以后订货时要求加以改进。主要是车辆车门的宽度不太适应上海的实际情况，因为上下班的时候地铁特别拥挤，除了增加车次外，缩短停车的时间也是非常重要的问题。经过长时间的观察分析，发现车门的宽度是重要的制约因素。按现有的车门宽度，两个人同时进出很宽松，如果三个人进出就显得拥挤，从而影响了上下车的速度。

因此，如何与对方公司谈判解决这个问题就提到了议事日程上来。中方在与德国方面专家的首次接触中，在这个问题上很难达成一致。他们提供了大量技术资料和数据，力图证明这样的宽度是最合理的，也拿出了德国国内地铁车辆长期运行的记载资料，力图说明其运行是高效率的。怎样才能使对方理解我们的意图和要求呢？

经过研究，中方将谈判场地选择在地铁车站上，时间正值上班高峰。中方派出了相关负责人和技术人员，德国方面也来了不少专家和经理人员。在站台上一边观察，中方负责人一边解释：

"与德国人相比，中国人的体格比较瘦小，你们看这样宽的车门对于德国人来说，两个人进出正好，而对中国人来说则显得太宽松，如果三个人进出就太挤了。"

"如果把车门放宽 10 公分，三个人进出就十分通畅，进出速度就快多了。"

面对如此拥挤的车辆，德国经理一边摇头一边和边上的专家窃窃私语，最后问道：

"一直如此吗？"

"上下班的高峰时期，天天如此！"

双方又到了另外几个车站进行察看后，德方没有提出任何异议。过了两周，在谈判桌上 AEG 公司承诺将车门放大 10 公分，对内部的布置做了重大调整。新车型不仅可以加快进出的速度，而且使乘坐的旅客人数也增加了 10%。

案例分析：

这是一次专门化的谈判，难度是对方不理解我方提出问题的意图，单凭讲解无法使问题体现出来。将谈判地点放到现场，是一个非常有效的办法，不仅亮出了问题的来龙去脉，同时也体现出我方的诚意。对于双方处于不同文化背景的谈判，采用这种方式是比较适宜的。

案例讨论：

1. 为什么德方不能理解中方的问题？

2. 在车站站台上进行观察是否会影响谈判的情绪和进度？

3. 现场谈判需要什么样的条件？

2.3 投资和收购兼并项目谈判

改革开放以来大量国际企业进入中国设立分支企业，有办工厂的，有办分公司的，也有设立办事处的。但它们对中国的情况了解不多，所以第一步经常选择当地合适的合作伙伴进行合资，建立合资企业。合资项目谈判也应运而生，这种谈判非常有个性和特色。当前直接投资的项目逐渐减少，对原有企业进行收购兼并的越来越多。跨国的有国际大企业来收购，到国外收购的也已经发生许多。下一阶段随着经济发展模式的转型，国内相互收购兼并也会大幅度增加。

【案例 2-6】

生产型合资企业谈判的开场阶段

S 是某省的一个大型工业区，已经引进了世界各地著名企业二十多家，而且大部分企业以机械加工产业为主。S 工业区的优势包括已经开发好的土地，电力供应充足，水资源富裕，道路畅通，运输方便等，这些条件吸引了更多国际上需要深度加工的跨国公司前来考察和访问。S 工业区专门设立了接待办公室负责接待、联络，有可能的话，进一步招商引资。

G 公司是一家国际上很出名的电气制造企业，在世界各地都有分支机构。为了开拓中国市场决定到中国来投资发展，并派出了一个考察团到 S 进行访问。S 接待办黄主任亲自出马全程陪同。

首先在 S 的接待大厅中，黄主任围着工业区模型把 S 的地理位置、规模情况、配套设施等为客人们作了详细介绍。客人们也提出了大量问题，黄主任一一作了详细回答。

G 代表："工业区中有哪些代表性企业？它们进来了多长时间？"

黄："大型跨国公司已经有十多家了，您看，这儿是 M 公司的中国制造部，主要生产大型电力设备的底座。自建成到生产只花了九个月的时间，现在已经两年多了。"（注：介绍有针对性。）

G 代表："他们的厂房建设时间也包括在九个月内？"（注：问题中有疑问，代表也发出了关注的信息。）

黄："包括在里面，因为我们的土地已经准备就绪，七通一平事先已经完成，基础设施也准备充分，开工后主要是地面工程的建设，因此建设进度很快。如果你们有什么要求，提前告诉我，我们提前准备好，时间还可以缩短。"

G代表："我们可以到现场去看看吗？"

黄："可以，事先我已经给M公司打过招呼，除了规定的几个地方外他们欢迎您去指导。"（注：准备工作充分。）

在现场，G公司的代表们仔细考察了环境及其他条件，也询问了M公司的接待人员一些细节问题。

中午便餐后，在小会议室中，G公司的代表就进一步讨论提出了一系列想法和建议。黄主任也表示了明确的态度。

G代表："今天很高兴能看到我们需要看的内容，我们有了进一步的打算，希望我们的合作能成功！最后再一次对今天的接待表示感谢！"

黄："欢迎贵公司光临本工业区，希望来我们这儿投资发展，我们一定按照今天讨论的内容做好准备，在最短的时间内我会把下一步计划发送给贵公司。我相信，我们的合作一定会成功！"

案例分析：

这是一个常见的接待过程，但实际上是谈判的开始，当然许多接待可能只是有始无终，但接待工作必须要为争取进一步的合作机会做好准备。因此，准备工作必须周全，不能有任何懈怠。

案例讨论：

1. S方面在接待工作中做了哪些准备？

2. 工业区用什么来吸引投资者？

3. 为什么其中提到了中午只是便餐，而没有宴席？如果不是这样会有什么影响？

【案例2-7】

联想集团收购IBM公司PC业务

2004年12月8日，联想集团和美国IBM公司（International Business Machines Corperation，万国商用机器公司）签订了一项重要协议。根据此项协议，联想集团收购IBM个人电脑事业部（PCD），交易总额达12.5亿美元。2005年5月1日完成全部收购业务，联想成为继戴尔和惠普后第三大世界级个人电脑供应商。这在国内是一项成功的收购项目案例，值得总结和推广。2012年，联想集团个人电脑销售量已超过戴尔和惠普，成为世界最大的PC供应商，年销售额远大于原先估计的 130 亿美元。而联想(Lenovo)的品牌已经得到了国际国内的公认，进一步证明了这次收购的准确性和长期性。

首先看一下这次收购的动因。IBM 作为世界最大的电脑公司，为什么要将 PC 业务转让呢？进入 21 世纪后 IT 行业发展太快，技术上的发展更是历史上没有过的，因此，市场竞争到了白热化的程度。此前，惠普公司已经进行了业务转型，将重点放在电脑网络控制系统上，并占有了金融、通信、政府和跨国企业所需要的网络控制的高端市场。这明显是对 IBM 的挑战，促使其加快改变经营战略的步伐，从而放弃相对低端产品的生产和销售，集中资源到高端领域精心创造出 IBM 的特色产品。后来 IBM 公司包括研发部门都进行了调整。联想集团是我国最大的电脑生产企业，从台式电脑到手提电脑逐步形成了规模。随着 21 世纪的到来，我国是世界上电脑需求量增加最快的地区，给联想带来了商机。但以前大部分电脑生产都采用"贴牌"的方式，IBM 在国内销售的产品大部分都是联想生产、贴牌，后来又推广到亚洲其他国家的市场上。联想要进一步发展必须创造自己的品牌，还需要不断提高研发能力才能确保持续发展的可能。

其次，我们要来看一下这次谈判的重点和难点在哪里。从上述内容看似乎 IBM 和联想的合作很匹配，优势互补，没有多大矛盾。但是，这次谈判十分艰巨，中心议题不在价格上。像 IBM 这样的超大型公司最关心的是 IBM 的品牌。PC 业务转手后 IBM 的 PC 技术可以转让，包括多项专利，PC 市场可以转让，但最担心的是如果接手者在经营中发生问题，将严重地影响到 IBM 的品牌和声誉。所以在多个可以接手的合作伙伴中将重点放在联想上不是偶然的，通过多年的合作，IBM 对联想还是比较满意的，因此，没有选取比联想集团出价更高的另一家公司。

即便如此，谈判中 IBM 还是坚持，联想生产销售的 PC 不允许使用 IBM 的商标。经过多次协商双方同意用 IBM 的次级商标 Think 而且有年份的限制，双方围绕时间段争论很久，最终达成允许五年的使用期。同时，IBM 还坚持拥有对联想集团经营过程的监控权力，在合同中有十分明确的要求。

案例分析：

1. 这次并购的成功是一次双赢的结果：联想在 PC 业务上不仅达到了经济上的目标，而且在技术上和品牌上都步入了国际一流的公司发展轨道，尽管在 IT 领域尚处于低端的部分，但为今后发展奠定了基础；而 IBM 放弃了低端业务，集中力量争取 IT 的高端市场份额。这次谈判最大的成效就在于此。

2. 谈判双方都有长远的眼光，不局限于当前的利益，是谈判成功的主要原因。试想如果联想方面只想增加销售量，不考虑进一步发展，在研发上不主动要求买下 IBM 多个研发中心的话，其 Lenovo 品牌能有今天吗？但为了得到 IBM 国际上多个研发中心，增加了许多时间与当地原有职工进行谈判，解决待遇和报酬问题，同时也因此激起了本公司内部员工的不满，对收入不公提出异议。

3. 品牌作为谈判的主题在我国十分鲜见。而 IBM 将其作为第一重点，让步有限。给我们十分重要的启示，为什么我国自主品牌很少，除了我们发展时间较短，更重要的是我国各方面对品牌的认知程度存在问题。品牌的核心是市场对其的信任度，品牌的缺失使得很多问题难以解决，谈判的难度将会大幅度的提高。

案例讨论：

1. 为什么价格问题不是最重要的呢？
2. 为什么次级品牌 Think 还要受到限制呢？
3. 今后收购兼并中也会发生类似的问题吗？

2.4 商务纠纷谈判

商务活动中难免发生各种不同的纠纷，在计划经济范畴中主要依靠行政方式进行协调，但进入市场经济领域，政府行政机构一般不直接介入商务纠纷之中，除非纠纷双方主动要求政府相关部门进行裁决。因此，商务谈判中的以纠纷处理为主题的谈判占相当大的比例。用谈判方式处理纠纷，最终达成协议，使纠纷平息；也有的纠纷通过谈判解决不了，需要请求仲裁机构或法院进行裁定。当然关于处理纠纷的谈判的气氛和前面讨论的谈判形式有很大的区别，需要认真对待，以免造成更大的纠纷。

【案例 2-8】

市场进入纠纷

F 公司是一家大型的家用电器制造销售公司，在 M 地有很大的市场占有率，其品牌已经为市场所接受，M 地的销售量在 F 公司的总销售量中占有将近15％的比例，是 F 公司最大的销售地区。为了该市场，F 公司不仅在销售渠道、服务网络等方面下了很大功夫，而且产品更新也主要瞄准了 M 地的需求变化，投入了大量开发资金和技术。但是，从去年开始，另一家公司 L 逐步进入 M 地，他们以比 F 产品市场价低 10％ 的价格在 M 地的各个商厦推出，而且 L 的产品在款式上、质量上不比 F 的产品差，只是售后服务尚未达到 F 的水平，但也在不断地渗透和加强。由于 M 是一个迅速发展的地区，家用电器需求量在不断增长之中，虽然眼前的形势尚未影响到 F 的销售业绩，但长远来看就不一定了。为此，F 的经理层面普遍出现了忧虑情绪，总经理陈先生看到了这样的形势，召开了多次内部研讨会，确定了多项解决预案，然后组织实施。

在陈总经理的主持下，F 公司邀请 L 公司代表到 F 公司进行协商，L 公司代表李先生带领三名成员来到 F 公司所在地。首先，陈总经理在会议室接见了李先生一行，双方客套了一番，陈总经理介绍了 F 公司的概况以及经营宗旨，提出了自己的初步设想，希望能在同一市场中双方和谐相处。李先生也介绍了 L 公司的思想和经营特点及进入 M 地的意图，也表示了和谐相处的合作原则。应该说开局是比较友好的，在随后的宴会上双方初步交流了意见，确定了进一步会谈的计划。双方各派三名代表，对具体问题进行协商。

以后的日子里，双方的代表进行了十分细致而又十分艰巨的谈判，因为都涉及各自的根本利益，谁都不愿意轻易退让。F 公司强调的是先进入者，应该受到尊重；L 公司则认为市场竞争是客观的，我不来也会有其他人来，况且 M 地正在发展中，市场机会很多，不会损害到原先的企业利益。

F 代表："我认为，我们应该建立一套公平的竞争规则，有利于大家公平竞争。"

L 代表："这个建议我同意，但是什么叫公平？难道一样的价格就叫公平吗？你应该明白，成立价格联盟是不允许的，不符合公平竞争原则。"

F 代表："我们不主张恶性价格竞争，要知道我公司并不害怕价格战，但一旦进入价格战，我们双方都要吃亏，说不定有第三家就得到了渔翁之利。"

L 代表："是呀，因此我们应该继续寻找双赢的办法。"

经过多次商谈，最后达成一致的意见是成立家电商会，进行经常性沟通，并对进入市场和退出市场的规则进行了具体协商，这样即使有第三家、第四家进入市场，也可以比较和谐的方式进行，不必出现恶性的行为。

案例分析：

这场谈判很不容易，涉及两家大型公司的根本利益。从上面一段对话中我们能看到双方都有各自的利益，因此要争论，但又存在着共同利益，因此要协商。商务纠纷多数都具有这样的特点，因此只有经过心平气和的谈判才会得到令大家满意的结果。

案例讨论:

1. 如果双方无法达成一致会发生什么事件?
2. 如果进入恶性价格战会有什么结果?
3. 家电商会的作用主要体现在哪些方面?

【案例2-9】

合同履行中的纠纷

K公司和H公司是一对长期的合作伙伴,K公司提供给H公司一种重要的原材料,对于H来说,这种原材料不可缺少,对于K来说H是最主要的客户,因此双方都有长期合作的必要。双方签订了长期供货合同,具体供货量和供货价格每年3月份由双方专门组织协商,合同还规定,供货价格应该在当前市场平均价上下调10%～15%。三年来合作进行得很顺利,双方都很满意。但一次突发事故引起了双方的不满。今年5月,按照3月份商定的供货计划K应该将第一批货运到H所在地,但到5月30日,货还未到,因此H也就没有按期将货款划到K的账上。眼看原材料库存已经进入危险点,H公司采购部再次去电催货,和前几次不同的是,对方接电话的人态度大变。

H:"已经30日了,你们的货为什么还没有到?"

K:"你们的货款也没有到呀!"

H:"货没有按期到,我们怎能付款呢?"

K:"谁说我们没有发货呀?我们早就……"

H:"影响我们正常生产带来的损失你们是……"

K:"我们完全按照合同在办事……"

没完没了的电话争吵,没有对问题的解决产生任何作用。H面临停产的困境,而且会直接影响到H和客户的合同履行,损失可大了!

H公司紧急约见K公司代表处的代表,协商解决方法,又一轮的谈判开始。经过双方沟通才发现,是一个很小的差错带来了如此大的纠纷。原来K公司经过3月份计划协商后,将确定的计划交给了计划部,而接收计划的职员刚进行调整,到岗后因为不熟悉以往的业务,对其中的条款不理解,如为什么价格如此之低,对此存在疑虑,所以要请示部门经理,但部门经理正好出差在外,等到回来时,已经过了一周的时间,5月的供货就显得非常紧张了,直到5月29日才将货发出。5月30日接电话的经理正为这件事生气,所以在电话中争吵了起来。

经过双方沟通，K 公司代表作了诚恳的自我批评，愿意承担因此而带来的损失，H 公司代表表示了理解的心情，并说了自己的看法："我公司启动了应急预案，及时调整了生产计划，因此没有给正常供应商品带来多大影响，因此损失不大。看在多年合作的情分上，不再提出索赔的要求，希望今后双方加强沟通，以免再次发生不愉快的事情。"谈判最终在愉快的心情下结束。在谈判会议纪要中详细记录了谈判的整个过程和双方达成的共识。

案例分析：

谈判有时发生在合同履行中，其作用主要体现在相互沟通和协商上。经过谈判调整思路和计划是最有效的方法。本案例中电话沟通没有达到的效果，在谈判桌上顺利解决了，没有给双方的合作带来多少负面影响。通过这次谈判双方对于各自的行为作了积极的调整，效果是明显的。

案例讨论：

1. 为什么一个很小的失误会造成很大的问题？问题发生在哪里？
2. 为什么电话中的沟通效果不佳，而面对面的谈判才得到有效的结果？
3. 为什么结果要用谈判会议纪要这样的文件记录？
4. H 公司减少损失的关键在哪里？

【案例 2-10】

F 工业园区的一场纠纷

F 工业园区是某市十多年前开启的高新技术园区，目前已经有了一定规模，除了政府主导的大型企业外有六十几家中小型制造企业，多数是私营企业和合作型企业。因为政策优惠，经营者十分努力，几乎不存在亏损企业，收益在整个地区名列前茅，包括公司收益和税收收益。在进入园区时管理委员会和业主都签订了内容明确的协议书。十多年相安无事，但近期出了问题。3 月份，管理委员会书面通知各企业业主，因为目前土地价格飞涨，原来规定的土地使用费已经不能被上级政府接受，因此，需要按土地占有面积补交土地使用费，每亩 X 元。对于这些企业来说少则几百万元，多则一千多万元，如何承受得起呢？公司业主分头去管理委员会进行沟通，得到的结果是"我们也是无能为力"。一场拉锯战展开，严重影响到了各企业的正常经营。其中不少企业的业主都有较高的学历，他们没有采用暴力的方式来应对，而是六十几家企业联合起来成立协调组织，聘请了专业律师。首先进行内部协商，形成统一意见；然后，约见管理委员会张主任进行正式谈判。谈判桌上企业代表出示了企业进入园区的正式合同，指出其中关于土地使用的有关条款，并列举各企业在土地使用上没有违规的证据。

张主任："你们的苦衷我表示理解，你们能经营到现在很不容易，但我也没有办法，这是上级下达的要求和指标，必须在年内完成。希望得到大家的支持和配合。其实，园区给了你们很大的支持和帮助，你们才会有今天。"

代表："张主任的讲法有一定道理，因此，我们今天来协商。首先，这份协议有效期是 30 年，难道失效了吗？"

又进行了一段时间的磋商。

代表："张主任，你应该看到，园区这么多企业，有些尽管规模不大但在同行中已经是首屈一指了，而且大部分企业已经有了继续生存下去的能力。从长远来说增加的土地费是可以承受得了的，但你们这种失信的做法不可能得到我们的认同。因此，如果你们要强行执行的话，我们已经商量过，我们将在年内停产，搬迁到 K 工业区，我们已经和他们协商过了，你看如何？"

张主任："……"

代表："既然你无法马上表态，今天谈判到此暂告结束。请你和上级部门讨论一下如何处理，我们等你通知。"

经过这次谈判，给管理委员会敲响了警钟。拖到了年底，没有下文，不了了之。

案例分析：

这件事是真实发生的典型事例。因为房地产行业的飞速发展，土地的价值大幅度提升，很多地区都将土地作为生财之道，企图用行政方式向民企聚财。作为企业该如何应对，用简单的争吵是无济于事的。本案例中企业业主的做法很值得学习：第一，团结起来；第二，运用法律武器；第三，分析利益所在。如果六十几家企业同时搬出园区，将会对园区带来什么？

案例讨论：

1. 张主任的语言中最大的弱点在哪里？
2. 代表讲话的口气有何特点？
3. 为什么结果会是不了了之呢？代表是否应该再去讨个说法呢？

【案例 2-11】

动迁中的谈判

当前城市化建设过程中拆旧造新是常见的事情。S 市 X 区旧城改造，根据修订过的城市规划准备将 D 区段进行动迁，建设成商业区。但 D 区内的情况相当复杂，有成片的老居民住宅，也有微型商业街道，存在各种生活必需的配套商店。此外，还有两家规模不大但历史较长的企业。X 区政府组织了 D 区开发领导小组，指定了专门负责人。经过多方面论证，制订了开发计划，并采取招标方式。K 公司承接了开发业务。K 公司是一家很有经验的建筑工程公司。区域规划设计等都十分顺利，但最棘手的是区域的动迁工作。为此，专门成立了拆迁办，主要工作由 K 公司负责，但协调工作离不开区政府和街道办事处。拆迁谈判工作进行了一年多时间。

相对来说两家企业的搬迁谈判稍快些，但又很不同。其中一家企业关于动迁补偿问题已经谈妥，一周后又反悔了。究其原因是企业员工因为搬迁造成的一些问题和企业领导纠缠，因此，动迁的时间计划无法实现。而另一家企业，则力图趁搬迁的机会改变产品构成，提高产品档次，因此，在获得新地块的要求上提出了较高的要求，也使动迁办伤透脑筋。在多方面的支持和帮助下，才得到了圆满解决。

商业街上的商铺大部分是个体经营户，而其中唯一的一家超市也属于加盟型，实质也是个体经营。许多来自全国各地方的小商人，资金链很紧张，他们的补偿主要体现在经济上，至于今后如何经营大部分商人都没有明确的打算。因此，补偿不仅是土地上的要求，还有今后生存的要求，而且要求都各不相同。拆迁办只能是一家一家地和他们谈，谈妥一家签订一家动迁协议。

最困难的是居民区的动迁谈判，户数多只是个现象，其复杂性在谈判前很难得到详细了解。因此，由街道出面进行过动员，组织居民小组的讨论活动。通报了动迁中的政策和补偿条件，征求居民的意见和想法。这些工作必须做，但效果往往不理想。当时似乎已经清楚的问题，在过程中发生根本改变的不是个别现象，而且，谈判又无法和一般的商务谈判一样，许多居民不懂相关政策和法律制度，带着激动的情绪到办公室来谈，吵架是经常的事。也无法一次性说服他们，最麻烦的是这次谈好了，回去后和家属讨论后又要改变，邻居中相互攀比后，"不平等"的意见时有发生。居民中也有比较通情达理的，但大部分都是奔着尽可能多获得补偿而来，其中还有少数人用不合法的手段力图获得更多的利益。当上述利益得不到保证时，还会出现许多不可思议的行为。"钉子户"的出现影响到整个工程的计划安排，其中最典型的案例是某户谈了无数次，反复无数次，最后成了"钉子户"，而且业主再也没有出现，也难以找到，而房屋内却住了人，据说是向业主租用的，租金已经交付了一年。

案例分析：

1. 利益多元化是拆迁谈判中应对的主要特点，不同的组织、不同的人，他们的利益追求是很不一样的，因此，谈判的内容和形式会有很大的差异。谈判人员的情绪是关键，不能企求立马成功。仔细思考和调查是不可忽视的工作内容，弄清各种不同的利益需求及其迫切性是谈判中最重要的工作，在此基础上选择有效的方式、方法才能成功。

2. 多方面协作处理是成功的保证。案例中三级组织共同出面处理，相互之间勤沟通，不推诿；根据事情的具体发展不断调整谈判的承诺，也要注意承诺之间的平衡性和合理性。

3. 谈判人员本人的素质要求很高。最重要的是绝不能出现营私舞弊的行为。

案例讨论：

1. 为什么动迁谈判如此困难？
2. 动迁谈判的形式有何特点？为什么会出现这种特殊的方式？
3. 动迁谈判成功的基本保证有哪些方面？

【本章思考题】

1. 谈判的形式应该是多种多样的，你能描述出几种典型的谈判形式吗？
2. 谈判的难易程度相差悬殊，你认为哪些因素是确定难易程度的关键？
3. 对待艰难的谈判过程，谈判者应该具备什么样的素质要求？
4. 本章的案例没有涉及政策和人事方面的谈判，请思考一下，政策和人事方面的谈判与本章所述的谈判有什么不同点和相同点？

第 3 章 谈判中的基本理念

【本章结构图】

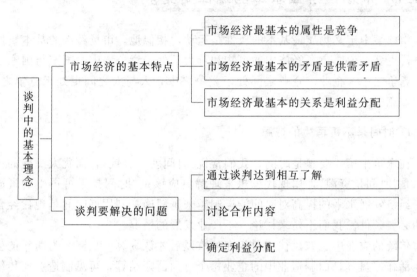

【本章学习目标】

谈判是商务活动中的重要环节，也是重要工具。在掌握谈判的理论和方法之前，必须掌握谈判及谈判过程中的基本理念，才可能学会谈判这门科学和艺术相结合的学科。同时，才能在实际运用中灵活运用，并取得实效，提高谈判的能力和水平。尤其在市场经济大环境下，理解市场经济的基本特点，在学习谈判的理论和方法时的体会就会比较深刻。

从上一章我们不难看出，谈判的形式多种多样，目的都不相同，过程相当复杂。那么，一个合格的谈判者应该具备什么样的素质和技能要求？我们必须从基本理念、思想方法、知识技巧等方面进行学习和体会，从中领悟出谈判的真谛，形成适合本人个性的谈判风格，因为谈判技巧是科学和艺术的结合，没有一套通用的理论和方法。

现代经济发展都在走向市场经济，而市场经济也在不断地成熟和深化。我国在发展市场经济以来，各种行为和做法都在发生着根本的变化。因此，首先要讨论市场经济中的基本规律。

3.1 市场经济的基本特点

3.1.1 市场经济最基本的属性是竞争

物理学中定义物质最基本的属性是运动，相似地，市场经济的基本属性是竞争，也就是说，市场经济中的事物和行为都处于竞争之中。国家与国家之间处于竞争之中，企业与企业之间处于竞争之中，人与人之间也处于竞争之中。当然，竞争的方式、对象都是不同的。

1. 时间是不可再生的资源

在竞争中第一要素是时间。我们常说"时间就是金钱"，而犹太民族的传统理念是"时间是资源"，用现代思想来理解更应该是"时间是不可再生的资源"。随着经济发展水平的提高对时间的控制越来越精确，利用好时间是现代经营管理的必要条件。我们不妨来讨论一下产业发展的情况。

传统的农业中，农民往往每年在秋收以后才认真算一次账，为明年的生产和生活作好盘算；而制造业中的企业每个月须清账结算，可见制造业比传统农业对时间的控制增加了十二倍；而服务业，如商店、银行等，则每天必须清账、盘库，准备明天的需要量，这又比制造业对时间的控制增加了三十倍；如果再来比较某些行业如证券业的话，那更需要增加对时间控制的力度，因为它必须随时随地地结算。可见人类经济活动中对时间管理的要求在不断提升，信息技术和网络技术的迅速发展就是顺应这种潮流的结果。时间管理成为专门的一门学科。在谈判中时间因素也是不能忽视的，以尽可能短的时间来达成协议是所有谈判者的愿望。当然，某些场合中谈判的一方会采取拖延的手段，但这更多的是一种策略或是一种无奈，因为有更大的利益促使其采用拖延的办法。

2. 时机的把握

竞争中，机会的把握是一个十分困难的，但又是必须重视的问题。"机不可失，时不再来"，机会是经营者十分关注的问题，尤其在竞争日趋激烈、发展速度加快的情况下更是这样。如何在谈判过程中把握时机是谈判者最为关注的问题之一。大事有机会问题，小事同样有机会问题。例如，在什么时间举行谈判、在什么地点进行、什么人出席，都很有讲究。处理得好会使谈判顺利完成，处理不当将导致谈判僵局，甚至导致谈判破裂。又如，在谈判中如何表达自己的意愿和想法，何时讲、在什么场合讲、怎样讲，都要恰如其分，不能随心所欲。

3. 市场占有成为竞争的主要目标

争取效益最大化是企业经营者的追求。怎样才能获得利润，而且要获得长远的收益？在市场经济条件下，只有足够的市场占有才能取得长期的经营效益。无论什么行业的企业都想把企业做大，但什么是"大"的概念？我们以往都把企业规模作为衡量标准，或把当年的销售量、利润额作为考核依据。但这些都有失偏颇，只有占有足够大的市场份额才能保证销售量、利润额的实现，才能保持企业的稳定发展。这些内容在市场营销理论中有很明确的分析和结论。

谈判中，许多内容都涉及这个问题。为什么有些商人愿意在价格上退让，为什么购买数量增加时谈判就进行得比较顺利，都是这个因素在起作用。同时，也要正确对待追求市场占有带来的潜在问题。当谈判中感觉对方似乎太大方，很轻易地答应你的比较苛刻的要求时，你要在心中多问几个为什么。完全有可能是对方为了占有一方市场。我国在改革开放初期吸引外资时，我们的经营者很热衷于"两头在外"的合资经营方式，而且不断争取在企业中控股，这样我们就可以有更大的控制权。而许多外商没有多大争议就接受了这样的现实。然而在后来的经营中我们认识到，他们目的的第一步就是占领中国的市场。他们用品牌和资本作为工具占领中国的刚刚起步但却具有增长潜力的市场，以期获得长远的利益。

从以上的讨论中我们必须充分认识到，谈判也是市场化运作中的一种竞争形式，对于每件相关的事物都必须站在竞争的角度来看待。当然竞争不等于比赛，不是简单地论输赢。同时也不是要态度，不能用不礼貌、不讲道理的方式来谈判。选用合适的策略就是为了在竞争中获得主动，使本企业能在激烈的市场中得以生存、发展、盈利。也正因为如此，我们通常把谈判双方称之为"谈判对手"，而一旦签订合同后又称为"合作伙伴"。

3.1.2　市场经济最基本的矛盾是供需矛盾

市场竞争中最重要的，也是企业最为关注的是"供与需"。市场表现出的也是供方和需方的交易，无论是商品的经营或是服务的提供都体现着这种交换。而这种交换中最基本的矛盾就是供需矛盾。

1. 供需矛盾的表现方式

当某产品在市场中处于供小于求的状态时，形势有利于供方。我国在改革开放前，处于短缺经济的状态下，一切商品都处于短缺状态，如此大的人口总量，很难保证商品的完全供应。因此，凡是有商品的供应能力和权力的组织及企业都处于有利地位。无论价格、质量、服务内容和方式都由供应方确定，需方很少有发言权。现阶段也有少数产品或服务处于短缺状态，不也表现出供应方主宰市场的现象吗？

但如果产品处于供大于求的状态时，形势就逆转了。价格由市场说了算，服务好坏由顾客来评判，形势有利于需方。目前，绝大部分商品都处于供大于求的状态，因此，市场的反应成为企业经营者最关注的问题之一。市场调查、市场预测、市场促销、建立客户关系网络等一系列措施都表现出企业越来越关注市场和客户的需求，尽一切努力去抢占市场。

2. 供需矛盾促进经济发展

供需矛盾作为基本矛盾，体现在这对矛盾将不断促进市场经济的发展上。

"供小于求，求得发展"。当某种商品在市场中短缺，生产这种产品的企业就尽全力生产，从而使利润最大化，甚至还会增加投入，扩大生产规模，来满足市场需求。同时，其他相关企业也会转变产品结构，改造技术，也来生产这种产品，抢占市场。甚至不相关的企业，在利益的诱惑下，进入该产品的生产领域也是很有可能的。我国目前的情况充分证明了这一点，市场需求大幅度增加，国外的许多厂商纷纷进入，目的也是来占领这个新兴的市场。从而，相关的产业得到了发展，整个经济也随之而发展。

"供大于求，求得变革"。任何一种商品在经过一段发展以后就必然走向"供大于求"的状态。一旦出现供大于求，企业就要接受新的挑战，不能再次依靠增加投资、扩大生产来维持竞争优势了，只有"变革"才是唯一的出路。如果在市场中硬挺，不求变革和发展，最终是没有好下场的。变革的方式有许多，降低价格是最简单的办法，价格竞争最早出现就是这个原因。但怎样才能做到既降低价格，又能保持企业盈利呢？成本控制就成了这种变革的主要手段。"降低成本，提高效率"成为企业经营永恒的主题。

但成本控制总是有限度的，少数骨干企业能维持长久些，而大多数非骨干企业就支撑不住了。因此，出现了"变革的方向是寻找新的供小于求"。随着经济发展，人们的生活水平不断提高，需求也随之而变化，新的需求将形成新的市场。哪个企业能发现并把握这种需求，哪个企业就有了新的发展机会。新的供小于求将给一些企业带来新的利润源，所以，发掘新的需求市场，包括潜在的市场，成为当今世界许多企业家梦寐以求的目标。正因为这种力量的驱动，市场不断细分，个性化更加显现。

这就是传统意义上所讲的市场是"看不见的手"，它在调控市场发展的方向。它不以人们的主观意志为转移，是客观存在，如果不予关注就会错失这种变革的机会。

谈判过程中同样存在着这对矛盾。供小于求的产品、服务，谈判过程中常常是供方处于主导地位，需方较少发言权，价格的调控余地很有限，服务的标准往往也是供方说了算；而供大于求的产品和服务，需方就处于主导地位，价格的谈判空间就大了许多，挑剔的机会也大大增加，服务的要求也会不断提高。但这也不是绝对的，一个好的谈判者，如果能在谈判中及时发现对方的紧缺需求，则很容易变被动为主动。例如，你是供方，产品是处于供大于求，应该说你是被动的，但在谈判交流中，你发现对方的要货特别急，而其他供应商不可能在这么短的时间内供货，而你方经过努力能实现。此时，你就可以改变谈判的方向，让对方关注到交货期这一关键问题上来，你就变得主动了。在价格、服务等方面你就可以提出合适的要求，当然也不能漫天要价。可见，供需矛盾是一种相对性的矛盾，可以深入研究并从中寻找对自身有利的策略。

3.1.3　市场经济最基本的关系是利益分配

利益分配是管理机制和体制的核心。在社会主义市场经济条件下，将"公平、公正、公开"的利益分配原则作为建立制度的基本条件，目的是调动各方面的积极性，以更快的速度、更高的效率全面建设小康社会。当然，其中的利益不仅包含经济利益，从时间上来看，还涉及当前、近期和长远利益；从内容上看包括经济、社会、政治方面的利益；从组织上来看又包括国家、集体、个人的利益。如何分配利益是最为重要的问题。

国家层面上强调以政策、法律、法规来调控国家与地方、政府与企业的利益分配；企业层面上以价格来调控供方与需方的利益分配，以劳动报酬、社会保障来调控组织和员工之间的利益分配，以合作和竞争来调控企业之间的利益分配。这里要强调的是当今社会的竞争方式越来越倾向于"合作型竞争"，即在竞争基础上的合作，在合作环境下的竞争。

如果说"供需矛盾"是市场经济"看不见的手"在调控市场的话，"利益分配"则是市场经济"看得见的手"在进一步调控市场。现代社会中这两个方面都不可或缺，都需要重点关注。这样才能用最小的代价来获得经济的不断发展，避免不必要的经济振荡，甚至经济危机。

谈判实际上也是在进行利益分配。正常的谈判活动是通过友好协商和深入的沟通，达到相互理解，使利益分配尽可能达到合理。因此，谈判不是竞赛，客观上不存在"一输一赢"的结局，要么就是双赢，要么就是双输。谈判是合作，当然也是竞争，是合作型竞争最常见的形式之一。有人说得好，在谈判中我们是竞争对手，达成协议后我们是合作伙伴。

以上三个方面也是市场经济条件下谈判的基本思维方式和行为特征，注意它们不是孤立的，是相互支持和相互渗透的。在学习谈判理论和实践中必须掌握这三方面的基本思想，并能在行动中加以应用，这是谈判成功的必要条件。

3.2 谈判要解决的问题

谈判作为市场经济中的常用工具，每次谈判都有不同的目的和要求，充分体现出其个性化的特点，但也有其十分明确的规律，可以对谈判作全面的总结。下面讨论谈判所要解决的问题。

3.2.1 通过谈判达到相互了解

谈判的第一步都是为了达到相互了解，即使是"老朋友"，同样也需要相互了解。注意，打上引号的老朋友是指在谈判场上没有真正意义上的老朋友，每次谈判都是为了新课题、新内容，都包含着许多内在的利益取向。因此，即使是合作多年的老关系户，谈判中都可能存在新问题，不能轻视这项工作。

1. 了解对方的经营情况

谈判双方在谈判的开始阶段首先关心的是对方的经营情况。

(1)对方的实力。对方企业的实力不完全是指其规模、销售业绩，更为重要的是指对方在相关行业中的地位。因为，谈判的目的是要解决我方所需解决的问题，之所以找对方谈判是因为其可能为我方提供所需要的帮助，无论买卖双方都是如此。

(2)对方的能力。对方有可能给我方提供所需要的帮助吗？即使对方有足够的实力，但不等于一定能为我方提供帮助，他们可能有更多的选择，所以要摸清这件重要的事情。

(3)对方的信誉。对方在经营中的信用是否足以让我方放心，因为谈判的结果将直接影响到我方的行为和利益。如果对方没有足够的信用度，则可能会给我方带来巨大的损失，我方的信用也会因此受到伤害。

（4）对方的文化。对方的价值观和习惯也是非常重要的内容，不弄清楚的话，对以后的谈判会造成很多不利因素，哪怕是一些细节问题也不能忽视，如对方对礼仪的讲究程度、处理问题的习惯等。

（5）对方的组织。了解对方组织的构架、责任的划分、人员的构成以及这次参与谈判的人员在对方组织中的地位、作用等。这也很重要，因为这将确定这次谈判能解决问题的层次和深度。

（6）对方的朋友。对方的合作伙伴情况将从另一个侧面来反映对方的行为特征，比较全面地了解和掌握这方面的信息，将对下阶段的谈判带来许多有利的条件。

【案例 3-1】

从名片上看出的破绽

那一年，我受邀参加了上海电力系统一个工程项目的谈判，某国的一位商人带了一位助手参加了第一轮谈判。见面时我们交换了名片，那位商人的名片上的职务是"××工厂厂长"。这家公司是颇有名气的跨国企业，但按常理，特别是在国外，厂长不应该在市场中进行商业活动，他的责任是负责工厂的日常生产。我私下和我方的负责人谈了我的想法，我们认为要谨慎对待。

谈判过程中这位商人夸夸其谈，努力证明自己有足够的能力来完成我们的项目，包括资金的募集、技术的提供、设计的策划等。因为我们的警惕，最终只签订了一份初步的合作意向书，没有作出具体的承诺。

事后的事实证明了我们的判断，该商人没有对承诺的下一步有任何具体的动作，他来中国是另有目的的。

案例讨论：

这个故事告诉了我们什么？不能放过任何细节，也不能轻信对方的口头介绍。

2. 了解对方的意图和策略

对方的经营情况是客观的、有结论的，而对方在谈判中将持有什么意图和策略则是隐性的、模糊的和可能发生变化的。尽管如此，在谈判的早期，双方都用尽一切手段去了解对方的意图和策略，使自己处于主动地位。所需要了解的内容包括以下几点。

(1)对方在这次谈判中追求的具体内容。想获得什么,具体有哪些要求,包括最高要求和最低接受要求。具体包括对产品、服务等的要求,也包括对价格、供应方式的要求。

(2)对方持有这些要求的原因和动机。可以问许多个为什么,例如,为什么在这个时间有这样的要求?为什么要来和我谈判?还找过其他人吗?了解这些问题可以使我方在谈判中理解对方的意图和选择相应的谈判策略。

(3)对方的策略。对方在谈判中会采用哪些策略,如对于价格问题,如果我是买方就会关心对方(卖方)是采用低价倾销还是漫天要价;如果我是卖方就会关注买方是追求低价位还是高质量。当然还会有许多因素值得思考和关注。

【案例 3-2】

从对话中了解对方

美国一家公司的总经理 M 先生受日本 K 株式会社的邀请去东京为一项重大工程的投标事宜进行谈判。M 先生对具体的项目进行了充分准备,兴致勃勃地乘坐国际航班到东京成田机场,K 公司的主席 Y 先生亲自去机场迎接。登上迎宾车,两人就闲聊起来。

Y:"先生是第一次来日本吧?"

M:"是。很早就想来日本看看。"

Y:"您是我们难得的贵宾,不用客气,有什么困难尽管对我说,我去安排就是。我知道您很忙,难得出来,我们会认真招待。例如回程机票很难买,我已经给机场打过招呼了,什么时间都可以。"

M:"谢谢了!我四天以后的机票已经订好了,回去有个重要会议要主持。我想谈判用这几天应该够了吧?"

……

到了东京下榻豪华宾馆当然不在话下,隆重宴请也是不可避免的。第二天,Y 安排助手陪 M 先生到旅游胜地游玩,晚上又是宴会。第三天,还是陪着玩。M 有些着急了,要求开始谈判。刚谈了不久,当地的主要官员来访,把谈判打断了。接着又是谈天说地,宴会聊天,又过去了一天。到第四天,Y 拿出了一份打印好的合同,让 M 过目,"这件事对先生来说是小事一桩,我们根据双方的利益预先起草了这份合同,请您过目,有问题也请提出来可以修改。"

一方面时间已经很紧迫了,另外由于这几天招待得那么好,有碍于情面,

M 对合同粗略地看了一遍，没有发现太过分的条款和内容，就同意签约。然后是签约仪式，在送行宴会上，双方签订了合同。M 匆匆忙忙赶往机场，回美国。

其结果可想而知。M 事后讲了一句无奈的话："又是一次珍珠港事件！"

案例讨论：

1. 这个故事告诉了我们什么？其中有哪些细节值得回顾和重视？

2. Y 及其部下在招待 M 时，仅仅也是一起吃喝玩乐吗？他们在干什么？

3. Y 采取了什么策略？M 应从中吸取什么教训？

3.2.2　讨论合作内容

谈判的第二个重点内容是讨论本次合作的具体内容。不同的谈判合作的内容是不一样的。我们在第 2 章中已经学习了多种谈判的内容和形式，它们都不相同。

采购谈判的主题主要集中在具体的产品及产品的质量标准、技术要求、服务内容、供货数量和价格水平上，另外还涉及交货方式、付款方式等。如果是国际间的谈判还会涉及进出口的手续、配额获取、运输方式等问题。

工程项目谈判主要讨论分工的方式、技术的实施、工期的保证、后勤的条件等。如果还要进行分包的话，还要涉及政策界限、审批的渠道、责任的分担等问题。

合资项目谈判主要讨论产业的定位、企业的规模、产品的特征、双方的分工、组织的构架等问题。

还可以举出许多种讨论内容，但有一个问题是共同的（见图 3-1）。

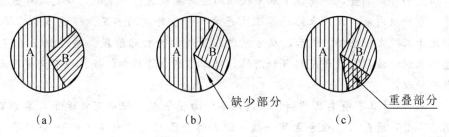

图 3-1　合作双方的互补情况

图 3-1 描写了合作双方可能出现的三种情况。

第一种，双方构成能力全面互补(见图 3-1a)。A 有的 B 没有，B 有的 A 没有，从而谈判中双方要求的合作内容一拍即合。

第二种，A 提供的和 B 提供的合作内容合起来还缺少一部分(见图 3-1b)。即合作后的能力尚有不足，单靠两家还不能完成项目的预期。怎么办? 必须找第三家合作伙伴。问题就马上发生:

由谁去完成寻找第三家的任务，A 还是 B?

是找到了进行合作，还是合作了以后再去找?

第三种，双方合作后能力是够了，但有一部分能力有富余(见图 3-1c)。即重叠了一部分，A 和 B 都有这部分能力。问题是不需要多余的部分，怎么办?

是 A 放弃这部分还是 B 放弃? 还是大家各放弃一点?

是放弃了再合作，还是合作了以后再放弃?

当然还可能有第四种，即双方合作后既有重叠的部分，也有缺少的部分，这种情况可以归纳到上面第二种、第三种情况进行讨论。

第一种合作的机会是很少的，当然这种情况是最理想的状况，谈判也相对比较容易些。后面两种就十分麻烦，但也是最常见的，无法回避。发生的问题没有统一的答案，没有哪一种是最优的，只能根据具体情况来处理，而其中，利益的追求成为决定因素。

【案例 3-3】

针织内衣厂的扩大计划

国内著名的针织内衣经销商 W 公司，在国内外有很好的销售业绩，并拥有较为出名的品牌，具有较高水平的设计开发能力。面对越来越激烈的市场竞争，公司必须在降低成本和加快市场应变速度上有所改变。公司领导层经过反复研究和仔细调查，并聘请了水平较高的咨询机构进行了策划，决定收购或兼并一家针织内衣加工厂来弥补原来生产主要依靠外包的不足。经过多家选择，确定 J 工厂比较适合。然后，双方就进入了谈判的初始阶段。通过相互了解，总的来说，谈判气氛还是相当和谐的，双方都有合作的积极性。但有两个问题很难处理。

第一，J 工厂有自己的销售渠道，尽管力量很弱，但也有将近 150 名专职销售人员，这些人员业务素质一般，但大部分已经是老员工了;W 公司有非常完善的销售网络，且销售队伍水平较高，团队格局合理，不需要再增加更多的人员。如果要收购或兼并，人员问题是一个难以解决的问题。

第二，制造内衣的能力，J 工厂不在话下，能制造出高水平的内衣，技术力量很强，且对新产品的接受能力也很强。在此之前，J 工厂和 W 公司已经有过五年以上的合作经历，相互配合比较密切。但问题是，制造内衣中需要一种缝合线，它的质量直接影响到内衣的质量。J 工厂没有生产这种线的能力，全部依靠采购，也经常因为线的质量问题影响到产品的质量，这是 J 工厂最头疼的问题之一。如果自己投资一条生产缝合线的流水线的话，投资量不低，但生产量不需很大，因此效用很低。如果兼并或收购后，仍然采购缝合线的话，问题仍然没有得到解决。这也是一个难以解决的问题。

案例讨论：

1. 这次合作能够成功吗？对于这两个问题该如何对待？

2. 可以用上述的理论来解决这两个问题吗？谁来解决问题，是 W 还是 J？怎样解决？

3.2.3　确定利益分配

谈判的结果必然涉及合作成功以后的利益分配。但必须注意，谈判时一切都在预想之中，最后结果要等合作以后共同努力才能得到。所以利益分配只能停留在理想状态，要确定的也只能是对将来可能获得利益的分配原则，双方对此的关注程度也是最高的，甚至可以认为这是谈判的最终目的。因此，双方都会在谈判过程中不断调整自身利益的预期。预期的依据可以归纳为以下几个方面。

1. 各自对自己作出贡献的评价

谈判双方都会高估自己一方在合作中作出的贡献。原因来自两个方面：一方面，双方主观上都会认为对于合作的成功我方是不可缺少的，没有我方的介入合作不会成功，因此我方应该在利益分配中多拿一点，即使明明知道对方处于主导地位也是如此。俗话说"一加一，大于二"，一般情况下双方期望得到的利益之和都会大于实际的总和。因此，在利益分配问题上双方总会有较大的争论。在谈判策略上，双方都会选择对自己有利的数值开价，这是第二个方面。例如，作为卖方都会开出比自己想获得的价格高出一定比例的报价，而买方总是要把价格压到比自己能接受的价格还要低的水平。这样在价格问题上会出现多次博弈的可能。

2. 对规避风险作出努力的评价

之所以要合作，有相当部分的原因是为了规避风险。例如案例 3-3 中 W 公司为什么不自己去建个加工厂，而选择并购呢？因为自己建厂要投资，要建设，要经营管理，还要花大量的时间和精力，而且不能保证在这样长的过程中市场不会变化、机会不会丧失。并购花的时间短，利用 J 工厂的优势，可以降低风险。从这个角度来说，J 工厂起到了降低风险的作用，应该得到超额的回报。但是，在 J 工厂的立场上来看为什么愿意被收购或兼并呢？J 工厂有很好的生产能力，但缺乏市场的占有，也缺乏新产品的开发能力，在市场竞争中常常受到打压。那为什么就不能自己去开拓市场和提高新产品开发能力呢？因为开发市场和新产品需要大量投资，需要高端的人才，需要在市场中经受考验，存在着很大的风险。而被 W 公司并购，这种风险就小多了，原先的资本和力量都可以得到很好的利用，因此，工厂的所有者、管理者和员工的利益都不吃亏，甚至有增值的可能。这样 W 公司在其中也为 J 工厂规避了风险，也应该获得高额回报。在谈判中为了证明自己在这方面的作用，双方都会列举出大量的事实来为自己的贡献做辩护。

这种例子有很多，例如现在大量的商店都采用加盟制，为了能在市场中容易获得消费者的青睐，花重金加盟某个名牌商业集团，这些商店就可以付出很少的代价而每年获得高额回报。

3. 对合作以后得到的利益总和的认识

大家都想"把蛋糕做大"，那最终的效益该有多大呢？双方的认识是不一样的。不仅表现在总量上，对于在哪个方面做到多大，分歧往往会很大。这样必然给利益分配带来争论，而且是不可回避的争论。还是以案例 3-3 来说，合作以后，新的公司销售量肯定有所提高，成本有所降低，利润会有较大幅度的提高。那么，究竟有多少收获呢？W 公司是从市场角度来衡量，J 工厂是从生产能力发挥方面来衡量，两个结论会一致吗？里面的变数很多，即使聘请咨询机构进行评估，也不可能估计得十分准确，因为市场是在变的，而且是不以自己的意志在发生变化的。因为估量上的差异，使谈判双方的期得利益不同，从而增加了谈判的难度。

图 3-2 描述了 A 和 B 合作前后的利益追求。谈判达成协议前双方都有基本利益（即不可退让的利益要求）和期得利益（即期待合作以后最大的利益）两个界面。理智的谈判者对这两个界面是十分明确的，但不会轻易地在谈吐中表达出来，而是在谈判过程中会采用一切办法和策略来维护基本利益和争取期得利

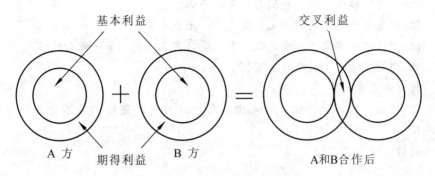

图 3-2　合作以后的交叉利益

益。但是，在谈判中会发现合作后必然会出现利益交叉，对于交叉利益部分双方都要求其成为自身利益的一部分，谈判就比较艰巨了。

从图 3-2 我们还发现一个规律，合作双方的利益各自都是有界限的。基本利益不容侵占，而期得利益也必然交叉，得到的总利益不可能无限扩大，而是限制在一定的范围内。这一点很重要，它告诫我们，不要把自身利益看得太大，不要试图去侵占对方的基本利益，因为，即使在谈判中你占了便宜，今后在执行合同时，你也会为此付出沉重的代价。

合作以后双方不太可能都达到期得利益的要求，但不合作又不可能获得利益。因此，原则上双方都能在满足基本利益的基础上获得一定的收益。处理得好可以使合作产生超值效益，获得意想不到的收益。从而再一次说明了谈判只有双赢或双输，不可能出现一输一赢的结局。这也体现了谈判是一种比较公平的市场行为，当然这里所说的公平仅仅是相对的概念，绝对的公平是不存在的。也正因为如此，谈判双方对于谈判都会给予极大的关注，不同的人参加同一种性质的谈判所获得的结果将有所不同。

【案例 3-4】

购物中的讨价还价

平时我们去商店购物，特别是到可以讨价还价的商场，你会有什么感觉？当你看中一件商品，想购买时，营业员和你就成了谈判双方。价格已经在商品的货架上有所标记，但你想再便宜一些，谈判就此开始。

你："能不能再便宜一些，便宜一些我就买。"

他："价格已经很低了，你到别的商场看看，哪有我这样的价格。"

你："不降低一些，我不买了！"

你刚回过头去。

他："行！你说个价，我们再商量，好吗？"

你："架上的价格是 258 元，我看 158 元差不多。"

他："我进价都要 230 多元呢，怎么能只有 158 元，多一点行吗？"

你："超过 200 元我坚决不买！"

你有点儿生气了。

他："行，行，行，就 200 元卖给你，这种货我还真的没有卖过那么便宜呢！"

最后，成交了。

案例讨论：

1. 在这么简单的谈判中，双方的利益各存在于哪些方面？

2. 为什么你想离开时他才松口？

3. 他的进货价真的是 230 多元吗？为什么会这样解释呢？

4. 200 元的交易价是最低价吗？

【案例 3-5】

国有企业转制中的谈判

A 市国有企业 F 是 20 世纪 50 年代从私营企业到公私合营再转为国有企业的一家老企业，有一定知名度，但产品结构及生产方式已经相当落后了。经济大发展及经营市场化，使得 F 的经营已难以继续，需要转型。而 K 公司是一家白手起家的民营企业，奋斗了十多年已经有了较大的经济实力，力图进一步扩大经营范围，其首要目标是要进入 A 市。因此，知道了 F 公司有转制的倾向时立即组织团队到 A 市和 F 公司接触、谈判。

谈判开始很顺利，双方都表现出合作的诚意，但进入实质性讨论时困难出现了。F 公司的出手价不高，似乎比市场价低得多。最麻烦的涉及两方面：一个是决策权限的问题。当 K 公司代表提出一些实质性问题和要求时，F 公司的领导不会马上表态，往往含糊其词，被逼无奈只能表态"我们要请示上级领导后再说"，许多问题没有下文。在私下非正式的会谈中，例如在饭桌上，F 公司的管理者提出了另一个十分棘手的问题：员工的安置问题。因为 F 公司员工队伍很庞大，真正核心骨干十分有限，有许多人才几年前已经流失，许多人是有职无位，这也是 F 公司无法继续的主要原因。有些员工不是给点安置费就能打发的，需要实质性安排，但员工本人又没有什么专长。

第一轮谈判只能告一段落。K 公司的代表回去后给公司领导做了详细汇报，随后公司专门组织相关部门并聘请了有关专家进行了细致的研究探讨，并和 A 市的相关机构领导进行了沟通，获得了多方面的支持，接着再和 F 公司进行谈判，最后获得了成功。

案例分析：

1. F 公司转制是无奈之举，经济问题很大，但不是主要制约因素，关键是经营机制已经不再适应市场经济的运行。其中员工的结构和素质是基础，管理体制是核心。要改变，必须打破原有的框架。阻碍转制最大的困难就是人员安排，上级机构不会轻易插手。

2. K 公司的利益是用最短的时间进入 A 市的经济圈，从而发展公司的事业。F 公司在 A 市及国内市场有一定的知名度，与 K 公司的业务领域又比较接近，因此，有相当大的积极性，但 F 公司存在的问题也是很难一下子解决的。

3. A 市领导的利益追求在于 F 公司必须转制，但确保社会稳定是关键。既然国内比较有名的 K 公司愿意收购 F 公司，政府是支持的，但面临的问题需要解决，政府可以从行政上给予支持。后续工作中在人员安排上经历了两年多的周折，才勉强解决，其中有过许多次协商和谈判。

案例讨论：

1. 谈判双方都有什么利益？

2. 政府部门没有参与谈判，但也有利益追求，表现在哪些方面？

3. 这些利益情况对谈判进展起到什么作用？

4. 今后我国许多方面都会遇到这方面问题，我们应该注意什么？

【本章思考题】

1. 为什么说谈判是市场经济中的常用工具？

2. 谈判中双方对利益的追求是一致的吗？为什么？

3. 为什么说谈判中双方是对手，而谈判成功后就成为伙伴？

4. 哪些要素使谈判取得成功，即使谈判过程困难重重，但还能使双方坐到一起？

第4章 谈判的基本方法

【本章结构图】

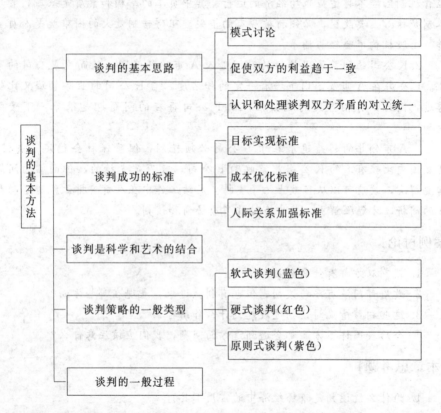

【本章学习目标】

在掌握了谈判的基本思路后，可以进入谈判基本方法的学习。谈判是科学和艺术的结合，因此，每次谈判都有其个性，但其中也存在着共同的规律。学习基本方法的目的就是掌握谈判的基本功，在此基础上去学习和摸索在不同类型的谈判中所采用的不同方法。

4.1　谈判的基本思路

通过对谈判所需要解决问题的讨论，我们不难看出，谈判是一项很艰巨的事务，影响因素多而且各具个性，解决问题必须要有明确的思路。下面我们讨论谈判中的基本思维模式。

4.1.1　模式讨论

谈判双方都有如图 4-1 所示的思维模式：

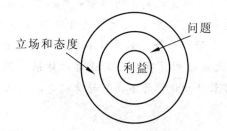

图 4-1　谈判的思维模式

谈判者在谈判中首先觉察到的是对方的立场和态度，例如，你提出一个你认为很重要的问题，但对方却表现出冷淡的态度，说明了什么？也可能你不经意地谈到一件你认为不太重要的问题，而对方却表现出很有兴趣的态度，又说明了什么？当然，这种表现有两种可能：一种可能是对方表现的是真实的态度，感兴趣或不感兴趣；另一种可能是这也许是一种假象，对方表现的不是真实的想法，当然有的是无意的表现，因为你提到的问题是对方没有理解或从来没有遇到过的问题，也有可能是对方谈判者故意的行为。如此看来，仅仅根据对方的立场和态度是无法知道事物的真伪的。因此，我们要深入去理解，对方为什么有这样的态度和立场，即了解对方需要解决的问题所在，什么是对方最为关心的问题，哪些对方并不怎么关注。这样的了解和判断可以避免我们认识上的不足。但是问题的实质是利益，对方关注的问题都是从其利益追求出发的。理解和分析对方利益所在，不仅能判断和认识对方表现出来的态度的可靠程度，同时也可以通过谈判的策略引导和说服对方改变看法、要求、立场和态度。

我方的情况也是如此，我们应该充分认识到在这次谈判中我方的利益追求是什么。从我方利益的构成和重要程度可以提出一系列要解决的问题。在谈判中根据问题的重要程度来确定我们的立场和态度。

由此来看，谈判双方都采用了这种思维模式。我们不能停留在对对方的立场和态度的认识上，不能为表面现象所迷惑，同时自己也应该注意对如图 4-1 所示的三个层面的把握。一个老练的谈判者，不仅体现在能说会道上，更要体现在稳重、冷静、善于积极思考上，而思考的方式就是看到对方利益追求的方向及其与自身利益的相关程度，找到解决问题的切入点。

【案例 4-1】

挑选服装

我们平时到商店购物时会遇到不同的营业员，尤其在服装商店。有时营业员对你很热情，把你拉到商品柜台面前，反复强调这种商品特别符合你的身材，穿上以后显得多么好，等等。如果你不想买，要离开，他会再三挽留你，说："机会不多，明天就没啦。"有时，营业员对你很冷漠，爱理不理的样子，你问他问题时，常常长话短说，你不高兴转身就走，他也不再挽留。

案例讨论：

1. 如果你是一位打扮入时的年轻女士，走近服装柜台，会发生什么？

2. 如果你一身学生打扮，年龄较小，走近高档的服装饰品柜台，又会发生什么？

3. 如果你是年龄在六十岁以上的老先生，带着二十多岁的女儿，走近柜台会怎样？

4. 发生这些不同情况的原因是什么？用谈判思维模式来解释。

4.1.2 促使双方的利益趋于一致

谈判的任何行为都是为了使双方的合作能见成效，因此谈判最终是为了追求合作，而不是争斗。如果没有条件合作的话，还是尽快结束谈判，省了许多时间和精力，也节约了成本。但是，什么是合作的条件呢？从根本上来看，是要发现和发掘双方的共同利益所在。然后，通过谈判将双方的利益追求趋于接近，甚至一致，同时适当保留各自的不同利益。造成双方必须通过合作才能得到所追求利益的格局，这才能称为双赢。

但是，谈判伊始双方的利益追求是不相同的。我们来分析两种典型的情况。

1. 商品贸易过程

卖方：价值——→利润

买方：货币——→使用价值

卖方利用商品的价值，经过贸易过程获得利润。买方利用手头的货币来获得所必需的使用价值。这是所有贸易过程中的双方的利益追求，商品是这种交换的介质。我们可以深入分析各自的利益追求不同。

卖方对商品价值的追求是能获得利润，交换过程中最关注的是利润获得的多少。

买方对商品价值的追求是其使用价值，在商品能满足使用价值的前提下，考量付出的货币数量是否值得。

从分析中我们不难看出，价值和使用价值的区别。卖方关心的是成本和利润之间的关系，如果不能获得利润，则就没有多少积极性来进行这项贸易活动；而买方关心的是使用价值，能否解决自己当前需要解决的问题，对于商品的成本构成并不太关心，如果该商品不能解决需要解决的问题，买方也就没有多少积极性来进行这项贸易活动。当然在购买中买方总是想尽可能地使货币的付出量少一些。

从深层次来分析，尽管贸易双方利益追求不同，但要满足各自的利益追求，又必须通过贸易。买方需要通过贸易来获得商品，解决自身的使用需求，当然要付出适当的货币；卖方也需要通过贸易将商品转换成利润，当然要付出成本。所以双方的共同利益就在于贸易活动的成功。成功的关键在于卖方能充分理解买方所需的使用价值，而买方要理解卖方的成本构成和利润追求的合理性。

【案例 4-2】

购买彩色电视机的过程

今天你想购买一台新款式的彩色电视机，到百货公司进行选购。在挑选过程中你要求营业员把彩电的后盖打开，让你清点一下这台彩电由多少个元器件构成，确定它的价格是否合理，理由是我要购买彩电，当然要弄清它里面有多少东西！

案例讨论：

1. 营业员会接受你的要求吗？为什么？

2. 你最关心的是什么？什么是优质产品？它要符合哪些要求？

3. 对于供应商或生产企业，他们关心里面的元器件构成吗？为什么？

2. 合资经营谈判过程

在改革开放的早期，许多国外商人到中国来投资建厂，但因为对中国的具体情况不了解，因此常选择与当地的企业共同投资建立合资企业。在这种情况下中方和外方各自的利益表现在哪里？

外方：资金＋技术＋国外市场——→利润＋中国市场占有

中方：土地＋人力＋国内市场——→企业发展＋利润

外方凭借自己的资本实力、专门技术及掌控的部分国际市场到中国来设立分支机构，追求更大的利润和中国市场的占有率；而中方企业有现成的土地、廉价的劳动力和国内部分市场的占有率，合资经营后可以依托外方的能力，使企业得到发展并获取利润。

由此可见，双方都有不同的优势和不同的利益追求，但从深层次的利益分析来看，只有双方联合起来，各自的利益才能实现。因为，外方提供的资源和中方的资源是互补的，只有合资经营才能获得完整的生产力要素，缺乏任何一方都不能获得预期的利益。因此，合资经营谈判中双方都很关注合作以后的各种要素是否完备。这就是调节双方利益趋于一致的过程。

4.1.3 认识和处理谈判双方矛盾的对立统一

尽管谈判双方的目的是为了合作，但毕竟在利益追求上存在着很大的差异。因此，谈判双方既有统一的一面，又有对立的一面。对立统一是谈判整个过程中必须面对的现实，无法回避。正因为如此，谈判需要有一个过程，这个过程的长短主要取决于双方对立统一的协调方式的构建。尽管在谈判中出现争议，甚至出现僵局，只要双方都对合作还抱有希望，就还有可能重返谈判桌，真正退出谈判的还是少数。

因此，谈判者要有很好的心态，要有长期"作战"的毅力和思想准备，不能急于求成。还要在复杂多变的谈判中明察秋毫，发现机会和把握机会，把谈判进行下去，并取得成功。

在处理这对矛盾过程中存在着大量的技巧和方法，归纳起来就是让双方明确合作的必要性，即共同利益的存在，同时看到利益分配上的差异，从而努力使各自获得自身追求的主要利益，适当放弃或减少次要利益。所谓双赢就是使双方通过合作来获得各自的基本利益，并都能从合作中获得更多的期得利益，但各自的期得利益可以有很大的不同。

4.2 谈判成功的标准

什么是成功的谈判？是否只要签订了协议就算是成功了呢？在论述谈判的具体操作之前就要正确认识这个问题是十分必要的。只有理解了什么才是成功的谈判，才能端正谈判的态度去面对各种挑战。

因为谈判是一次决策活动，它对双方今后的行为有很大的制约，但这毕竟是一种预计，今后现实中还存在着许多不确定的因素，所以谈判的成功不等于事业的成功。即使谈判完成了还要依靠圆满实施合同规定的内容后，才能达到预期的效果。因此，衡量一次谈判是否成功有两个层面：一是谈判完成后的评价；二是在谈判商定的协议内容全部实施结束后的评价。对于谈判者来说首先关注的是谈判结束后的评价。

4.2.1 目标实现标准

每次谈判前，谈判者对于本次谈判都会有明确的目标和任务，谈判结束后必然将谈判结果和预先的目标相比较，看实现了多少。因为谈判结果取决于双方，不是通过单方面努力就一定能达到预期的结果。正因为如此，双方在谈判前都会选择自己认为能成功的策略和方法，谈判人员也就此把谈判结果的实现程度看作自己谈判能力和成就的体现，因此对其给予重视也成为必然。但这里要注意的问题是，有些谈判者或经营者看重的是眼前的利益，例如重视价格，而忽视内在的质量；重视本次合作的成效，而忽视长远的影响；重视局部的利益，而忽视了整体的利益。我国改革开放初期，大规模招商引资，吸引外来资本没有错，因为我国要发展缺少的是资本，但没有关注外来资本的质量，包括资金的来源、技术的配套、市场的规模等。各地为了引资而不惜一切代价，在优惠政策上互相攀比，其结果是可想而知的，轻则付出巨大代价换回少量资金，重则上当受骗，少数不法商人利用我们的无知，套取我们的银行贷款，作为他们投资的来源。谈判当然要关注利益，但利益的形式是多种多样的，只有树立以价值标准为中心的衡量目标才是可行的。因此，如何理解谈判的价值目标是最为关键的问题。

1. 谈判的目标必须和整个事业的目标相一致

采购谈判必然和采购原材料的用途直接相关,不仅要关注采购的价格,还要关注原材料的质量是否能满足后续生产的要求;要关注供应商的供货时间和能力,因为一旦原材料供应脱期,不仅影响到生产的正常进行,还会直接影响到我企业对客户的承诺和合同履约;要关注供应商的售后服务,包括当对方不能满足我方要求时所能采取的措施等。风险防范意识是在确定目标时不可缺少的要求。

销售谈判也同样要顾及许多方面,不能只关心能否把产品推销掉,要关注买方的支付能力;不能只要求产品卖得越多越好,要明白为什么对方需要这么多,以避免售出以后可能出现的问题。这方面的例子很多,将在以下的案例讨论中出现。

当前经济领域中关于企业并购的谈判是最多的一种,特别是跨国并购更是跨国公司在进入其他国家特定产业和市场时最常用的方式。这种谈判的难度远比前面两种要大,不仅涉及的因素多,更因为其目标的可识别难度大,双方可能抱着完全不同的目的企图进入并购和被并购,但又不可能直接谈出自己的真实意图,这就给谈判带来很多难以预料的因素。例如,有些企业集团是为了甩包袱,把不盈利甚至亏损的企业卖掉,而对实际的债权债务进行隐瞒;有些就是为了占领对方的市场,通过并购对方的比较出名的企业,从而以较小的代价和较快的速度进入对方市场,但表面上却是打着帮助对方发展相关产业的旗号。

正因为只有双方因素的综合作用才能体现出谈判的最终结果,所以设定谈判的目标不仅有难度,而且有必要与整个事业综合考虑。最不应该出现的是只考虑局部和不作具体打算这两个极端的思维方式。

2. 谈判目标必须是具体和量化的

许多谈判人员因为对事物不甚了解,特别是对对方了解不够,从而心存侥幸,把谈判的结果抽象化。例如,"经过这次谈判我们一定要得到更多的优惠",对什么叫"优惠"没有定论;"我们一定要取得谈判的成功",对什么是"成功"也不清楚。要明白一点,当你在没有非常明确的、具体的目标的情况下进入谈判,马上就进入了被动的状态。只有明确、具体的目标鞭策,才会使你在谈判中保持执着、理智和不受诱惑。

3. 谈判的目标必须是可以实现的

只有可行的目标追求，才是现实的。有一些谈判人员充满梦想，企图通过谈判得到尽可能多的利益。有的是低估了对方的能力，想从对方那里榨取尽可能多的利益；有的是高估了自己，认为对方缺少不了我，因此应该获得更多的收益；也有的把要解决的问题看得太简单，认为不需要付出太多的力量就可以成功，等等。

可见要明确目标不是轻而易举的，要付出努力，要有科学的思想和方法。如何具体来确定谈判的目标将在以后的章节中详细阐述。

衡量一次谈判的成功与否，必然会和预先设定的目标比较，其可能的结果有：

全部实现——目标全部实现，包括预先设定的方方面面；

大部分实现——大部分的追求已经达到，只有少数内容没有和预想的一致；

基本实现——基本的要求已经得到满足，有相当部分和预想的有出入；

没有实现——没有达到预想的结果。

可以用一个等式来描述：

$$S = \sum (N_i - D_i) \times W_i$$

式中：S——结果评价的分值；

N_i——谈判结果，应该由多个方面构成；

D_i——谈判预期，谈判前的目标设定；

W_i——权因子，在不同的问题上各自的重要性程度。

【案例 4-3】

分橙子的故事

有一个非常经典的西方故事能说明谈判的目标追求。一位母亲从外面回到家里，看到两个孩子为了分一个橙子而争吵。她把他们叫到跟前，用刀将橙子分割成几乎一样大的两半，给了两个孩子。一个孩子把橙子的皮剥了，几口就吃完了，把橙子的皮丢进了垃圾桶。而另一个孩子则把橙子的皮小心地剥下，放入榨汁机榨取橙皮汁后放入咖啡一起喝，而把橙子的肉给丢了。

案例讨论：

1. 这位母亲的分配公平吗？

2. 为什么会出现这样的情况？

3. 联想到谈判，你会有什么启示？

4.2.2 成本优化标准

谈判是决策活动的一种形式，因此，受到经营管理者的重视。谈判是要付出代价的，所以成功的谈判必然考虑成本的问题。谈判的成本和财务管理中的成本是有区别的，谈判成本主要包括：

1. 折扣成本 (C_d)

$$C_d = R_c - R_p$$

式中：R_c——协议收益；

R_p——预期收益。

谈判前估计的收益和谈判结果的收益之差为折扣成本，这是对目标实现标准具体量化的一部分。可以讨论：

当 $C_d = 0$，说明了经济收益目标已经实现；

当 $C_d < 0$，说明了谈判结果和预期的经济收益存在差距；

当 $C_d > 0$，说明了什么？一定是占了便宜了吗？你的预期中有没有问题？

2. 直接成本 (C_n)

谈判的整个过程都需要付出代价，其中资金的花费是比较明确的成本。商务谈判有很多种形式，谈判参与人员层次越高花费越大；谈判所决策的内容越重要，花费也越多；国际商务谈判的花费当然更大；谈判拖的时间越久花费也会明显增加。因此谈判过程的控制必然要考虑到直接的费用。谈判中除了差旅费外，交际费也是一块不小的数额。

除了资金的开销外，时间的付出同样需要计入成本。因为涉及决策层次的活动，他们的时间是非常宝贵的。许多公司已经非常明确地规定了每位管理者和技术人员的小时成本，即每小时的成本计价。所以，凡参加谈判的人员都会计算参与的时间数，并换算为工时成本。

3. 机会成本 (C_c)

正因为谈判是双方的活动，存在许多不确定因素，又要拖延一段时间，因此，必然会存在一个机会成本的问题。

$$C_c = R_a - R_o$$

式中：R_a——其他获利机会的收益；

　　　R_o——本项目的收益。

谈判是对特定的项目进行决策，因此，有着很大的选择权，也必然会和其他收益渠道或项目相比较，以判断是否值得这样做。例如，任何选择投资的项目其收益率都不会低于银行存款利率。谈判双方经常将谈判项目与近期其他项目作比较，以判断其收益率是否有吸引力。

当 $C_c < 0$，则说明该项目有值得争取的一面；

当 $C_c > 0$，则应该慎重考虑，该项目有无必要进行，除非另有原因，很少有经营者愿意在这个项目上花费精力和时间。

从以上分析可以看出，成功的谈判应该是成本比较低收益比较大的项目。量化的考核将有利于比较和决策。当然上述三个方面不能简单相加，而应该分别考虑。

4.2.3　人际关系加强标准

谈判是一项社会活动，有很强的人际交往的成分，但这种交往中充满了利益的协商和交换，理论上称为"博弈"。因此，这种交往有很大的难度，经常会出现"生意是成功了，关系紧张起来了"的结果。从长远的观点来看，企业要长期生存和发展必须得到社会的承认和支持。没有良好的社会关系怎样能获得支持呢？尽管谈判只面对一个社会成员，但社会就是由许多个体构筑起来的，更何况和一个对手搞坏了关系将会影响到一片。

人际关系加强标准有以下两个层面。

1. 组织之间的关系得以加强

通过谈判，两个企业或组织之间合作得更密切，相互关系更融洽，今后的合作前景更宽阔。中国商界有一句老话"生意不成情谊在"，就表达了这样的观点。即使谈判受到挫折，没有达成协议，但企业之间的关系反而加强了，今后会有新的合作机会。

2. 谈判人员之间的个人关系加强

通过谈判，双方人员之间的友谊加深，对于今后进一步合作带来更多更好的机会。

这两个层面有时是统一的，即双方组织关系加强，同时个人关系更融洽了，这是最好的结果。但也有的时候，合作是成功了，但个人之间的关系紧张了。对方抱怨你个人态度不好，过于精明等，这样不仅给你个人带来影响，同时对组织也是一种伤害。也有相反的结果，组织之间关系紧张了，而个人之间关系却更好了，你认为这样正常吗？

4.3　谈判是科学和艺术的结合

从上面的内容我们已经不难理解谈判的行为特点。首先，它具有很强的科学性，同时，又具有很强的艺术性。

谈判的科学性主要表现在其客观规律性方面。谈判需要科学决策、科学计划、科学运作。了解谈判项目的客观环境和市场竞争态势；掌握项目的相关技术和对该技术的评价；对谈判以后的各种情况需要明确的判断；对谈判对手的客观了解和评价，选择科学的谈判策略；了解对手的具体思路和对策，不断调整我方的谈判策略和方法；控制谈判的进程，使我方处于有利的地位；签订合理、合法的协议书，使双方都对合作抱有成功合作的希望；在协作中努力达到预定的目标，充分体现经济、社会效益，等等。要做到这一切谈判人员需要具备科学的思想、科学的态度、科学的方法。当然科学知识的面是要求愈宽愈好，不仅要求谈判人员有工程技术、产品技术等自然科学领域的知识，还必须具有市场营销、决策科学、人力资源、沟通技术、经济法律等经济学科的知识。如果还能有心理学、行为科学方面的知识和能力将对谈判能力的提高带来更有力的帮助。

谈判是一种艺术。对同一个谈判项目，不同的谈判人员可能会出现完全相反的谈判结果。此外，不同的时间、不同的场合也会对谈判结果造成影响。艺术性表现在许多方面，例如：在时间的安排上，把谈判安排在星期一的上午9:00 开始和安排在星期五下午 2:00 开始会有哪些不同呢？尽管安排的人没有作任何解释，但暗示了一个问题，星期一上午，本周第一件事就是谈判，说明了对谈判的重视程度，同时也预示了我们可以花更多的时间来谈判，不担心没有足够的时间；相反，星期五下午，也是本周最后一个工作日，又在下午，安排在这个时间谈判说明了对于谈判我们的时间已经不多了，必须在最短的时间内达成一致意见，商量的余地不多。又例如对谈判地点的选择，倘若我们选在大会议室内，布置得很正规，或选择在附近的有一定档次的饭店的包厢内，又预示了什么呢？而且这种选择还和谈判双方的生活习惯、文化特点有密切关系，中国人希望在饭桌上酒过三巡后再谈正事，这样再麻烦的问题也不至于造成弄僵的局面；而美国商人，却不习惯在餐饮中谈正事，往往选择在高尔夫球场，边打球，边谈论，既能个别进行沟通，又不至于造成尴尬的局面。

此外，谈判中用什么样的语言，采取什么样的态度，甚至怎样穿戴都很有讲究。这些都体现了谈判的艺术性。因此，谈判作为一门技术或一门学科，它和其他的学科有很大的不同。需要学习基本理论和知识，还要掌握基本的方法和技巧。但即使这样也不能说明你已经成为谈判的高手，而只有在长期的谈判过程中不断学习和总结，不断提高，逐渐形成具有个性化特色的谈判能力，才能成为谈判的专业人员。作为一个谈判人员最大的能耐是他的应变能力，处变不惊，能沉着应对变化着的局面，并能采取有效手段，来达到自己预想的目的和结果。

【案例 4-4】

上海地铁项目谈判

上海地铁建设过程中为寻求国际合作，发生过许多次谈判，其中有很多值得圈点的内容。上海地铁一号线的车辆是从德国购进的，在使用过程中总结了很多的经验和教训。所以在二号线谈判前上海方面进行了总结和策略研究。首先，确定了多个谈判对象，各自单独联系，要求每个公司各自报价，目的是提高质量和降低价格，引起三家公司间的内部竞争。在德国选择了三家供应商，并聘请了一个咨询机构，帮助沟通和策划。可是，当上海的代表团到达德国法兰克福的第二天，也就是谈判即将开始时，《法兰克福日报》上发表了一条新闻，三家相关的公司联合成立车辆公司。这显然是针对上海代表团的行为，此前，没有任何迹象表明三家公司的联合。如果上海代表团没有预先的准备，那么将处于多么被动的局面！

上海代表团根据情势的变化，在进行了简单而细致的推敲以后，启动了第一号预案。在谈判桌上集中力量对上海地铁一号线运行一年多来的情况进行回顾，用大量数据证明车辆中有某个参数没有达到设计上的要求。联合起来的德国方面进行了答辩，企图回答中方提出的问题，但因为上海方面准备充分，没有给德方回避问题的空间。最终，谈判没有给德方带来有利的结果，而上海方面转而处于主动地位，从而达到了预先设定的谈判目标。

这个案例发生在多年前，但十分典型，值得总结和推广。其中不仅涉及各方的利益，更涉及民族文化和企业文化的特点，因此需要认真总结和推广。

案例讨论：

1. 从案例中我们看到了国际商务谈判的艰巨性，德国方面联合起来对谈判造成了哪些影响？

2. 上海方面用一号线的问题来解决二号线的问题，为什么能成功呢？

3. 谈判前的准备有多重要？预先准备的方案应该具备哪些条件？

4. 从案例中可以看到有哪些属于艺术处理的方式？

4.4 谈判策略的一般类型

谈判的形式千变万化，手段多种多样，但是也有其内在规律。通常从谈判策略来说可以分成三类。

4.4.1 软式谈判（蓝色）

由于多方面原因，谈判的一方采用软式谈判，又称为友好型谈判、蓝色谈判。

采用这种方式的目的是尽快达成协议，其他的条件都可以商量，甚至让步，特别是面对可能导致谈判失败的问题都愿意放弃和让步。当然，如果双方都持这种态度的话，谈判就简单了，气氛和谐，协议很快就能达成。但是，只有一方采用软式，而另一方不加理睬的话，形势对于软式的一方就非常不利。

肯定有人会认为软式谈判不足取，但事实上在谈判历史上采用软式谈判的不少。例如，在市场中当某产品供小于求时，卖方处于主导地位。此时，作为急于需要这种产品的企业往往就采用软式谈判来赢取购买紧俏商品的权力，价格可以提高，要求可以降低。因为，不尽快购到这种商品就会影响到本公司的生产任务的完成，就会失去客户。同样，当某种商品严重过剩，卖方为了推销积压的库存，在谈判中卖方处于被动局面，价格可以被无限制地打压，各种要求都会应允。我国曾经在彩电行业中不是已经碰到这样的事情了吗？尽管全行业都在亏损，但价格还在下滑。问题的关键在于，我国的彩电生产都走上了同质化的道路，缺乏市场竞争力。

【案例 4-5】

三资企业的政策

我国改革开放后，不少地方为建设经济开发区，对于在开发区内建立的"三资企业"给予许多优惠政策。如税收政策，一般企业可以享受"两免三减半"的政策，即开张的头两年可以免征所得税，后三年可以减半征收。对于高新技术企业给的条件更加优惠。

案例讨论：

1. 这样做的目的是什么？为什么不同的企业可以享受不同的税收政策？
2. 这样的谈判是否属于蓝色的呢？

在这种做法的驱动下，有不少地方为了争取外资，把政策进一步放开，虽然取得了一定成就，但却造成了恶性竞争。因此，在近年来的宏观调控中，中央进行了政策方面的整顿，强调对开发区的管理要统一步骤。

4.4.2　硬式谈判(红色)

与蓝色相反，谈判的一方采用红色谈判策略，也称为硬式谈判或立场型谈判。

采用这种谈判方式表现出谈判方不以达成协议为目标，而是坚持明确的立场。只要立场站稳，达不成协议也不足惜。这种立场不一定和经济利益直接挂钩，有政治方面的，有企业形象方面的，甚至有个人因素方面的。态度强硬只是现象，无法变通才是事实。如果对方采用软式策略的话，这种谈判会很快结束；但是倘若对方也采用红色策略的话，气氛就相当紧张了，谈判的时间就会拖长，谈判的难度会增加。

肯定也会有人说，谈判用红色不会吃亏，应该如此，这种说法对吗？

以下我们通过一个游戏来体验一下红与蓝的博弈。

【游戏】

红与蓝的博弈

游戏的目的：体会在谈判中的博弈思维能力。为了简单明了，只采用红色和蓝色两种可选择方案。

游戏的组织：由四人直接参加，其他人可以在旁观摩，但不能发出声音或有任何诱导性质的动作表现。参与的四人中，一位为甲方，一位为乙方，构成谈判的两方面，第三位作为裁判员，负责发令和监督，第四位做记录，统计双方得分情况，并有阶段性地公布。

游戏规则：甲和乙各执红色和蓝色两张牌，在裁判员发令"出牌"后，立即亮出一张牌，两人必须同时亮牌，否则为作废，重新出牌。裁判员宣布双方出牌的结果，记录员根据下表为双方登录得分，并累加各自得分，然后向大家宣读双方得分情况。当甲或乙中有一位得分超过 10 分时就算胜出，游戏结束。

甲　方

乙方		蓝色	红色
	蓝色	甲方＋3 乙方＋3	甲方＋5 乙方－5
	红色	甲方－5 乙方＋5	甲方－3 乙方－3

注意事项：首先要想清楚我这一轮应该出什么牌，然后再动作。过程中要不断思考：对方会如何应对？我下一步该如何安排？

僵局处理：双方的分数可能处于拉锯状态，始终没有人能超过 10 分，大家认为没有希望再进行下去时，停止游戏。注意谈判中有这种现象存在，需要正确对待。

另一种可能是双方的分值越来越低，可以增加一个规则，谁先低于－10分同样算失败。

游戏拓展：该游戏的原规则是不允许甲乙双方在出牌前进行讨论的，但在熟练进行多次后不妨将该游戏拓展，即允许在出牌前进行沟通，在双方认为可以时裁判员宣布出牌。

游戏讨论：

1. 对于这种貌似公平的游戏规则，我们要获胜，主要应考虑什么因素？
2. 游戏拓展以后又会发生什么现象？
3. 红色与蓝色的选择结果相同吗？
4. 如果正式的谈判中发生这样红与蓝的博弈，你会如何对待？

4.4.3　原则式谈判(紫色)

从上面两种谈判策略来看，都有可取的和不足的部分，而紫色就是第三种谈判的策略模式。这种谈判方式有以下特点。

(1)首先在谈判前确定本次谈判中我方应该把握的原则。包括经济、社会、政治、文化，以及近期、中期、长期等多种原则的要求。

(2)对于谈判中出现的不违背原则的内容和要求，都可以灵活协商，对有悖于原则的，要坚持、明确自己的立场和态度。

（3）谈判始终保持着友好、和谐的气氛，坚持对事不对人、开诚布公、摆事实、讲道理，尊重对方的人格。既要解决问题，又不失风度。公平正直，不伤害别人，也不被别人伤害。

从以上描述来看，紫色谈判是最好的谈判策略。但其中有几个关键问题需要思考。

（1）预先设定的原则究竟是什么？最为关键的问题是什么？对方能接受这些原则吗？

（2）对方如果不采纳这些要求势必引起争论，该如何对待？

（3）谈判毕竟是为了争取利益而来，许多情面上的问题都是次要的，一旦发生了争论，气氛还能和谐、友好吗？

我们之所以把这种谈判方式定义为紫色，就是因为"红"与"蓝"是基本色，可以有非常明确的定义。而紫色则是"红"与"蓝"的结合，不存在标准的紫色，不同的"红"与"蓝"的配比将得到不同的紫色。谈判中也一样，提倡原则式谈判就因为其灵活性。

图 4-2　谈判的三种风格

从图 4-2 可以理解紫色风格的形成来自红和蓝的交汇，即有时谈判要偏红，也有时要偏蓝，根据不同的情景采用不同的策略是谈判艺术的基本要求。

所以研究谈判策略和风格时必须仔细讨论红与蓝两个基本色，即两个极端的情况要把握准，然后再根据谈判的过程来确定紫色的构成，谈判的原则也就非常明确了。

4.5　谈判的一般过程

从第 1 章中我们已经体会到谈判的过程是非常复杂的，不同的谈判应该有不同的过程，但也有其内在的一般规律。一般来说谈判过程应该由 APRAM 五个环节构成。

A——appraisal，项目评估阶段；

P——plan，谈判策划阶段；

R——relationship，建立信任关系阶段；

A——agreement，达成协议阶段；

M——maintenance，执行协议阶段。

这种划分有其一定道理。传统上我们经常把谈判分为谈判准备阶段、谈判实施阶段、签订协议阶段和执行协议四个阶段，和上述划分方式有些区别。但以上的划分将充分体现各阶段的特点和对谈判人员不同的要求。每个阶段的特点主要表现在如下方面。

(1)项目评估阶段要求有非常严格的科学态度，对项目进行细致的科学分析和判断，设定谈判的基本原则和目标。

(2)谈判策划阶段要求以战略的思维来考虑谈判的具体实施。在信息收集上和问题的归纳上要有非常严谨的策划和计划，因此这一阶段不仅需要具备科学理论基础，还要对时势和对手进行预计和决策。

(3)建立信任关系阶段则是通过全面的人际沟通了解对手的思想方法、利益的具体所在、谈判的策略构思、行为的特点和习惯等，充满了人际关系的艺术和技巧。

(4)达成协议阶段是谈判中最艰巨和最受关注的阶段。协议是一种法律文件，只有合法才能得到法律的保护，因此要非常明确法律对各种行为的制约，如果涉及国际商务问题，则更加复杂。法制观念、法律手段、表达方式等都是这个阶段要注意的问题。当涉及价格问题时，谈判人员更为紧张，因为价格是利益分配中最直接的问题，这时除了需要大量计算、预测和沟通外，对于谈判者而言这一阶段更是一种心理的较量。谈判者没有很好的心理素质是无法应对关于价格的较量的，所以在该阶段中会涉及法律和心理学的大量内容。

(5)协议执行阶段不是一帆风顺的，其中充满了情况的变化，涉及具体事物的处理以及双方合作中纠纷的处理。作为谈判课程，对于这些内容不可能面面俱到，因此谈判者要为谈判的继续和补充的谈判做好准备。其中，信息的收集和管理成为重点，因此，该阶段中如何用好信息工具就是其明显的特点，提高谈判者的应变能力与处理纠纷和矛盾的能力是不可忽视的部分。

本书后面各章节就按这种划分方式进行详细阐述和讨论。

【本章思考题】

1. 谈判为什么需要分成多个阶段？

2. 每个阶段之间有什么必然的联系？

3. 为什么谈判的风格不集中在紫色，而还要讨论红色和蓝色？

4. 怎样来体会谈判是科学和艺术的结合？

第 5 章　项目评估

【本章结构图】

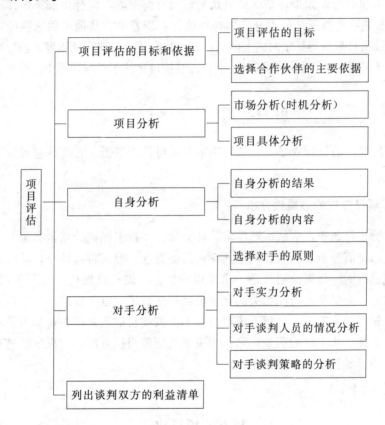

【本章学习目标】

　　谈判的成功在很大程度上取决于准备，谈判项目准备越充分，成功的把握越大。本章全面讨论的谈判项目的评估就是以科学的态度和方法对欲进行的谈判进行客观评估，分析项目中存在的问题以及解决问题的思路。因为谈判将涉及的是双方的情况，其中存在大量不确定因素，所以评估的思路和方法有其特殊性。通过本章的学习，并将本章的学习和其他学科的学习紧密联系，灵活应用已经掌握的知识。

5.1　项目评估的目标和依据

　　项目评估是谈判前准备工作的第一步，其结果将影响到下一步工作的进行。倘若对该项目的结论是不值得上的话，应该尽快结束该项目，不再投入更多的精力和财力；如果评估的结果认为该项目尚可取，而合作伙伴选择不当的话，应该进一步选择其他更合适的合作伙伴；倘若没有其他可供选择的合作伙伴，而该项目是值得抓紧时间上的话，就又加深了项目研究的难度，需要更多的投入。还可以有更多的状况可以列举，说明项目评估在谈判过程中的重要程度。

5.1.1　项目评估的目标

　　项目评估的目标就是要为项目决策提供可靠的依据。它应该包括以下两个方面。

1. 项目存在的必要性分析

　　对所选择的项目应从市场需求、社会接受、技术保证、竞争态势、发展前景等方面全面分析，从而，确定其存在的必要性。有人将这种分析看作机会分析是有道理的。如果该项目是一个难得的机会，则可以加快进入下阶段分析；如果这是一个机会，与此相关的竞争已经很激烈了，也可以进入下阶段，但重点是要做好两手准备，分析上该项目和不上该项目的利弊得失；如果该项目已经失去了进一步发展的前景，则作为决策者应该当机立断，结束继续进行的想法，哪怕已经付出了许多。

【案例 5-1】

校友的项目建议

　　十多年前，正是半导体制造业蓬勃发展的阶段。某高等院校在接待校友的时候，一位来自 M 国的老校友提出了一个建议，利用他在国外的关系可以引进一条集成电路的加工生产线，对当时比较紧缺的一种产品进行加工。校长听到该建议后十分高兴，利用本校物理研究方面的能力应该可以做这项既是高科技，又是高收益的项目，因而立即指令物理系主任进行可行性分析，并让学校有关部门进行配合和准备。很快，物理系递交了技术上可行的报告。而负责学校产业发展的部门却递交了一份反对的意见书，反对原因是：一方面国内外生产同类产品的企业已经不少了，而一条生产线够不上经济规模；另一方面计算的投资回收年限太长，回收期静态的就达十年以上，动态的甚至无法回收投资，况且这种产品的生命周期很短，因此，投资风险很大。学校领导经过反复研究讨论，也做了大幅度的调整，但没法改变这个结论，只能知难而退。只是对这位好心的校友难以交代。

案例讨论：

1. 单从行业的好坏来选择投资方向行得通吗？

2. 什么是全面分析？将会涉及哪些要素？

3. 从案例中能否看到经济学理论在谈判中应用的重要性？为什么？

2. 确定合适的合作伙伴的选择条件

项目评估的结果应该就选择什么样的合作伙伴提出明确的结论。当然，我们可以先定标准，再选伙伴，这是理性的思路。但实际情况不可能都用这种方式，更多的是选择有限的候选对象，从中挑选相对比较合适的成为我们的合作伙伴，因为事物的复杂性、时间的紧迫性、降低成本的压力都不允许做太大规模的选择。选择的基本条件是要合作伙伴完成项目预计的各项目标。

5.1.2 选择合作伙伴的主要依据

项目评估的主要依据所包括的许多方面在以后的章节中将详细阐述。选择合作伙伴的主要依据应该是双方的利益和利益追求，只有十分明确地了解和理解谈判双方的利益及利益追求才可能使项目评估具有可行性，才能被双方所接受。

可是，利益不是单一的，每次谈判中双方追求的利益不能用一个简单的数字来表达，它是由一组相关的而又是独立的具体要求组成。为了说明问题我们分析以下案例。

【案例 5-2】

兰州黄河大桥项目[①]

甘肃兰州市为了发展经济专门在黄河的北岸设立了兰州工业开发区，并准

———————————

① 本案例为案例 2-4 的延续。

备在黄河上建设一座新的桥梁为其服务。在建桥项目中引进资金和技术是开发区管理委员会的基本思想。因此,进行了系列的招商引资活动。其中,有一家外资企业 B 进入了谈判过程,为了熟悉中国情况,聘请了国内另一家企业 W 代理。该项目涉及的问题有工程规划、设计和建造,同时涉及资金、动迁等问题。B 公司承诺从国外引进资金和技术,但要有足够的利润,兰州开发区承诺动迁和土地使用权的审批,但要 B 公司保证桥梁达到使用要求和质量标准,包括使用寿命和维修保养的开支要求。

该项谈判进行得很艰难,但最后还是成功了。

其中,利益主体有两个,分别看一下它们的利益追求。

外方,含 B 公司和 W 公司,主要利益追求是通过建设黄河大桥获得明确的经济收益。经济收益包括:项目收益,即建设桥梁后得到的利润;进入中国后承担第一个如此规模的工程项目可为今后再接受新的更大的项目奠定基础,是一种无形资产的获得。

问题是,兰州开发区不是掏钱出来建设桥梁,而要 B 公司带进资金,负责技术,承担桥梁的质量问题,因此不是简单的买卖关系。利益如何获得?

兰州方,开发区管理委员会和地方政府有关部门,主要利益追求是为了建设现代化的工业园区,需要在黄河上再建设一座大桥,确保园区的交通便利,有利于进一步招商引资。

问题是,桥梁建设不能直接产生较大的经济效益,而技术要求又非常高,不能简单从事。怎样才能选择水平较高的工程承包单位呢?

桥梁建设的费用总的来说包括:土地使用费,包括建设过程中占用的临时施工场地;拆迁费用,原来在这块土地上的工厂、居民和农地都要补偿、安置,需要一笔不小的费用;设计规划费用,包括测量、勘探、规划、设计、审批和配套的费用;建设费用,包括材料、施工、监理和管理费用;工程建设是用发包方式进行的,因此,还包括进行大量的招标活动需要的费用;验收费用,桥梁的验收有一系列标准化的过程,需要多级验收,要支付很大一笔开支。如果包括维护费用,那还要增加许多内容。总的算下来,当时估算的建设费用在 2.5 亿元人民币左右。

而 B 公司要到海外去融资这样一笔资金,需要给融资机构支付相当一笔资金,还需要担保等各种费用。

案例分析:

从以上的阐述中我们可以进行初步的利益分析。

1. B 公司承担了该工程以后,要保质、保量、保期完成该座大桥的建设,但同时不仅要支付大量的费用，还要承担巨大的责任，最后要获得本工程的高额回报和将来发展中的有利态势。

2. 开发区除提供保证工程进行的必要条件外，还要创造条件让有高水平的 B 公司能顺利完成大桥工程，并使其能获得其所需要的收益，最后能按期得到一座发展工业区所必需的黄河大桥。

可以用图 5-1 来表达各自利益的追求次序：

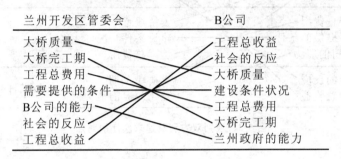

兰州开发区管委会	B公司
大桥质量	工程总收益
大桥完工期	社会的反应
工程总费用	大桥质量
需要提供的条件	建设条件状况
B公司的能力	工程总费用
社会的反应	大桥完工期
工程总收益	兰州政府的能力

图 5-1 谈判双方利益追求次序的对照

从上面的分析不难看出，利益追求不是单一的，而是多个利益追求并存，并且存在不同的重要程度。对于双方来说如果没有对方的介入这些利益追求都不能实现，但双方合作后各自追求的利益又是不相同的。图中用连线的方式表达了相关性，而排列次序体现了各自关注的重要程度。

案例讨论：

1. 为什么双方的利益追求会不同呢？

2. 双方的利益追求的次序都应该一致吗？为什么？

3. 图中只有一条信息稍有不同，即开发区关注 B 公司的能力，而 B 公司关注兰州市政府的能力，为什么？中间隐含着什么？

通过案例我们可以得出这样的结论：在选择合作伙伴的时候，最重要的是进行细致的利益分析，不能依赖于主观臆断和中介人的介绍，而必须具体、客观地分析。

为了更容易判断，可以将利益追求分成高、中、低（H、M、L）三个层面。图 5-1 可以进一步表达为图 5-2。

通常情况下，如果双方的利益关注点较多，而且重视程度有较大差异的话，谈判的难度较低，合作的可能性较大；相反，如果追求的利益比较单一，关注程度比较模糊，谈判难度就较高。最突出的是双方关注的利益集中，而且一致，即对同一个利益表示重点关注时，则谈判难度最大，甚至无法合作。因此，我们把对利益和利益追求的分析作为谈判项目评估中最重要和最基本的问题提出，请大家注意。以下的案例中，我们还会用具体的例子来说明。

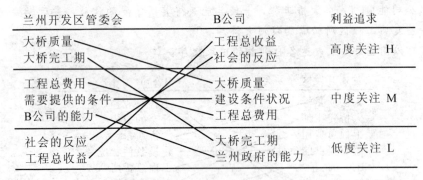

图 5-2　谈判双方利益追求次序的对照

5.2　项目分析

既然对双方的利益追求的分析是基础，那么怎样来明确双方的利益？我们可以运用科学的分析手段，对项目、自身能力和谈判对手这三方面进行分析可获得对双方利益追求的客观评价。

5.2.1　市场分析(时机分析)

要分析一个正在策划中的项目，包括一个大项目下面准备开展的子项目，都需要对宏观市场进行分析。当然，这里所说的分析不是花精力去研究市场本身，而是去分析该项目在当前的市场形势下，能不能上，值得不值得上，从而确定该项目的发展方向和基本行动原则。这就是所谓的时机分析。

细分市场的分析是针对该项目相关的市场进行分析，即分析目标客户群体的规模、特点，现在的供应情况，包括供需矛盾的重点和特点；所处市场现在属于哪个阶段，是开发期、成长期、成熟期还是衰退期，可能延续的时间等。在市场需求量分析中可以得到需求规模及具体的需求周期。通过以上的市场分析可明确项目的定位和大致的规模以及时机的选择原则。

市场分析要大量运用经济学和市场学的理论和方法，经过大量的调查研究和资料收集来获得足够的信息，并对其进行系统的经济分析。

【案例 5-3】

中心区改造项目①

某一长江沿岸小城市丁策划改造市中心广场绿地的项目，准备把原来破旧的市中心房屋动迁，改建成一个比较现代化的中心商业广场和绿地。项目得到了规划部门的批准。项目负责机构在咨询机构的帮助下，首先从市场分析开始。

首先要解决的问题是该城市最需要什么样的商业。这个问题不能随意确定，必须和该城市的经济发展水平相关。除了需要进行大量需求调查外，最有效的办法是选择一个样板城市作参考。

两件工作同时进行，两个月后，初步结论出来了。一方面，根据广大市民和基层组织的建议，最需要的是超市、大卖场、特色饭店、鞋帽服装市场和综合药店，而对原来打算增加的高档旅店，却没有得到响应；另一方面，以临近的规模差不多的已取得很大发展的城市为样板，进行经济发展的综合比较，比较的差距可以明确地指出城市的发展方向。最后得出如下结论。

1. 该市的经济正在发展之中，存在大量的投资机会，并处于梯度经济的枢纽地位，无论商业、制造业还是现代农业都有着快速发展的机会。

2. 可以将南部地区的各种项目引向北部地区，经由本市进行操作，例如建筑材料业、农资项目及劳动密集型的制造业。

3. 鉴于上述情况，在本市设立招商引资、投资管理、商业招租等经营机构和基础设施是很好的方向。

同时，项目负责机构又对相关的行业的规模和经营水平进行了具体分析，最终确定了市中心开发项目的定位，并开始规划和设计。

案例讨论：

1. 什么是科学决策？它的依据是什么？

2. 为什么既要进行社会调查，又要进行样板分析？它们各自解决了什么问题？两种方法能相互替代吗？

3. 案例中提到的机会主要涉及什么？对所有的地区都相同吗？

案例说明：

当前我国城市化发展到了白热化的程度，房地产成为热点，受到全社会的

---

① 本案例的具体内容参见第 15 章的附录。

关注。本案例是作者亲自带着团队参与的项目之一，很典型，也得到了相关部门的允许和支持将详细资料公开发表，推荐给读者，供讨论参考。

5.2.2 项目具体分析

市场分析是机会分析，但是面对机会还不能盲目投入，而应该对项目进行具体的分析。具体分析的核心是价值分析。我们以贸易项目为例。

1. 站在卖方立场上分析

(1)购买目的和具体要求。对这种商品，谁是购买者？他们为什么要购买这种商品？因为对同一种商品，不同的地区和不同的购买者他们的购买目的不一定是一样的，他们各自有不同的要求。例如，肯德基快餐店，在美国是人们为了节约用餐时间而进入的饭店，他们要求速度快，食用方便；而在中国大部分地区它都是一种特殊消费，要有特色，特别是针对儿童的需要，所以速度不是最重要的因素。

(2)需求量、时间和价格范围。在不同的时间和时机，产品需求量的变化以及买者对价格的认同程度都会不同。要获得这些信息必须依靠市场调查和对此前市场销售的统计。这里要强调的是信息获得是要花费成本的，因此，追求高效率、低成本是该阶段需要仔细考虑的问题。其中的关键是把握目标市场，即与上一阶段密切配合，把关注的焦点集中在市场分析的结果上。

(3)以往该产品在市场中的情况分析。包括同行厂商的产品的销售情况，主要关注他们的产品在销售过程中发生的问题和处理的结果，从中总结经验和教训。这种分析往往建立在案例分析的基础上。销售业绩固然重要，但销售个案的收集和总结更加重要。因为，通过分析可以了解下阶段如何应对市场中可能发生的问题并采取必要的预防手段。这些都是谈判过程中应该把握的原则和依据。当然，一个全新的产品在面向市场前，没有历史的参考，但仍应该收集相近产品或相类似产品的有关销售过程的信息和案例。

2. 站在买方的立场上分析

为了满足自身的需求，在谈判前应该作详细的分析。首先关注的是卖方的供货能力，对备选的卖方产品进行详细了解，分析其能否满足我方的需求，包括质量、价格、供货能力、服务水平和服务方式等。了解的方式有很多，渠道也不少，主要有直接和间接两种。直接方式包括向供货企业直接索取有关产品的说明、介绍，甚至直接去企业询问、质询。间接方式包括通过调查已经购买和使用过这种产品的企业或组织以了解产品的情况，通过了解和分析确定产品是否满足我方的要求。在此基础上，进一步了解卖方的信用情况，特别在寻求长期供应商时，这个问题就显得更为重要。良好的信用能确保我方的采购过程顺利，使本企业的生产经营减少因供方的原因而受到的干扰。

买方还要分析卖方的销售策略，明确对方的策略，在谈判时才能处于有利的地位。

实际上，无论是卖方还是买方，在贸易谈判开始前，不仅要站在自身立场上分析和研究，同时也应换位思考，即站在对方立场上来看问题。这样可以设计较为全面和完善的谈判策略，即所谓"知己知彼，百战不殆"，这是谈判中最为常用的理念和方法。

除了贸易外的其他谈判也同样需要这样的分析，只是内容稍有不同而已。例如，工程谈判中，发包方和接包方同样像买方和卖方那样交手；合资谈判中，东道方和受约方也都得从各自的利益出发来分析合资形成的新企业中可能发生的各种矛盾和冲突，以及矛盾化解的可能性和付出的代价。

在做好以上项目分析的基础上可以进行更为详尽的经济分析，包括成本分析、风险分析等。通过这些分析就可以很明确该项目的预期结果，主要包括两方面内容：通过项目的运作能获得什么结果，同时必须具备什么条件和付出什么代价。如果这样的结果不能满足预期的要求，说明该项活动不值得进行下去，没有必要再拖延时间和进一步投入，哪怕有其他因素的影响和制约，也不应该为之所动。如果结果是令人满意的，符合预先的设想，则可以顺利进入下阶段的分析和评价。

5.3　自身分析

对项目进行了客观评估后，如果明确了该项目在当前条件下值得进行，因此，下一步是要明确在完成该项目时以我方的现有条件能承担什么责任，具备多少能力，获得多少利益。自身分析是以客观的态度对自己进行评价，而不能以盲目乐观的态度来应对。

5.3.1　自身分析的结果

自身分析的结果有三种可能性。

1. 本企业具有全部能力来完成该项目

这样的结果说明不需要外面的帮助和合作就能完成项目，谈判也就不会发生。这种情况对于许多大型企业和具有较长的经营历史的企业来说是常见的。在承接一个项目或产品以后，经过仔细分析，企业的各种资源齐备，不需要借助其他的帮助就能完成。

2. 本企业没有能力完成该项目

通过分析，尽管项目非常有吸引力，但本企业没有任何条件和资源来完成该项目，似乎应该放弃。但是，现在存在的咨询服务企业，特别是大型的战略咨询企业，它们每年要承接大量的项目分析任务，可是都不介入、不参与项目的具体投资和运作。例如波士顿咨询公司（BCG），在全球有几十个分支机构，承接战略咨询项目，涉及各行各业和各个国家和地区。在分析了项目的可行性后会对项目进行具体的评价，对可能发生的问题提出解决方案，对资源的配置和利用也会作出详细的解释，但并不参与项目的投资和经营。

把项目分析的成果作为技术产品转让给有能力完成的企业或组织，就是这种项目分析结果的价值体现。当然谈判也会进行，只是谈判的内容就完全成为了一种关于中介服务的谈判。

3. 要完成该项目本企业只具备一部分能力

这种情况下谈判就会发生，而且，分析的结果为寻找合作伙伴提出了明确的要求，谈判的目标已经非常清晰。从这里可以看出，这一阶段分析的主要目的不仅体现在可行性上，更体现在下阶段行动的原则和依据上。因此，客观性、可操作性是不可忽视的要求，具体而且量化的分析是自身分析的基础。

5.3.2 自身分析的内容

1. 行业能力

行业能力即本企业在准备谈判时在所对应行业中的能力。能力是一个全面的概念，包括企业在行业中的地位。如果企业是行业中的领导者，即在该行业中处于领导地位，这是企业综合优势的体现。当然，有全球性的、国家内的、某特定区域内的行业领导者之分。

例如，近年来迅速发展起来的民营企业凯泉泵业集团，顺应房地产的发展需求在大楼变频水泵的生产和配套上占据了很高的市场占有率，一举成为国内泵业的领军企业，该产品的国家标准来自于该企业的标准。

除了影响力外，企业的知名度直接影响了其主流产品在行业中的市场地位。客户在选择这种产品时经常对各企业的产品进行比照，包括产品质量、价格、服务等。

另外，企业在行业中的关系也显得很重要。尽管有些企业在行业中不居靠前的位置，但因为在行业中有很好的合作关系和信誉，在遇到困难时容易得到各方面的帮助，这也是一种优势。

企业在该行业中的经历也是一种资源，成功和失败的经验和教训为其今后的发展提供了有效的帮助，因此重视行业能力的分析是十分必要的。

2. 经济能力

为了新策划的项目能顺利进行，经济能力是基本保障。经济能力首先体现在财务能力上，如该项目所需要的资本和资金总量中本企业所能承担的数量。资金的来源除了自有资金外，还应该考虑到融资能力。注意这是指直接可以用于该项目的资金，而不能把无法动用的资产考虑进去。除了财务能力外，其他经济因素也不能忽视，如债务的偿还能力、资金的调度能力、可动用的资产能力（如土地资源、可供抵押的资产）等。

3. 人力资源能力

人力资源能力是指对于该项目从启动到完成全过程中所涉及的各级各类人员，本企业能支持和动用的能力。其中包括技术人员、管理人员、商务人员、劳务人员等。不同的项目应该有不同的人力资源需求，特别是对一些新的、技术含量高的项目，人力资源的需求中带有许多不确定性。为此，人力资源能力中要求企业不仅能提供所需的人员数，还应该能适应项目进行中不断变化的人力需求提供相应的人才，如引进人才和技术、提供培训等。

4. 技术能力

项目进行中离不开技术能力的支持，因此对自身技术能力的评估是不可缺少的内容。首先要明确一个观念，不能简单把技术定义为工程技术、生产技术，当然，工程技术是非常重要的部分，但其他技术也不能忽视。例如管理技术，对该项目的管理是否熟练，是否有足够的经验，包括财务管理、成本管理、现场管理、绩效管理等管理技术；又如商务技术，在商务过程中的许多环节中是否有足够的经验，是否熟悉进出口手续和税收申报、海关报关等手续。

5. 物资供应能力

许多项目都涉及物资的供应能力。例如，接受某种产品的订单后，首先考虑的是原材料和元器件的供应，而且特别关心其供应的可能性和可靠性。即使是服务型的项目同样会涉及物资供应能力，因为这直接影响到企业完成项目的能力。其中还会考虑包装、运输、仓储等中间环节，现代物流业的发展就是顺应着这种需求越来越复杂的趋势而兴起的。除此之外，水、电、煤、气等有关的物资供应能力也值得关注。我国在建设各种开发区的过程中特别关注这些基础物资的供应问题，因为它不可能在较短的时间内做到，也不是企业自身能解决的问题。

6. 配套能力

和上个问题相似，除了物资供应能力以外，还要求企业具备许多配套的能力。例如生产企业，核心产品能正常生产，而一些配套的部分需要合作形成，其中有部分依靠采购来完成。纳入上面物资供应能力分析中，有许多必须通过合作才能完成，现在称其为外包。例如许多企业在金属加工中需要热处理，自己没必要专门建立热处理车间，而将已经加工到一半的半成品委托给热处理能力有富余的企业进行，并提出明确的处理要求、质量标准，这样做被称为"热处理外包"。工程项目的形式更是多种多样，经过谈判许多工程公司都在揽到一个完整的项目后，称为"总包"，经过发包，"分包"给各种不同的工程队，有搞地基的，有搞土建的，有搞装饰的，等等。而这些工程队与工程公司有着较长时间的合作经历，相互了解、信任，使得工程进行比较顺利，这就成为工程公司的配套能力。

除了以上六个方面，针对不同的项目还会有不同的要求。但总的来说，企业需要通过自身分析正确认识自己，明确自己在实现项目目标过程中能提供多少能力。只有将明确的分析结果和项目的具体要求对比，才能为选择合作伙伴提供依据，才能正确测算该项目的完成能给自身带来的确切利益。作为项目的主办方需要认真地分析，但作为项目的受约方也同样要作具体的自身分析：一方面能够认识自己能否承担对方转移过来的责任和任务，是否还欠缺什么，或是否有更多的能力可以帮助项目完成，清楚地认识这些问题将使自己在谈判中处于主动地位；另一方面，通过分析，对自身利益的测算也会比较准确，给谈判提供了不可缺少的依据。

【案例 5-4】

中心区改造中对自身能力的分析

J 城市中心区域改造本身涉及的面非常宽，依靠本市的能力能解决多少呢？市政府委托市属商业企业集团 M 来实施该项目。M 集团在咨询机构的帮助下，对自身能力进行了详细分析。前提是市政府对中心商业绿化区的一系列具体要求给予经济的和政策的支持。

1. 土地资源。土地管理局批准了关于相关地块的使用文件；市规划局批准了土地开发的使用范围为商业用地，对容积率、覆盖率都划定了范围；民政局对动迁要求给出了明确答复，规定了动迁的企业、组织和个人的各种标准。

2. 物资供应资源。自来水公司批准了该区域的用水水平和承诺了改造工程中的各种配合要求；电力公司批准了在该区域改建输变电系统的要求，确定了用电的标准和承诺在改建工程中配合施工架设电网和新建专用变电站；电话公司批准了在该区域的电话使用总量，承诺配合施工并架设专门的电话网络和宽带网络；环保局批准了建设中央绿地的面积计划和提出了协助改造施工中环保的检测和技术服务工作。

3. 道路和配套设施。市政管理局在进行道路建设时和该项目有非常密切的配合工作，因此，专门成立了项目协调小组，对工程规划、设计、施工和验收进行管理和协调；和交通管理的公安系统达成协议，对于停车要求提出一系列具体的要求和措施，包括红绿灯的设置和停车线的划定等。

4. 设计能力。由于有许多项目是和省建筑设计院合作而成的，因此，M 集团规划设计的能力充分，但具体的施工设计要根据具体的设计结果来确定。

5. 施工能力。当地和附近有许多项目正在进行，至少有十个有一级资质的施工企业可供挑选。以往 M 集团和它们都有一定的联系和合作，对它们的能力也比较清楚。

6. 施工管理能力。这是 M 公司的弱项，尽管有多个建设项目的经验，但自己毕竟是商业集团，在施工管理上主要依靠合作单位。

7. 资金来源。该项目所需资金初步估计在 3 亿元人民币左右，而 M 公司自身不可能有这么多的闲置资金。当然可以用银行贷款，但是，一方面在建设期要支付较高的利息；另一方面，当地的银行贷款额度有较大的限制，M 公司可供抵押担保的资财也比较有限。

8. 经营能力。该项目完成以后的商业运作是 M 公司的强项，下属的服务企业和零售企业可以进入并经营。条件改善以后，完全可以引入国内外比较著名的商业企业和零售企业集团进入，提高经营水平和知名度。

经济分析的结果是，该区域的改造和发展和 J 市的经济发展相匹配，完全可以一方面提高城市现代化水平，满足城市人民改善居住条件的要求；另一方面，也能使 M 公司获得比较高的收益，因为目前商业房地产的项目尚处于短缺阶段，有很大的发展空间。

案例讨论：

1. 公司的能力能满足项目的要求吗？哪些已经够了？哪些尚缺乏？
2. 应选择什么样的合作伙伴？
3. 在谈判中应主要关注哪些问题？

5.4 对手分析

我们经常讲，谈判过程中我们和对方是竞争对手，而谈判成功后，我们和对方是合作伙伴。因此，在谈判之前，要认真选择谈判对象，并在谈判过程中不断地对对手进行仔细分析。

5.4.1 选择对手的原则

作为项目的主导方、发起方，在选择合作伙伴时必须认真对待，而且应该在选择的若干个候选对象中进行挑选，这将更有利于合作。选择的原则如下。

(1)以项目分析和自身分析结果为依据。项目分析中的市场定位和需要的条件是完成该项目的总框架，而自身分析的结果是本身具备的条件。两者比较后可以确定选择合作伙伴的具体依据。

(2)对方必须是自愿参与该项目的合作，而不是迫于某种因素。所谓自愿合作就是对方从自身利益出发能够接受的合作，而在现实中有许多因素都会迫使对方作出有违于自愿的决策，其结果往往会对今后的合作带来许多消极的影响。

作为受约方，在接受邀请时也需要进行选择，对准备进行的合作内容和各种因素进行详细分析。其选择的原则如下。

(1)该项目可以为自身带来所期望的利益追求。即该项目在市场分析和项目分析中都显示出其合理性和有效性。

(2)对方的真诚可靠。对方是真心诚意地邀请我方参与合作，而不是另有所图。

从上述两个方面的选择原则来看，都涉及客观和主观两个需要重视的方面。

5.4.2 对手实力分析

实力分析是从客观上来评价对方。谈判对手在新的项目合作中能否满足项目开展的各种要求，当然主要体现在双方是否能达到全面的互补。在上面我们已经讨论过互补的概念，归纳起来要从以下两方面来分析。

1. 互补情况

在项目进行中我方所有的能力和对方的能力是否能相互补充，达到完善。当然不同的项目有不同的要求，主要从以下几方面来分析。

(1)经济能力。双方的经济能力能满足项目的要求。注意，这里指的是直接可以投向该项目的经济能力，因此要避免只看表面的经济状况而忽视真正的能力。

如贸易谈判时，卖方首先关心的是对方的付款能力，而买方首先关心的是对方有无按期提供产品的经济能力。又如合作开发项目时，双方都关心对方有多大的经济能力来支付项目中的开支，因为开发的项目一定要在完成开发并取得实效后才能回收投入的资金和获得增值的收益。

当然，经济能力不仅表现在当前的支付能力上，对于较大的项目更看重的是融资能力，即通过各种渠道获得资金来源的能力。作为现代经营者不可能在企业运作中大量利用自有资金，而是利用融资渠道来获得所需的资金。

(2)市场能力。对方在新项目所相关的市场中的能力，包括市场占有率、市场地位，具体的还包括营销能力、销售网络情况及销售策略等。

例如房地产开发项目，在选择合作伙伴时十分重视对方在房地产行业中的地位和特点，以及具备的销售能力和所采用的销售策略。外方在选择中方合作形成合资企业的过程中，最关注的是中方在相关的市场中的能力和地位。

(3)技术能力。生产技术、开发技术、管理技术等各种技术能力是谈判中最受重视的要素之一，体现在互补中也是最明显的方面。谈判中关于技术能力会有大量的谈判内容，只有充分了解对方的技术能力情况才能在谈判中处于主动地位。特别是对于长期的合资经营或重要的项目开发，对核心技术的掌握程度成为谈判中最有力量的较量砝码。

(4)人力资源能力。所需人力资源的提供能力，在谈判中也十分重要。其中高端的人才提供能力和上述的技术能力往往是密不可分的。在谈判中，劳动力的提供能力经常和成本问题联系在一起。

(5)其他配套能力。除了以上各种因素外，不同的项目有不同的资源要求，能否满足这些要求是必然要考虑的。例如土地资源对于房地产行业是十分关键的资源保证，交通运输能力对于大规模生产的企业也是不能忽视的要素，能源供应能力对于能耗很大的项目，如发电厂，不能不作为重点来考虑。

2. 对手的诚意

诚意不同于诚信，因为在谈判之前，对方没有作任何承诺，所以不承担任何责任。即使是面对过去与我方有过较长时间合作的对手，也不能因为其对这次合作积极性不高而认为对方没有诚信。那么什么是诚意？请阅读以下案例。

【案例 5-5】

诚意的理解

我公司经过认真研究讨论，确定准备上马一个相当完美的项目。应该说万事俱备，只欠东风了。该项目的各种条件我们都已经具备，就需要有一个在该领域中最具代表性的企业来帮一把。在这个领域中 K 公司是最好的选择对象。K 公司和本公司有过一个项目的合作，而且合作的结果双方都比较满意。因此，我公司专门策划起草了一个合作方案，对项目的情况和前景作了详细的介绍，也对如何合作进行了设想。在利益分配上我们也充分考虑了对方的贡献，而且在此基础上我们还作了适当让步，为的是使谈判速度加快，因为获得该项目的机会难得，而且时机要抓紧。因此我公司专门请负责该项目的副总老张，也是 K 公司的老朋友了，去与对方沟通。为了慎重起见，张总预先约见 K 公司的总经理王先生个别交流情况。会见中双方都表达了以前合作的友情，在谈及这个新的合作项目时，王总非常仔细地聆听了张总的介绍，也提出了许多问题。最后，王总承诺一定要仔细研究这个新项目的文件。会谈很愉快，也很高效。但是，两个星期过去了，K 公司没有给出回音。张总打电话去，以婉转的口气询问 K 公司，王总说："最近我公司非常忙，没有时间仔细研究该项目，非常抱歉了！能否再宽容一点时间给我？"但这时对于项目来说时间已经迫在眉睫了，张总想不通，为什么老朋友以这样的态度对待我呢？

案例讨论：

1. K 公司为什么没有及时回应我方的邀请呢？

2. K 公司对该项目没有兴趣吗？

3. 王总的表面态度是不错的，但为什么要拖延时间？真的没有空吗？

4. 有哪几种可能是需要我们仔细考虑的？

对方缺少诚意的原因有很多。如果对方有多个机会可供选择的话，对方就会进行多方面比较，以确定哪个选择更有利些，因为本身的能力和资源不可能支持多个项目同时进行。如果这些机会提供的价值获取很容易识别的话，决策就会很快，但如果这些机会很难决定优劣的话，决策就困难了，需要更多的时间进行研究讨论，特别是在内部发生分歧时更难在短时间内确定。另外，如果对方对你存在成见或偏见时，也会发生诚意不足的可能，对方要花更多的时间来判别你提供的项目信息的真伪。

所谓有较高诚意的表现是，如上例中王总在经过公司内部研究讨论后，主动和张总联系，可以进一步协商下一步该如何进行。当然也可能主动提出，本公司因某原因不能和你公司合作进行该项目。甚至还会表示，这个项目我们不能合作，但今后有什么合适的项目我们还是愿意和你方合作。

对于没有较高诚意的对方，应该采用什么措施？

如果你对对方还抱有希望的话，可以仔细分析对方态度不积极的原因，通过进一步沟通，让对方深入认识到该项目的有利条件和结果，使对方消除担忧，变消极为积极。但时间要抓紧抓好，不能失去时机。这里面存在着大量的技巧性和艺术性。

如果你有多种选择，而且对当前这一合作伙伴经过努力还是无法改变局面的话，应该尽快改变选择，寻找其他合作对象，不能因为这个原因而错失良机；当然也可能除了这个选择没有其他选择了，这就使你进入困境，这也是企业在市场化经营中所遇到的最棘手的问题之一。

5.4.3　对手谈判人员的情况分析

在确定了谈判对手后首先要了解的是对方派出的谈判代表的具体情况，这将为谈判的过程带来主动，不会因相互不了解而使谈判陷入困境。

著名谈判理论家培根曾经说过，对于未来的谈判对手，你了解得越具体越深入，估量得越具体越充分，就越有利于把握谈判上的主动权。

对方参加谈判的人员组织是很能说明问题的。谈判人数的多少以及负责人在对方企业中的身份、地位和作用能说明对方对这次谈判的重视程度，也能说明对方对于合作的决心和诚意。

对方人员，特别是负责人的性格、爱好、习惯等个性将直接影响谈判进程，因此有必要对此进行仔细的了解和分析。

例如，有些人很在乎接待的礼仪，把这个问题和我方的态度联系起来，如果接待礼仪不到位则认为我方不重视这次谈判，因此就会出现消极的态度；同样，有些人很重情面，有些话不宜在公开场合表达，我们在谈吐中就应该密切注意表达方式和内容；也有直率性格的谈判者，我们应该以比较明确的态度来应对；等等。

这些信息的来源是多方面的，特别要注意收集在其他谈判中他们的表现和个性，还要考虑到对方最近的经营情况和人事变化，这些都或多或少地影响到对方谈判人员的表现特点。

5.4.4 对手谈判策略的分析

在谈判前和谈判过程中我们必须花很大的精力了解对手谈判的策略及其变化，在达成协议前这项工作也不能间断，它是我方谈判策略制定和修改的依据。这是一件较为复杂的活动，涉及的因素也很多，在本教材的以后章节中还要详细具体地讨论，这里要强调的是这些信息的来源。

所需要收集的对手的信息可以分成两大类：一类是对手公开发布的信息；另一类是在对手的日常行为中体现出来的。前一种称为正式信息，即对手承认的信息，在使用中一般不会遇到麻烦；而后一种则为非正式信息，在使用中要注意分寸，不能简单向外发布，否则会引起不必要的麻烦，甚至影响到双方的合作关系和社会信誉。

对手的信息在许多方面都可以收集到，收集方式也有两种：一种是我方自己收集，通过各种渠道收集对方的公开的和非公开的信息。其中要注意两点，首先，信息收集是一个长期的过程，不能到了需要的时候才行动；其次，要全方位多渠道地收集信息，不能单纯依靠某一个方面。因为，信息不对称会误导我们的决策思维，其损失是无法估量的。遗漏某种因素是收集信息中经常发生的问题，特别是当前经济发展速度的加快和信息量的增加更增加了信息收集的难度。另一种信息收集的方式是委托专业咨询机构进行信息收集，这是当前许多大项目、大公司经常用的方法。经验丰富的专业机构当然在收集信息上有独到之处，可以获得比较全面的信息。但是，绝对不能因此而麻痹大意，掉以轻心，因为从利益获得来说，咨询机构毕竟是隔了一层。因此，在委托的同时，本企业还是要投入较多的精力来分析、归纳甚至自己收集信息，来判断信息的完整性、有效性和可靠性。

因此，信息收集是要付出代价的，要支出一定的成本，但是对于获得谈判的成功和规避决策的风险，这些付出是必须的。从长远来看，信息收集既不能间断，又具有连续性，所以企业设立专门的信息收集机构是必要的。当前许多企业设立了市场部，但出于企业的利益考虑市场部的定位常常和销售功能混同，这是很不妥的。市场部的主要功能就应该是信息收集、分析和建议，是公司日常经营的"参谋部"。因此市场部员工的主要职能就不言而喻了。

【案例 5-6】

订购谈判中的问题

在一次大型的订货谈判中发生了一件对供方来说很棘手的事情。A 公司是第一次向供方 L 公司订购一种元器件。应该说 L 公司在生产这类元器件的行业中是有一定地位和名气的。A 公司在得到 L 公司的报价后，立即进入了谈判阶段。经过三天的洽谈，A 公司在供货价格上提出了许多疑问，而 L 公司十分详尽地一一回答了 A 公司所提的问题，甚至把非常具体的成本核算表都拿了出来，说明 L 公司的报价是合理的，盈利也是合理而有限的。但 A 公司代表还是不满意，还是坚持认为 L 公司的报价不合理，需要重新考虑。因为 A 公司的需要量较大，所以，L 公司还有耐心继续谈下去，换了以往，谈判早就中止了。

案例讨论：

有哪些可能会造成这样的局面呢？

1. A 公司自恃订购量大，企图尽可能压低供方的价格，而降低自己的成本。

2. A 公司对合作的要求没有达到预期的设想，但又无法直接表达出来，而寻找借口，让对方认识到应该在其他方面让步。

3. 个人因素，A 公司的代表有某些个人要求需要满足，因此，在谈判桌上有意为难对方。

4. 其他情况。

针对上述假设，我们应该如何应对呢？

1. 单纯降价能解决问题吗？为什么？

2. 怎样正确认识对方的意图，应该从哪些方面去获得信息？

3. 应该采取什么策略来对待呢？有哪些可执行的方案？

5.5　列出谈判双方的利益清单

经过整个项目的分析，所获得的应该是双方利益追求的清单。我方的利益似乎一定很清楚吗？不一定。因为只有经过双方利益追求的对比和清理，才能使我方的利益更明确，更具有实现的可能性。也只有明确了双方的利益追求，才能使谈判者明确谈判的目标。从前面的讨论中我们已经认识到利益包含的各种方面，因此，谈判的目标也包括了各个方面，而且是可以量化、计量的。

明确了双方的利益追求，接着就可以研究我方要获得既定利益需要解决哪些问题，以及对方为了自身利益会提出哪些需要解决的问题，这些问题都将成为谈判的具体内容。当把双方可能提出的问题明确后，我们谈判的策略和具体方法的选择就有了可靠的依据，我们对对方的问题应该采用什么态度和立场也可以十分明确了，从而在谈判中不会发生误解或犹豫不决的场面，谈判的效率就会大大提高。

但是，经过一次分析就想解决一切问题也是不可能的。只有在谈判过程中不断地收集信息并加以分析，不断地调整对双方利益追求格局的认识，才能使我们不断深入了解对方，也不断了解自己，从而调整自己的谈判目标，改变谈判的策略。这是一个动态的过程，直到双方签订协议，这项工作还要进行下去，因为协议还要执行，其中还会有许多可变因素值得关注。

可见列出双方的利益清单对于谈判是何等重要。

本章前半部分已经通过案例讨论了利益分析的次序排列，我们可以从中看到利益清单的主要构成和要点。

(1)双方的利益追求是不相同的。主要表现在其追求的次序不同，一般可以划分为高、中、低三个层面，参考图5-2。

高，表示主要的利益追求，通过谈判需要解决的问题主要体现在获得这方面的利益。

中，相对次要的利益追求，即在满足主要利益的基础上需要满足的利益，因此，谈判中也会涉及这个方面。

低，对这方面的利益不太关注，能达到当然不错，谈判中不太会主动提出这方面的问题，但如果对方提出问题涉及该利益时，会权衡得与失、利与弊。

(2)谈判双方会利用利益追求的不同进行博弈。主要表现在一方会利用放弃或减少低追求的利益作为砝码来换取高追求的获得，而往往这种低追求正好是对方的高追求，如果对方的低追求又正好是我方的高追求的话，这种博弈就比较容易成功。但是，如果利益追求比较类同的话，即双方的利益追求等级相似，对方的高追求也是我方的高追求，对方的低追求也是我方的低追求，则谈判就非常困难，谁也不愿让步。

从以上分析可以得出两个结论：双方利益追求单一，谈判就十分困难，利益追求多样，谈判反倒比较容易；利益追求的等级差异越大，谈判的难度就相对越低。因此，列出利益清单分析双方的利益追求差异是十分重要的一步。

（3）利益清单是会发生变化的。主要表现在随着谈判的深入，双方相互了解程度提高，利益追求就会发生变化，追求的等级就会调整。所以，不能认为谈判前做的分析一定会维持到最后。且看下面的案例。

【案例 5-7】

讨价还价之中利益追求的改变

如果你到某集贸市场选购所需的某种商品，在选中了某件商品后，有一段对话。

你："这件东西什么价？"

营业员："30 元。"

你："太贵了，15 元怎么样？"

营业员："行，15 元卖给你。"

当时你的思想中会出现什么变化？对 15 元的价格会满意吗？

如果出现这样的情况：

你："这件东西什么价？"

营业员："30 元。"

你："太贵了，15 元，怎么样？"

营业员："我进价都 20 元呢，怎能卖 15 元？"

你："那我不买了。"（做出转身要走的样子）

营业员："行，行，行，算我吃亏，18 元如何？"

你："不，非 15 元我不买。"

营业员："好，我就做一笔亏损生意，15 元你拿去。"

这时你的思想中又有什么想法？对这样的成交感觉如何？但回到家里，听朋友说，这样的商品在另一个市场中只有 12 元时，你的思想又会有什么变化？

通过该案例可以看到谈判过程中思想情绪的变化，同时也体现出谈判技巧的重要性。

项目分析的结果应该是一份明确的利益清单（清单格式见表 5-1），在填制时要注意内容的简明扼要，同时应该有附件作为依据。双方内容中肯定有不相同的部分，应该考虑是否给予补充，这样做的好处是在研究谈判策略时不至于因遗漏谈判的内容而欠于考虑。

表 5-1　利益清单格式

利益追求	我　方	对　方
高度关注	1. 2. 3.	1. 2. 3.
中度关注	1. 2. 3.	1. 2. 3.
低度关注	1. 2. 3.	1. 2. 3.

【本章思考题】

1. 为什么谈判前的准备工作中要以分析各方的利益及利益追求为目标？

2. 利益分析不能停留在宏观层面上，要进行具体的和量化的分析，而且着重分清谈判双方利益追求的主次，列出利益清单，这样做的目的是什么？如果这样的分析和事实有差距，将会发生什么？出现什么结果？

3. 分析需要大量信息，这些信息从何而来？怎样保证其真实可靠？

第6章 谈判计划编制和谈判策略选择

【本章结构图】

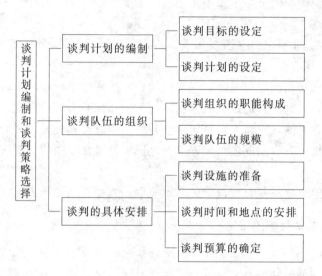

【本章学习目标】

在项目分析的基础上，谈判准备工作要落实到具体的行动，包括制订谈判的计划和选择谈判策略。但谈判中的计划和其他工作计划有很大的不同，因其涉及双方的行为，不能以行政的方式让对方接受。本章的重点是突出谈判中的计划安排和策略选择方面的原理和方法。

项目分析的结果明确了谈判对手的选择以及将要发生的谈判主题，特别是双方的利益追求。为了使谈判顺利进行并使我方处于主动地位，必须制订完善的计划和选择恰当的谈判策略。

6.1 谈判计划的编制

谈判计划编制的前提是获得关于项目和谈判对手的各方面的比较完善的信息，从而对项目的进行有充分的把握。计划编制又是一个非常具体而又十分重要的过程，在谈判的准备工作中处于十分重要的地位。

6.1.1 谈判目标的设定

在第 4 章我们已经讨论过，一次成功谈判的衡量指标，其中第一项就是目标实现标准，谈判进行的过程就是围绕着实现目标而努力。因此，谈判前设立目标是十分重要的，它将直接影响到谈判的整个进程和安排。不同的谈判有不同的主题，因此就有不同的目标，即使是同一种经常性谈判，每次的目标也不尽相同。

从利益追求出发是目标设定的基本原则，其中包括如下方面。

1. 谈判具体目标的设定

(1)经济目标。商务谈判当然以经济利益为中心，具体体现在两个方面：直接的经济利益和间接的经济利益。直接经济利益是指通过这次合作，给企业带来的直接经济收益，如销售额、利润或其他经济收入；间接经济利益是通过合作，本企业在其他方面获得的收益，如成本下降、其他项目收益增加等。

此外，市场占有率的提高也应该纳入经济目标之中，项目实施后如果能使企业市场地位提高，也能带来客观的经济收益，当然，还会有其他因素的制约。

公益性项目就比较复杂了，考虑问题需要更加全面。

【案例 6-1】

上海地铁建设规划

上海的城市交通建设中最受瞩目的是地铁项目。对于该项目中应采用哪种设备和车辆的问题曾有过较大的争论，最终是以长远利益为基本点。

地铁运行将给上海城市交通带来很大的便利，也为城市现代化奠定了基础。那么怎样来评估其经济价值呢？

根据历史经验，通常地铁的投资回报率是不高的，属于城市基本建设范畴。如果为了提高收益率，降低建造标准，必然造成事故多发，影响整个社会的安定，也降低其使用效率；如果按高标准建设，则会提升上海市的综合竞争力，提高市民的积极性，但造价也会很高。我国在这方面的技术尚未成熟，引进国外的先进技术和产品是选择的主要方向，造价肯定是很高的，仅依靠地铁车票的收入是无法支持该项目的生存的。这是一个非常明确的悖论。

上海地铁一号线花费达 130 亿元人民币，一期工程才 14 公里，但因为建造质量很高，运行多年来没有出现过工程质量问题引发的事故，维护成本也很低，利用率很高，成为解决城市交通拥堵方面的主要力量。更有意义的是，一号线沿线的房产价格比原先涨了数倍。从经济效益来看，因为地铁一号线的开通，其带来的经济收益很快回收了高额的建设费用成本。一号线以后的各条线路的建设都出现了协同效应，凡是地铁规划沿线的房地产和商业网点，都出现了看涨势头。

(2)时间目标。时间目标是指以下四个方面：第一，项目完成需要的时间，这是和经济利益直接挂钩的要素；第二，具体的开始时间和结束时间，可以有一定的弹性，但时间区段是明确的，因为这和时机的把握直接相关；第三，项目的阶段划分，这是从时间上来确定进程的阶段；第四，谈判需要花费的时间，估计谈判的进程和难度，确定所需的时间，因为它和谈判的具体计划安排直接相关。

(3)组织目标。对于有些项目，需要合作双方组成合作组织，这时必然涉及组织的目标，即各方在合作组织中的地位和作用的定位。例如在合资企业中，各方控股比例如何、哪一方担任董事长、怎样选择总经理、董事会的构成原则等，这些问题的确定将在很大程度上影响到今后的经营和运作。

(4)谈判完成的目标。对于谈判来说，不仅要完成以上的目标，同时谈判也有一个过程，有的还会比较漫长，在这一过程中也需要明确目标，包括：所花的时间，上面已经提及；谈判需要付出的人力、财力和其他资源。有一些可以用财务预算的方式来管理，但有许多问题是财务预算所无法涉及的，如人力调配和关系引进等。此外，强调通过谈判使谈判双方的关系得以加强也要纳入目标，特别是当合作的把握不大，可能发生谈不下去的情况，这时不应该因为没有合作成功而使双方关系紧张起来。常言说得好："生意不成情谊在，今后有的是机会！"

2. 考虑谈判可能涉及的困难和问题

为达到目标必然会有许多困难和问题需要归纳和解决，因为谈判是双方的共同活动，通常情况下，有许多不可预见的问题发生。为了谈判顺利、高效，把可能发生的问题和困难列出加以考虑和提防是很有必要的。主要体现在以下各方面。

(1)信息不对称。对需要谈判的许多问题尚缺乏可靠和完整的信息，尤其是对方的情况有许多不确定性，需要在谈判中加以关注。

(2)经济上的缺口。谈判中追求的经济目标是乐观的估计，实际情况中可能会有一些方面存在经济上的缺口，需要加以注意和采取有效的策略。

(3)组织上的缺口。同样，组织目标的追求也会有许多矛盾，双方可能在某些方面发生争论，应考虑应对的方法。

(4)谈判资源上的不足。因为对对方人员的了解尚存不足，需要注意谈判的资源安排，特别是第一次加入谈判的人员，更需要把问题看得复杂一些，包括谈判场地、设施、环境等。谈判所需花费除了要有明确的预算，还应该留有余地，需要有特别开支的授权。

6.1.2 谈判计划的设定

1. 谈判需解决的问题

根据对谈判项目的分析，明确了双方利益所在，不仅有目前的利益，还包括潜在的利益追求。为了使利益变成现实，应该仔细研究分析需要解决的问题，以及这些问题与利益的关联和衔接。因此，问题也存在轻重缓急之分，在谈判中应受到不同程度的关注。

【案例6-2】

公司大额订单的策划

K公司获得一份十分重要的订单，不仅金额较大，达1 000万元人民币，同时技术也要求很高，在历史中K公司还没有遇到过像这样全面的产品要求，尽管每个单项以前曾经经历过，但综合实施还是第一次。因此，公司给予了很大的重视，特别是对元器件的采购最为关注。产品有一个关键配件来自过去长期合作的B公司，尽管在以往的合作中没有发生过重大的失误，但这次合作将存在着许多不确定因素。因此，在采购谈判开始之前，公司进行了详细研究。该关键配件的购买成本在总成本中的比重为 3‰，不算太大，K 公司的利益主要表现在质量的保证上。而这其中单件质量和成批配件中质量的稳定性两个因素最为重要。交货期应该尽可能短一些，这样 K 公司就比较主动，可以有较多的时间对产品进行测试和调整。经分析 B 公司最关心的是客户给予的时间，即交货期。如果交货期太短就会有较大的风险，难于达到如此高的质量要求，当然价格也应该适当提高些。

案例分析：

综合以上分析，K 公司和 B 公司的利益追求次序如图 6-1 所示。

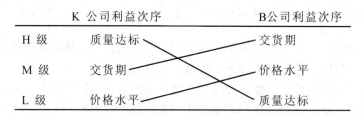

	K 公司利益次序	B公司利益次序
H 级	质量达标	交货期
M 级	交货期	价格水平
L 级	价格水平	质量达标

图 6-1 谈判双方利益追求次序的对照

根据分析结果可以十分具体地讨论要解决的问题。

1. 该配件的技术标准。因为这是满足质量要求的基础和原则，也是产品验收的依据。

2. 该配件制造工艺水平的认定。产品质量必须得到保证，试想如果不重视该问题的话，后果将如何？不仅质量得不到保证，更可能延误交货期。

3. 制造该配件所需原材料的要求。包括采购渠道、供应商的选择、原材料质量的认定。对供货方的监督似乎是 B 公司的责任，但要明白，如果因为原材料的问题引起质量问题的话，后果将是无法控制的扯皮推诿。

4. 配件成品验收标准和过程。在订货时就明确具体交货的方式，这将有利于双方的合作，节约大量的沟通和协调的时间。

5. 生产周期的认定。为了确保交货期的实现。

6. 价格设定的依据。包括成本因素和利润率，保证对方有圆满完成任务的积极性。

7. 惩罚标准和手段。即完不成任务和达不到要求时应该受到的惩处，也是提高积极性的手段。

围绕这些问题还可以派生出更多的问题，例如：如果我方提出的要求对方不能接受怎么办？我方应该有几个备选方案？哪些问题必须坚持，不能有任何让步？哪些可以适当让步？

从案例中我们不难看出，所罗列的问题必须满足以下要求：

(1)以利益追求为问题的出发点；

(2)不能只集中于唯一的问题，多个问题将给谈判带来机动性；

(3)问题应该有主次之分，其依据是利益的重要程度；

(4)顾及谈判对方的利益及利益的重要程度；

(5)问题必须具体，可以操作、计量，并且可以协商；

(6)应该有备选方案作为问题答案，这往往就是谈判追求的目标。

2. 谈判计划制订的基本思路

谈判计划的制订和其他工作计划有很大的不同，主要体现在该计划不仅是自己的工作程序，它还涉及对方的意愿。如果对方不同意该计划则计划就无法实施，因此，在制订谈判计划时必须仔细考虑到对方的接受程度。同时对方也会根据自身利益制订谈判计划。两个计划该如何处理呢？通常情况下，第一轮谈判的内容就是谈判计划的确认。双方都举出各自的谈判顺序，然后，双方进行谈判，最后确定谈判的计划。由此可见，谈判计划的核心是解决问题的顺序。

面对所谈判的问题，在谈判顺序上是先易后难，还是先难后易？这两种思路各有利弊。

(1)先易后难。将容易解决的问题首先解决，然后解决比较困难的问题，把最难解决的问题留在最后。这样似乎使谈判的气氛和谐一些，也使谈判进程容易控制些。问题是尽管容易的问题容易解决，但到了困难问题的谈判时就很少再有回旋的余地，出现谈判僵局时很难再有后退的空间。

(2)先难后易。首先谈最难解决的问题，如果有所突破，后面就比较容易了。但是，很明显，一开始就碰到难题，使谈判陷入困境，也使双方对谈判成功的信心减退，则谈判很容易陷入僵局。

可见谈判计划的制订本身就有很强的艺术性。

(1)分清问题的难度。制订计划之前应该将要解决的问题理清。每个问题都与各自的利益紧密相关，但重要程度对各自是不相同的。有以下四种情况。

①对双方都很重要(即 H-H)。这样的问题往往最难对付，谈判难度最大，因为涉及自身最关键的利益，都不愿轻易让步。

②对我方很重要，而对对方不重要或不太重要(即 H-M 或 H-L)。对这种

问题我方会特别关注，对方不太重视，谈判相对要容易些。

③对我方不太重要或不重要，而对对方很重要(即 M-H 或 L-H)。对方会花很大精力来争取，而我方不太愿意多纠缠，谈判也会容易些。

④双方都不太重视的问题(即 L-L)。谈判不会投入很多精力。

(2)采用博弈的思维方式。制订计划时，根据上述分析，可以制订若干个博弈方案。将我方很关注的问题和对方很关注的问题加以对比分析，利用我方可以让步的问题来满足对方最关注的问题，同时使对方能在我方关注的问题上给予满足，并且使对方放弃或减少对不太重要问题的追求。我们称其为"套餐"。如果把问题都变成套餐的话，谈判计划就容易编制了。

(3)最麻烦的是双方同时关心的重要利益。针对这样的问题要仔细分析双方利益分配的各种可能性，然后研究其实现的可能性。更有效的方法是将该问题进一步细分并深入分析，从中发现双方的不同和个性，再利用上述方法进行划分。

案例 6-2 的进一步分析：

K 公司在制订谈判计划时，最关注的问题是质量必须得到充分保障，其次是交货期尽可能早一些；而认为对方最关注的问题是交货期的紧迫性，其次是尽可能有较高的经济收益。应该如何应对比较好？

为什么 B 公司不把经济收益放在最重要的位置上？因为双方有长期合作的历史，B 公司为了获得更多的订单，在价格上是有所让步的，但在交货期上不敢马虎，怕因为时间太紧张会影响质量和今后的合作，所以最关注。了解了这一点，K 公司在交货期上不宜逼得太紧，而应该在质量上提出更高的要求，即以适当放宽交货期限来要求高质量，这是第一项博弈。但是，交货期不能放得太松，因为 K 公司自己的交货要求也不宽松。为了得到 B 公司的尽可能短的交货期，K 公司准备适度增加订货的价格来达到目标，这就是第二轮博弈。

注意，这两轮博弈不能颠倒次序，而且一定要在第一轮取得实效后才能进入第二轮。

案例 6-2 讨论：

1. 这样的谈判次序和问题的排列有什么关系？

2. 为什么要在第一轮博弈取得实效后才能进行第二轮？

3. 如果第一轮已经达到目的，是否还会进入第二轮？

4. B 公司会接受这样的计划吗？为什么？

3. 谈判计划的制订

当谈判问题次序确定后，谈判的计划就可以详细制订了。根据问题的先后次序，并估计所需要的时间和资源条件，编制谈判的实施计划。在第一轮关于谈判计划的谈判之前，将谈判计划作为重要的文件发放给自己方面的谈判人员做准备；在谈判时作为参考文件递交给对方作参考。注意，计划制作得越具体越深入，就越能说明我方对谈判的重视程度，越能体现出我方的诚意，也越能在谈判中获得主动。谈判计划不仅要给出时间进程的安排，还要涉及策略的选择、谈判队伍的组织、谈判设施的确定以及谈判预算等事宜。

4. 谈判过程中策略选择的原则

谈判计划制订中必然会涉及策略的选择。谈判过程中的策略选择不能自行其是，实际上上述的谈判问题次序的选择也属于策略选择的一个组成部分。谈判中人员的组织、地点的选择、时间的安排、资料的准备等都很有讲究，应该遵循一系列原则。

（1）以达到谈判目标为宗旨。选择策略的目的是为了达到既定的谈判目标，一切策略的选择和安排都应从这方面出发，切忌感情用事。明确谈判目标则容易解决问题，有利于对方的理解，不会造成双方的误解，有利于双方建立相互信任的关系。

（2）与谈判实施计划的配合。谈判计划是以解决问题的次序为导向的，因此，策略的选择也应该与问题解决的次序相一致。问题和各自的利益直接挂钩，所以策略的选择与利益的性质、问题的表达方式应该匹配。

（3）策略和谈判双方的文化特性相一致。策略和我方的价值取向一致，才能体现出自身的风格，从而体现出我方的诚意。同时策略要适应对方的文化，包括对方企业或组织的文化特点和对方谈判人员的文化特点，这样不仅有利于问题的解决，同时能使对方比较容易接受，并能给予密切、友好的配合。

（4）策略的灵活性。谈判过程是一个动态的过程，随着问题的深入，发生争论的机会增加，谈判人员情绪的影响也会加大。因此，谈判策略必须有灵活性，可以随机而改变。

应该说谈判策略的选择是一种带有艺术性的决策活动，需要在具体的实践中不断总结和归纳。在本书后面的章节中将根据不同的谈判情况，提出不同的应对策略。总的来说以紫色风格为选择的主要方向，当然如前所述，有时紫色偏红，有时紫色偏蓝。

6.2　谈判队伍的组织

谈判队伍的组织是谈判准备工作中非常重要的环节，不仅涉及谈判的具体实施，更影响到谈判最终的结果。需要多少人参与这次谈判、应该由哪些人参与、具体如何分工和配合等问题都应在组织谈判队伍时全盘考虑。

谈判队伍的组织必须符合以下要求：

(1)保证谈判顺利按计划进行，达到预先设定的目标；

(2)有利于采用各种形式的谈判策略和步骤；

(3)具有临时的处置能力和权力，一旦情况发生变化，有很强的应变能力；

(4)顾及谈判的成本因素。

6.2.1　谈判组织的职能构成

谈判队伍应该是一个临时性的组织，不同的谈判应该有不同的人员构成，应该有不同的分工。从其作用来说，谈判队伍应该由下列人员构成。

1. 首席代表

谈判的首席代表是这次谈判的主要负责人，是参与谈判的一方企业或组织决定派出的代表。对对方来说是责任的承担者，对我方来说是谈判的组织者，因此首席代表的行为就显得很重要。首席代表的职能有以下几点。

(1)谈判前负责进行谈判的准备。包括：谈判所需的信息资料、企业或组织委托的具体要求、谈判目标的实施方针等；为谈判的计划和实施做好物质准备，如确定场地、设施、经费等；负责谈判队伍的训练、口径的协调、实施过程的分工等。首席代表在公司或组织的谈判决策过程中应该全程参与，全方位了解情况。

(2)谈判中负责对谈判进程进行控制，指挥和协调谈判队伍，和谈判对方进行正式和非正式沟通，与公司或组织负责人进行沟通并及时调整谈判的策略和措施。特别是在谈判中发生了意料之外的情况时要冷静面对，并及时确定对策。有预案的，应该及时启动预案计划；没有预案的，也要采取积极的应对措施。

(3)谈判结束时可以代表企业或组织在合同上签字和确认。当然，在今后的执行中也免不了许多的参与和责任。谈判结束后还要负责总结、汇报，形成完整的谈判文件档案。

由此可见，首席代表在谈判中是中心人物，而绝不是仅仅在谈判桌上发言、讲话而已。除了个人素质要求外，应该得到充分授权。首席代表的人选最好应该是企业或组织中的主要负责人之一。

2. 商务代表

谈判中会大量涉及商务问题，即使是行政性谈判，也会遇到商务问题，因此，需要商务专家的参与是必然的。商务谈判中将大量涉及产品的成本、价格问题，以及商品的质量保证制度、发货和运输方式、付款和结算方式、风险的承担责任、履约的程序和责任等问题。这些问题最终都将体现在合同条款中。

商务代表不仅要非常了解商品的具体内容，而且要了解商品的价值体现。对于自己方面的情况要清楚，对对方的情况也要十分清楚，才能使自己立于不败之地。同时商务代表还应该掌握经济法的有关条款，清楚地了解如何利用法律工具来维护我方的利益。

3. 技术代表

对于技术性比较强的谈判，技术代表是不可或缺的人选。技术代表不仅要了解商品的原理和生产过程，更应该是相关技术的专家。在谈判中有许多场合需要技术方面的支持。如作为供方，在对方提出许多要求时能及时给出精确的回答，行还是不行，或能说服对方，使对方认识到提议的不合理性；作为买方，可以用精确的语言提出对产品的具体要求。这样不仅提高了谈判的效率，更提高了自身的谈判地位，在价格谈判时不容易吃亏。

技术代表不仅要求在相关技术上有较高的造诣，而且也应该有很强的沟通能力和表达能力，还应该对有关经济法的内容比较熟悉，如知识产权问题等，在谈判中才能比较主动。

4. 顾问组

谈判需要更多的支持，需要专业化的顾问组，即使是比较小型的谈判，顾问组也是必要的。顾问组不一定在谈判桌上出现，可以在幕后发挥作用。因此，许多专业公司建立常设的顾问组，同时满足多方面的需要。

顾问组的构成包括各方面的专家，如法律顾问、财务顾问、政策顾问、技术顾问等，凡是与谈判相关的内容最好都有相关的专家支持。

5. 翻译

国际商务谈判中翻译是不可缺少的成员。即使谈判代表有高水平的外语能力也往往专门配备翻译。谈判中的翻译不仅是语言沟通的工具，其职能还表现在以下三个方面。

(1)专业化翻译，确保前后口径一致。跨国谈判最大的障碍就是理解方式的不一致，没有统一的口径很容易造成误会。经过培训的专业谈判翻译能比较规范化地使用语言，可以防止发生不必要的误会。

(2)留出思考问题的时间。在谈判前后的空闲时间里，谈判双方代表在接触中可以不需要翻译，显得人性化一些。但在正式谈判时，带上翻译，可以给谈判代表留出一些思考问题的时间，讲完一段话，可以等待一些时间，仔细思考后面应该如何应对；对方讲了一段，在翻译中，我方也可以思考一下怎样回答对方的问题。因此，谈判双方会各自带着翻译，且只为自己方面翻译，就是这个道理。

(3)承担改口的责任。讲话中难免说漏嘴，讲错话，想更改，但在谈判桌上轻易改口是犯忌的，此时翻译主动承担责任将是有效的方法。例如翻译可以说："对不起，我理解错了，重新翻译一下。"

6.2.2　谈判队伍的规模

以上介绍似乎说明了每次谈判都有一支庞大的队伍，这种理解就错了。谈判队伍的规模在于精干，越是精干的队伍越具有战斗力，尤其是出场的人员更不宜太多。人数多带来的问题是很难协调，容易发生内部意见不一致。谈判是时间紧迫、问题集中、利益突出、后果重要的活动，双方都给予很大的关注。因此，必须在谈判前做好充分准备，包括对各种可能发生的情况都要有应对的预案。在谈判中应集中精力去达到目标，不要存在"谈起来再说"的思想。

对于大型的项目谈判可能需要稍多的人员，但谈判方往往会将大项目分解成若干个子项目来进行，从而使规模大大缩小，可以规避因规模过大而带来的风险。每个子项目将各自策划和计划，由大项目的领导进行统筹安排，但其并不直接涉足子项目的谈判。

小型项目尤其是经常性项目，人数就更少了。对于一般的贸易类谈判，如果只是单一品种或少数品种的商品贸易，往往出面谈判的只有两个人，一位为主，一位为辅。当然，专业外贸公司的谈判人员后面往往有一支队伍进行协助，帮助完成许多没必要在谈判桌前完成的事务。要注意的是仅由一个人出面谈判是不合适的，一方面孤军作战容易发生问题，另一方面对谈判者本身也有许多不便之处。

谈判过程是一次决策的过程，给予充分的重视是必然的。谈判既不能动用更多的人力，又有如此高的难度，唯一的方法只能是提高谈判人员个人的素质和能力。

6.3 谈判的具体安排

6.3.1 谈判设施的准备

谈判场合的选择是谈判准备工作中的重要因素之一。作为东道主，即迎接对方上门来谈判的一方，更要重视谈判场合，这是理所当然的。作为另一方当然也要重视谈判的场合。谈判场合选择充满着艺术性，也涉及礼仪问题。它和习惯、文化都有着千丝万缕的联系。选择不当，会造成不必要的误解和纠纷，甚至使谈判陷入僵局。其中，最主要的原则是不能想当然，要和谈判的对象、谈判的内容和谈判的进度密切联系，要充分理解对方的言行习惯和文化背景。

【案例 6-3】

谈判场合的选择

为了造成良好的沟通气氛，我们中国人习惯在饭桌上进行交流。选择合适的饭馆，安静的环境，一桌特色的菜肴，再来几瓶酒，你来我往，称兄道弟一番，气氛和谐了，再谈问题就容易多了。的确有许多国内的谈判，尤其是商务谈判，常常开始于饭桌，结束于饭桌。那么与美国商人谈判是否也能这样做呢？为什么？有人提议可以在咖啡桌上进行，这种方式对吗？又是为什么？

运动设施和运动比赛种类有许多种，但每项运动都有力图分清胜负的规则，为此在时间上都有明确的限定，如足球、篮球等，即使是按得球数计量胜负的乒乓球运动，在时间上也抓得很紧。有没有例外的运动方式？例如高尔夫球，其特点是什么？为什么可以打一会儿球又能休息一会儿呢？而且没有多少观众来观看？而且该种运动是如此昂贵，会员卡只向商人和高官们发放，又是为什么？这些和谈判又有什么关系？

各个国家、各个民族都有不同的风俗习惯和文化差异，因此，对每次谈判的安排都要充分考虑到该因素，不能依照我方的习惯来考虑。设施的安排要做到以下几点。

（1）气氛和谐。谈判是为了合作，因此保持和谐的气氛会带来良好的结果。

（2）环境安静。谈判是决策活动，最好不要受到干扰，双方静心思考和讨论将有助于问题的解决，同时也能保守机密，因为在决策过程中许多信息和情况的泄露对双方都是不利的。

（3）服务周全。谈判都是负责人的活动，时间安排都很紧凑，除了应该有很好的生活服务外，更应该配合谈判的需要提供完善的服务，如谈判的记录工具、信息资料的整理工具等，不要等到需要时才去安排。

（4）礼仪得当。谈判现场的布置要有礼仪的安排，包括座位的摆设、张贴的内容等要恰到好处。特别是现场的考察和参观是谈判中经常安排的活动，一方面让对方了解情况，展示我方的诚意，另一方面这也是进一步交流协商的机会。因此对这一活动精心策划是不可忽视的工作，谁陪同、看什么、看多久等都得很仔细地考虑。

（5）资料齐全。谈判中需要的资料、文件等应该齐全。除了相关的技术、政策、管理、分析等资料外，与本次谈判相关的书籍、资料等也应该充分准备。此外，对谈判中准备讨论的问题及解决的方案都应该有书面的准备，甚至合同的草案也应该尽早地准备。

6.3.2　谈判时间和地点的安排

谈判内容和顺序确定后，谈判进行的具体时间和地点安排也很有讲究，其中充满着艺术性，其效果将直接在谈判中体现出来。

【案例 6-4】

谈判时间和地点的设定

如果确定在星期一上午九点钟开始某个问题的谈判，将说明什么？而如果安排在星期五下午两点开始又表达了什么意图？这仅仅是时间安排吗？

人们对时间的安排是很有感觉的。如果星期一上午开始，而且主要谈判人员出席的话，说明主持方很在乎要讨论的主题，并准备花足够的时间来解决。而星期五下午则表达了一个信息，该问题应该尽快解决，没有拖延的时间了。

如果将谈判安排在大型会议室中举行，全体成员都出席，体现了什么？在小会议室中，部分人员参加，又体现了什么？在办公室中约见个别人，说明了什么？约在某餐厅或高尔夫球场见面又说明了什么？

一般来说，在大型会议室中举行的往往是正式的谈判，谈判的开始需要这样的安排，因为这样能造成一种气势，使双方认真对待；谈判结束时签订合同也常在大型会议室中举行，同样是为造成一种合作的气氛和社会影响，这些内容便于公开，双方也希望更多的人了解这样的结果。

小会议室中安排的是讨论型的谈判，双方是认真负责的，因此大量具体的细节问题在这样的场合中讨论比较合适。同时其内容仅限于与会者知道。特别是对有争议的问题，在这种场合比较容易表达，可见正式谈判设在小会议室中进行的机会比较多。

办公室约见是私密性会见，谈判中也经常需要，个别交谈和征求意见不作正式决策时选择这种场合最有效。谈判和内部讨论不一样，谈判中的约见是平等的，但在对方办公室中谈话，你会有什么感觉呢？是受到尊重，还是感觉压抑？

以上所说的谈判的场合都是正式场合，双方都受到一种无形的压力，即责任的压力，每句话、每个行为都会表达出个人的思想和责任，因此谈判场合的安排应该与这些要求相一致。

在饭馆中或高尔夫球场上，双方的言论就比较放松了，可以谈论正事，可以诉说友情，也可以讨论无关的问题。这样的交流在谈判过程中也是不可或缺的，不仅可以通过非正式地议论问题了解对方真实的想法和个人的意见，同时也是双方建立长期感情的一种方式和渠道，从而有利于正式谈判时的顺利决策。有人会提议能否邀请对方到家里做客，这样气氛不是更和谐、温馨吗？请深入讨论。

6.3.3　谈判预算的确定

根据上面各种具体要求，必须对各种开支费用进行预算并制订预算计划。各企业或组织都在这方面有明确的规章制度。

谈判承接方要提供各种场地、会场和接待服务，因此费用应该包括：

(1)谈判会场费用；

(2)接待和招待费用；

(3)资料印制费用；

(4)后勤保障费用。

谈判受邀方的费用应包括：

(1)旅行费用和旅店费用；

(2)交际费用。

　　此外，双方还要计算人工费用和其他开销，特别是在为期比较长的跨国谈判中这方面的费用是比较高的。

【本章思考题】

　　1. 谈判计划安排和其他工作的计划有何区别？为什么有这样的区别？

　　2. 怎样使谈判对方能接受我方的计划安排？

　　3. 如果对方也提出了完整的谈判计划，我方该如何应对？

　　4. 计划安排中的主要决定因素应该有哪些？

第7章 建立信任关系

【本章结构图】

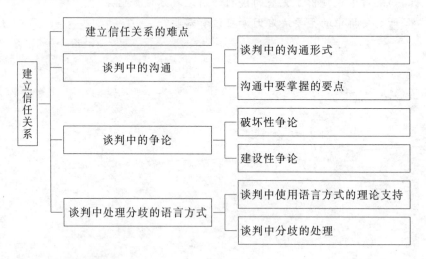

【本章学习目标】

建立信任关系是成功合作的基础，也是谈判过程中的第一个阶段。建立信任关系需要时间的考验，不论是和新的合作伙伴还是和"老朋友"进行有效沟通，这都是必需的过程。本章重点介绍谈判中沟通的模式和方法。通过学习要了解和掌握适合于谈判的沟通的基本技巧，并在实践过程中形成和提高个性化的谈判能力。

谈判的第一步是建立双方的信任关系，即使是与合作多年的"老朋友"谈判，也因为双方在新的合作中有各自不同的利益追求，因此又会有新的内容和问题需要沟通。有关利益方面的问题在前几章我们已经反复论述过，本章的目的是在明确谈判目的的情况下讨论如何用沟通的方式来建立和加强信任关系。

7.1 建立信任关系的难点

谈判是决策活动，而且是双方互动的决策，即只有在相互配合下才能使决策顺利进行。谈判是在双方经营行为以前的活动，而谈判的结果将是以后行为的依据和制约，怎样才能保证这种结果是可靠、可行的，并能达到预期的结果？如果口头承诺无法达到该目的，即使有了双方确认的纸张文字又有何作用呢？其实这一切都必须建立在相互信任的基础上。困难在于双方并不处于同一个利益团体内，各自有不同的利益追求，因此这种信任和平时一般朋友之间的信任关系有很大的不同。信任关系的建立需要较长期的磨合，而谈判是已经有明确方向的共同活动，给予双方的时间空间都很不充分，不允许双方花费大量的时间来了解对方，因此双方只能在最短的时间内使意见达成一致。虽然谈判也会允许存在一定分歧，但这种差距不能影响合作以后的共同行为，更不能造成影响最终结果的潜在因素。所以谈判第一步，就会遇到这一难题。

解决这样的困难主要依靠主观和客观两方面的保障。客观上主要依靠法律的保护。各国都对经济活动有明确的法律法规，例如公司法，就是给予合法经营者的一种保护，只要按照公司法规定的要求进行活动，双方承诺的内容就得到了肯定，任何一方不能违反，否则将要承担因此而引起的一切后果。这方面内容将在下一章中详细展开。

主观上则要求双方自身的行为都要做到"言必行，行必果"，建立良好的诚信度。个人有诚信度，组织有诚信度，企业当然也要有诚信度。有很好的、长期的诚信历史的组织、企业、个人，在社会活动中将会受到他人和社会的尊重，他们为他们的行为所付出的成本就会相对较低，和其他组织或企业的合作就比较容易，谈判的难度就比较低；相反，一个诚信度不高的企业、组织、个人，或一个新建的企业、一位涉世不久的个人，在社会活动中要得到他人的认可就比较困难，付出的代价就会比较大，谈判中就难以获得对方的认可，即使提出了一个非常好的建议，对方也会犹豫再三。这在谈判中是常见的情况。因此，在市场化运作中树立诚信的口碑是经营者不可忽视的行为。作为个人同样也应该树立良好的信用度，特别是经常参与谈判的人更要树立良好的人品，即信用度，使谈判的成功率大大提高。为了一时的利益，甚至为了很小的利益争端，影响到长期的信用度，是最不可取的行为。

建立诚信体系已经成为人类社会活动中的重要方面。动用法律制度、社会舆论、全社会的诚信度信息系统等手段来建设完善的社会诚信保障体系已经成为衡量一个国家文明程度的重要指标之一。我国近年来正在这方面下大力气通过一个较长的历史时期来实现这个目标。这将有利于我国经济的进一步发展，有利于我国国际政治经济关系的进一步改善和国际形象的提升，有利于企业和地区之间的合作和发展，有利于和谐社会的建立。

从技术层面上来说，用好沟通工具是建立信任关系的具体方法。沟通是一门科学，又是一门艺术。善于利用沟通方法，是经济管理类人才的必修技术。谈判本身属于沟通的一个重要分支，谈判的过程中主要使用的工具和技术就是沟通。

【案例7-1】

波士顿咨询公司的信任度

现代服务业中咨询业的发展最为突出，而且出现了一批出类拔萃的全球性咨询机构，波士顿咨询公司(BCG)就是其中的一个。BCG每年为大型跨国公司提供大量的战略咨询服务，任务接二连三，咨询师非常忙碌。其主要内容是分析市场，并提出进入该市场的具体方法和要求，每次都能取得很大成功。例如，某个医药企业因为有一项非常好的新药制品的技术成果，想进入另一国市场，因此毫不犹豫地委托BCG为其策划，委托费用高达40万美元。BCG经过仔细的调查研究和具体策划后，为该公司提供了一份分析报告。有人就咨询费用问题采访该公司的负责人，他的回答非常干脆："花40万值，要我们自己去完成如此完整的研究，40万远远不够。"最后的结果也证明他的说法是对的。新药按照策划的要求很顺利地进入了一个全新的市场。

这个小故事说明了什么？

案例讨论：

1. BCG除了具有优秀的咨询能力外，更具有什么能力？

2. 为什么如此多的大型跨国公司愿意付出巨额资金委托BCG进行咨询，而且毫不迟疑？

3. 怎样才能具有BCG的这种能力？

7.2 谈判中的沟通

可以这样说，谈判的过程就是沟通的过程，通过沟通达到相互了解并建立信任关系。当然谈判过程中的沟通方式和内容与其他沟通形式有很大的区别，除了一般的信息交流外，更容易发生争论，因为双方的利益既相互依存，又相互抵触，各自的追求又有很大的区别，争论就在所难免了。

7.2.1　谈判中的沟通形式

1. 书面材料

谈判双方在谈判前都会充分准备与谈判相关的书面材料，包括以下内容。

(1)本公司或组织的介绍，如印制精美的公司简介手册。

(2)产品介绍，与本次谈判相关的产品目录和介绍。

(3)行动方案，关于进一步合作的初步计划和行动方案。

(4)合同草稿，谈判进行了一段时间后会由一方起草合同草稿，或提供空白的格式化合同。

(5)相关文件，与本次谈判有关的政策法规文件、技术文件、经济分析文件、调查报告等。

(6)其他材料，不同的谈判应该有不同的资料和信息，凡是与本次谈判有关的资料文件都需要有所准备。

书面材料不仅给沟通双方提供了具体的信息和资料，还提供了这些信息的真实性依据，同时也证明了为这次谈判所做的大量准备，表现出认真面对谈判的诚意，同时也节约了谈判的时间，提高了效率。

2. 面对面交谈

这是谈判过程中最多的沟通方式，包括以下几种形式。

(1)会议讨论。有多位代表的共同参与，往往会作有充分准备的发言和交流。比较大规模的会议由于受到时间的限制只有少数人能讲话，常对一些重要问题、关键问题、原则问题进行讨论和表态；而规模较小的会议，对专门的问题讨论往往比较深入，争论的机会就比较多。

(2)个别交谈。双方一到两个人的私下交谈，往往针对某特定的问题进行非正式协商，交换看法和有关信息。

(3)情况介绍。一方一位专家对另一方多人的讲解，往往就技术性问题以比较系统的方式进行全面讲解，当然也可以针对某些问题进行深入询问和讨论。

3. 出示样品或参观现场

谈判的一方向另一方出示样品或邀请对方到相关现场进行参观，在参观过程中进行解释和讨论。要注意，不一定是卖方才会采用这种方法，有时买方也会利用这种方式。例如，在购买或订货过程中出示以往用过的产品向卖方提出具体要求；又如在工程建设中业主方会邀请准备参与的建设方到建设现场进行参观考察，并在参观过程中提出一系列具体的要求和设想。

有时，出示的不一定是具体的产品，也可以是设计图纸、产品模型、陈列样品，还可以是历史上的一些证据和文件。

一次谈判可以是以上各种方式的组合，根据不同性质的谈判内容安排不同的沟通方式，有时在有计划的组织过程中，也会出现临时的改变或调整。

7.2.2 沟通中要掌握的要点

谈判中的沟通和其他场合的沟通有一致的方面也有特殊的部分，因此要成功地进行沟通必须把握以下基本要点。

1. 明确立场

谈判中要十分明确本人讲话或行为的立场，明确代表我方利益，不能模棱两可，因为你是受托代表特定的企业或组织出面参与决策，只有明确了自己的立场才能得到对方的认可，决策才会有效。在许多场合下，直接帮对方"讲话"，以此来取得对方的信任和欢心，这种方法可能有时会有一定的效果，但从大局和长远来说是很不利的做法。如果对方是一个老练的谈判者，绝不会为此所动，如果是一个心眼较小的人，会认为你在实施诈骗。

2. 注意态度

谈判是双方平等的协商过程，也是双方合作的开始。尊重对方，以友好的方式和语言进行表达是不可忽视的沟通方式。即使对方出现激动的情绪、过激的言词，也没有必要"以牙还牙"地对着干，而应动之以情，晓之以理，这是有效的沟通策略。有时谈判是在双方力量对比悬殊的情况下进行，如我们是个小公司，而对方是个大公司，这时双方在态度上也应该是平等的，不要因为有求于人就表现出低三下四的态度，也不要因为我方比对方有优势而表现出趾高气扬的态度。

3. 用事实来说话

少说空话，多讲实事。双方的时间都很紧迫，直接面对问题是双方都想看到的状态。讲的是事实，看的是真实，谈的是实际，最终将比较快地达成协议。如果是目前还不太清楚的，有待进一步思考和研究的问题，也不能含糊其辞，最好的办法是以问题的方式提出，让对方发表意见，对方的意见和自己相同固然很好，即使意见不同甚至相反，也应该以平和的方式与其协商讨论。

4. 想清楚了再讲

谈判是严肃的活动，应当杜绝"信口开河"和"夸夸其谈"，话不在多，在于明确有效。文字要反复推敲，语言要慎重思考。要想清楚问题的内容、表达的方式、事实的列举和可能产生的影响。在谈判前要有充分的准备，谈判过程中需要讨论新的问题或修正相关文件的内容时，也不要操之过急，可以适当思考以后再继续。"让我考虑一下，请您稍候。"这样不仅为自己争取到了时间，而且也表现出你的老练和对别人的尊重。

5. 语言精练

谈判要讲效率，不要以长篇大论的方式来说服对方。精练的语句、简短的表达内容可以引起对方的注意力，使问题比较容易得到理解。如果表达的是一个非常复杂的事物，不可能用较短的话说清楚的时候，也不能长篇大论地叙述。如果对方对此都有兴趣的话则还好，如只对其中少量内容有兴趣的话，效果将大打折扣。最好的办法是将大问题化解为多个小问题提出，逐个进行讲述，当然其中的逻辑思路的连贯性是最关键的。

6. 关注对方的态度

谈判中不能自顾自地讲话，不断关注对方的态度是很重要的。如果发现对方很有兴趣，你应该"乘胜追击"，把问题讲得更清楚；如果对方表现出不解，则应该停下来，询问并解答。当对方表现出不耐烦的情绪时，有两种可能：一种是对方已经十分了解该问题，这时就不必再多讲；另一种是对方对该问题不感兴趣，这时也不必多讲。

7. 仔细聆听对方讲解

在对方发言时我方应该集中精力仔细聆听，不要为其他因素所干扰。谈判过程和其他场合最大的不同是自始至终充满了信息的交流。对方的发言和举止、行为都传递了各种信息，稍有疏忽就会减少信息的接收量，给今后的决策带来被动。所谓聆听，不仅是听，更要注意综合信息的收集，及时把握这些信息的来龙去脉，形成全面的思考。因此，不要轻易打断对方的讲话，也不要扯出其他不相关的问题。

8. 区别对待

对不同的人、组织或企业，应该有不同的应对方式，这个问题将在关于文化特性的章节中详细讨论。

由此可见，谈判中的沟通是很不容易的过程，要求谈判者有很好的心态，也要有很高超的技术，需要进行专门的具体的训练和培养，不是看书听课就能造就的。

【案例 7-2】

多种情景的思考

许多年轻的女士经常会去逛服装商店，她们所抱的心理状态是如果有合适的会考虑买下，如果没有合适的，就把逛商店作为娱乐消遣，因此她们认为在逛街时保持愉快的心情是很重要的。现在列出下面几种情景，对下列几种情景谈谈你的看法。

1. 走进商店，门可罗雀，营业员多于顾客，三三两两的顾客在看商品，而营业员懒洋洋地站在一边不动声色，有的还聚集在一起谈天说地。

2. 走进商店，一片繁忙的景象，顾客很多，都挤在柜台边挑选商品，营业员忙得团团转。你问她："这件衣服我穿怎么样？"她的回答是："今天已经卖了很多件了！"你问她："有没有其他颜色的了？"她看了你一眼，一声不吭地去接待另外的顾客了。

3. 你漫步在服装柜台之间，一位营业员主动上来搭话。

营业员："小姐，你的身材真好，你看这套衣服穿在你身上一定很好看！"

你："我的年龄适合吗？"

营业员："没有问题，你可以试试看嘛！"

你："好像紧了一点儿！"

营业员："紧一点儿好呀！你到镜子前看一下，把你的身材都体现出来了，多好呀！"

你又挑了一套另外的服装，穿上后。

你："好像太大了一点儿？"

营业员："没有！大这么点儿是应该的，穿之前要用水洗一下，一缩水是正好的，你不信，试试看？"

4. 你在商店中看到一位和你差不多年龄的女士在试穿一件衣服，你就问在边上的营业员。

你："我穿这件衣服合适吗？"

营业员看了你一眼后说："可以，但你和她有点不同，她的个子比你矮，你更适合穿这一套。当然，你可以两套都试试。"

5. 你挑准了一套服装，感觉不错，于是询问在边上正在聊天的营业员。

你："请问这套衣服能不能只买上装，不买裤子？"

营业员："你好烦！人家刚在节骨眼上……不行，不行！要买一起买！"

你因为太喜欢了，因此你又说："这种裤子我已经有了，上装倒是不错。"

营业员："我们这儿就一定要成套卖，你到其他商店去买单件的吧！"

说完，又回到另外几个营业员那边，继续没完地聊。

6. 你购买了一套服装，回家后再一次试穿，你的家人有不同的看法，你有些后悔。第二天，你拿着服装和发票回到商店要求退货。

你："对不起，昨天我买的这套衣服不想要了，能否给退掉？"

营业员："昨天谁卖给你的去找谁！"

你："我没见到她呀！真的对不起。"

营业员："我们都是承包制的，真的有困难，如果你一定要退的话，能否换一种等价的商品，我可以帮你一下。"

你看了一圈，没有中意的："我再也找不到让我满意的套装，怎么办呢？"

营业员："那我就没有办法了。要不你到楼上去找我们经理去，让他发个话，我再来解决。"

你："在几楼，他叫什么名字？"

营业员："五楼，他姓张，一位男同志。这儿往左，一直走，到头，有一个楼梯直接上去就是，我看到他现在在上面。"

案例讨论：

1. 以上情景你遇到过吗？当时你的心情会有何变化？

2. 上面的问题仅仅是态度问题吗？为什么？

3. 你认为上述哪种情况会达成交易？为什么？

4. 如果你作为营业员，应该如何处理以上每一件事情？

5. 用前述的沟通的要点能否解释这些行为？

7.3 谈判中的争论

正因为谈判是一次决策，关系到双方的利益，有时还是重大利益，因此，在沟通中双方都会带着很高的警惕性来参加。当一方讲述了某件事后，另一方会从各方面来思考，而且他习惯用自己的思路来理解对方，因此，误解是常有的事，误解引起争论也是必然的。主观上双方都会力图控制自己的情绪，但有时事物是不以人们的主观意志为转移的，争论的到来似乎不可避免。作为谈判者必须有这方面的思想准备和应对的能力。争论不同于吵架，不能用骂人的方式来看待。

争论有其积极的一面，它是一种沟通的行为，经过争论我们可以发送并且接收一些重要信息。这里所谓的重要，是指既然是争论，当然表现出双方对该问题都十分重视，也十分在乎，据此可以证实或否定我们原来的看法，同时修正我们对问题的认识，巩固或改变原先的对策和方法。争论也有其消极的一面，争论会改变双方的行为特征和讲话的基调，加深成见，使以后的合作和谈判更加困难，重新取得对方的认同就不太容易了。

因此，虽然谈判中的争论不可避免，但要慎重对待，用好策略，要使争论成为获取谈判成功的工具，同时又要规避其造成的不良影响。

7.3.1 破坏性争论

破坏性争论会使我们朝着越来越远离解决问题的方向发展，有时是朝着双方都不愿意看到的形势发展，但谁也不愿意主动放弃，似乎为了一口怨气，可以牺牲谈判双方的根本利益。最常见的有以下几种。

1. 刺激

例如在一次局部的谈判会上，双方为了一项技术指标发生了争议，A方认为该指标已经落后于其他公司很多了，但B方认为他们的产品在历史上从来都按这样的指标生产，没有发生过意外事故。就此发生了争论。

A方代表讲了这样一句话："跟你没什么可谈的了，去，把你们的领导找来，我和他谈！"

此时B方的代表会有什么反应呢？

反应一："不谈就不谈，要找，你自己去找！"谈判陷入僵局。

反应二："这是领导交给我的，我说了算，找领导也没有用！"谈判还将继续。

反应三："你认为找领导就能听你的？告诉你，即使领导见了你，最后还会来和我商量的。"谈判只能继续。

反应四："有问题大家商量，何必动不动找领导呢！"B 可能会让步。

当然还可以举出更多的反应方式，但这种反应都可能会强烈地刺激对方，其结果一定都有利于事情的解决吗？难说。

2. 断言和假定

在一次谈判中，A 方对对方产品的某个质量指标有意见，但经过反复交流，对方始终认为这种问题是正常现象，不值得大惊小怪，因此不认可，也不准备改进。

此时，A 方代表说了一段话："我想，你是不到黄河心不死，不到你们的产品出事故的时候，你们就不会认账！"

此时的 B 方会有怎样的反应？

反应一："你等着看，如果我们的产品出问题，我的姓倒着写！"等于没有讲。

反应二："你算什么？你在这方面又不懂，凭什么说三道四？"吵了起来，谈判陷入僵局。

反应三："我可以以专家的身份告诉你，这是不可能发生的！"无话可答。

反应四："那么请你拿出其他公司的质量指标，我们能否再研究一下！"似乎可以商量，B 让步了。

反应五："这个指标如果改掉对我们倒没什么，但将会影响到另外一个更重要的指标，你们再仔细考虑一下！"谈判继续。

还可以举出更多的反应方式，但都给对方一个不讲理的形象，会有很好的效果吗？难说。

3. 打断

在一次谈判中，B 方遇到了一位难缠的 A 方代表。他对一个问题的阐述唠叨还是次要的，关键是同样的内容反复强调，其中的内容十分空洞。时间过得很快，一会儿两个多小时过去了。

B 方代表说了一段话："你的话，我们都明白了，何必再重复呢？"

此时的 A 方会有何反应？

反应一：冷场。大家无话可说了。

反应二："你们不听，我还不想讲呢！"接着是沉默，随后的时间里他以消极的态度对待所有的问题，甚至经常发出挑刺和挑衅的言词。

反应三："行，我长话短说，主要问题是第一……第二……"继续叙述，可能简单了一些，也可能没变化。

反应四："那我问你一个问题，这件事情你怎么解释？"把谈判进行下去。

打断对方讲话似乎可以提高效率，但最终会使谈判成功吗？

首先，你失去了一次了解对方信息的机会。对方之所以会反复强调某件事或某观点，说明他很在乎这个问题，为什么呢？必须在他的谈吐中仔细去挖掘和理解。其次，你暴露了你的一个重要信息，即你对该问题不太重视，或没有全面思考过，所以要打断，而不是引导问题向深入发展。因此，打断对方的讲话是很不理智的行为。

有人会问，碰到烦人的讲话应该如何应对呢？答案很明确：不轻易打断。这时应该经过仔细思考，如果认为我已经能足以把握对方问题的脉搏时，利用一个间隙的时间，提出一个非常简短的问题，将对方引导到我有兴趣的问题上去讨论。

上例中，挑准时机，你说："刚才你提到的那个产品，我们使用过，比较了解了，下一步准备如何改进呢？"此时，对方的话完全被你调度到你提到的产品上去了。接着，还可以用其他问题来引导。

4. 阻止

在一次谈判中，A和B已经是合作过多次的"老朋友"了，在上次谈判中为了一种原材料的来源、质量发生过一次很激烈的交锋，最后是以供方B作出让步而告终。现在新的谈判开始，经过务虚性的谈论后，进入实质性阶段。

A的代表："这次我方需要的产品和上次相比差别不大，只是在数量上有所增加，每袋包装量要减少1公斤，将有利于我们的批量生产。我们仍然选择贵方为供应方，因为我们已经合作过一段时间，因此有信心认为你们能做得更好，当然，不希望再出现上次你们坚持使用的那种不合格的原材料。"

此时，B方代表很快就插话："感谢贵方的关照，但最好不要再提上次那件事了，今天我们先不讨论原材料的问题行吗？你们先把产品要求再解释一下！"

从上面的对话中我们又一次闻到了火药味。试想在听到B方的讲话后，A方会有怎样的反应？

反应一："为什么不能再说，那件事是你们不对，最后不是赔礼道歉了，我们才把订单给了你们，怎么忘记了？"接着双方再次争吵起来。

反应二："不，原材料是我们需要产品的关键，今天应该作为重点来讨论!"谈判转向解决谈判次序问题了。

反应三："我们是要把产品的要求进一步给你们解释清楚，但不能回避原材料的各种要求，相比上次，我们这次可是有更高的要求，因为批量大了，更容易出问题。请不要介意!"表现出很大的不信任。

反应四："看来你们没有吸取教训，在原材料的采购上没有采取任何改进，这样我们的谈判将无法继续进行了。很遗憾，再见!"谈判中止。

阻止对方就某个问题的谈论，能解决问题吗? 显然不行。这样不仅使谈判的进程受到影响，更表现出一种无奈的态度，而且给对方一个明确的信息：你很不愿意面对这个问题，这就暴露出你在这个问题上的弱点。就如反应四所表达出来的看法，你能说这种阻止起到了好的作用吗?

如果你真的要回避某个问题，最有效的办法是把引向该问题的所有通道堵死。如上面的 B 方的说法可以是："关于原材料问题，经过上次的教训，我们已经进行了详细地研究讨论，和原供应商进行了多次协商和针对性改革，取得了一定进步。请你们放心，上次的问题不会再发生。如果需要，我们在听取你们关于产品要求的介绍后，可以对这个问题作仔细解释。"

5. 借题发挥

借题发挥有时是谈判桌上经常碰到的谈话方式，似乎可以不直接谈出问题的本质，让对方去领会。例如 A 和 B 的谈判中发生过这样的事情，在以前的合作中因为某原因 A 的付款拖了将近两个月，在 B 的多次催讨下，才完全给付。这次谈判中出现了以下对话。

B 方代表："这次谈判很顺利，许多问题一拍即合，其他倒没什么了，我方最担心的仍然是货款问题。不要到时又有新的情况出现，那就又要费周折了。"

这段话似乎在发牢骚，实质是在提醒对方，不要拖欠货款。这样能起到作用吗?

反应一："怎么没完没了啦? 就拖了一点点时间，又没有不付!"很生气，不再讲话。

反应二："上次是有原因的，是因为你们的产品质量不怎么样，有关部门准备拒付，如果不是看在我们长期合作的份上，我们根本不愿意帮这个忙。"弄僵了。

反应三："那难说，你们这样的态度，我们可无法向领导求情了，拖欠是难免的。"该如何再进一步讨论呢?

反应四："这次是没有问题的啦！你们也要积极一点才有用。"等于没有讲。

无论哪一种反应都无法解决拖欠货款的承诺问题。因此，借题发挥在提出问题中的效果不一定很好，还不如："我们生产的产品利润本来就很薄，因为你们的订货量很大，给出的价格利润率更低，所以希望能及时地付款给我们。你们看有困难吗？"这样诚恳地提出问题，并简要地说明原因，比用带讽刺性的语言来暗示更容易被对方所接受。当然，不能全部否定借题发挥的方式，例如：

"历史上发生过这样的事故，L 公司因为没有注意到它的合作方已对具体要求做了调整而仍然按原要求提供了产品，结果遭到了退货，损失了将近 200 万美元。因此，我们十分重视需方每一个细节的改变，问的问题可能琐碎一点，请不要介意。"

用一个案例来说明问题，没有把对方拉进来，可以比较婉转些，对方当然就能心领神会了。

6. 攻击/斥责

当双方对所谈判的问题都不太满意时，最容易出现的是攻击或斥责。如果你用语言攻击对方，对方肯定会采取防卫的态度和语言。如果你斥责对方，对方也会进行辩护。接着对方也会反击，使你不得不进行防御和辩护，要不了多久，一场激烈的争吵就会爆发，双方的分歧也在不断扩大，并且很难将分歧有效地控制在一定限度之内，而且语言的激烈程度还会不断升级，甚至出现不理智的情景。例如：

"我就不信你们能拿出什么像样的产品！"

"你们根本不配采用我们这种产品！"

"用你们的产品真是十足的傻瓜，我的前任怎么会看中你们的，真不可思议！"

"你才是傻瓜，你们公司能有今天，还不都是因为用了我们的产品！"

下面该如何吵下去，似乎没法控制了。

可见，攻击和斥责在谈判中是不能采用的。即使你是强者，用盛气凌人的态度对待别人，同样不会收到好的效果。有人认为用气势压倒对方可以使自己处于有利地位，其实不然，即使在气势上你占了上风，甚至在你的威逼下签订了对你十分有利的合同，但在执行过程中对方会想尽一切办法抵制和破坏原来的结论，在你无法估计到的地方埋下伏笔，最终换来对双方都不利的结果。

7. 威胁

当谈判进行得不顺利时，因为时间紧迫，付出的代价越来越大，有人会用威胁的手段来应对。其实，这是谈判中最愚蠢的错误之一。威胁的口吻似乎体现了你的强大，但实际上只会把形势搞糟，使双方都没有退路。例如：

"你如果还不明确表态，我们就不再理会你的要求了！"

请分析一下，下一步对方会如何回答。

这种情况下，僵局随时发生，而且很难逆转。或者你说：

"如果你再拖拉的话，我就马上离开这儿！"

这时你自己已经没有回旋的余地了，反而给对方一次机会。

"你不要没有关系，我们的产品要的人多着呢！"

谈判当然没有可能再进行下去了。

应该说威胁的强度越高，被动的程度也越高。要么引发对方的反威胁，使问题更糟糕；要么使谈判中止，前功尽弃。这两个结果是不应该在谈判中出现的。

当然，作为人都有感情的因素，得不到尊重，达不到目的，都会引起情绪的波动，引起激动的反应，进而争吵，但作为谈判人员，应该明白这些行为的后果，在谈判中控制情绪是谈判者时刻不能轻视的问题。

7.3.2 建设性争论

建设性争论的目的是将事态引向问题的解决，但仍然是争论，既要把我方的问题讲清楚，又能坚持自己的立场并说服对方。这里面有很多值得思考和学习的内容。应该说在谈判中应该采用建设性争论，但一旦争论的焦点白热化时，能否坚持采用建设性争论的关键在于能否把握好本人的情绪。一个成功的谈判者，或者说一位谈判高手其关键的能力就在于自始至终冷静对待事态的发展，经得起任何挑衅和引诱。

1. 中性陈述

这是谈判中使用最多的表达方式。谈判过程中对要表达的内容，包括事实、问题、建议等都用中性的语调和修辞来表达，不带任何个人的情绪和偏见，即所谓摆事实，讲道理。特别是在刚开始涉及某个问题时，连自己的评价也不要夹在语言中，而要用诚恳的态度表述。

例如，一次谈判中，双方对于供货的准时性问题发生了争论。对方对上次供货有意见，认为我方因为没有尽责而拖延了时间。我们对此事该如何解释就显得很重要。

"对上次的延误我们感到很抱歉！上次合作是我们的第一次，对于许多情况我们都不太了解。尽管完全按照日程表进行了我们的各项工作，但到达海关时正好碰到其检测设备正在保养检修中，我们随即和有关部门进行了沟通，海关也积极地进行了配合。但最终还是耽误了两天的时间，从而影响了船期和交货时间。"同时出示海关的证明文件。"这次事故以后，我们决定在制订计划和执行过程中一定加强和交货过程中的有关方面的沟通，及时了解情况，调整我们的计划，防止这样的事故再次发生。"

对方随即表态："你们应该留有时间的余量，不能这么紧迫呀！"

"你的建议是对的，我们也争取加快生产和供货的速度。但要在短期内调快加工的速度将会有很大的风险，我相信，大家都不愿意看到因为加快了速度带来质量水平下降的后果吧。一方面我们正在进行技术创新，改变我们的生产流程，提高产品质量，加快生产周期，这实际上对双方来说是双赢的结果；另一方面，也希望得到你们的理解，这个问题也是本次谈判我们想解决的问题之一。"然后，出示了我们的生产流程和计划书文件。

从上例中我们看到了哪些问题？

(1)我方用事实来说明延迟交货的原因能否为对方接受？有没有推卸责任的嫌疑？

(2)对方的不满情绪会进一步加深吗？对下一步谈判有没有积极作用？

(3)我方的立场是否也得到了维护？

2. 肯定性说明

为了使对方理解你的意图、困难，并能接受你的观点、要求，采用肯定性说明是必要的。首先，在讲话中自己应该充满信心，对自己要解决的问题比较明确，即目标明确，不模糊。其次，论据要充分，至少要能自圆其说，不能有任何的困惑或犹豫。这样使对方能知道你对问题的解决有充分的把握，即使不能马上接受你的要求或论点，也能理解问题的客观性和解决的迫切性。当然，在用语上，不能强词夺理，而是站在共同利益的立场上来谈论所面对的问题。

例如，在一次关于工程项目的谈判中，土建工程公司和设备安装公司都认为双方在 K 工程的时间和进程上的配合是双方合作成功的关键问题。两者的有效配合不仅减少了大量的扯皮和协调，而且会大幅度降低成本和杜绝事故的发生。这是第一次合作，双方都给予极大的关注。

土建公司代表："尽管我们是第一次合作，根据以前多次和新伙伴合作的经验，只要在工程进程表上多下功夫，双方把问题摊开，想得仔细些，<u>问题是可以解决的</u>。"

安装公司代表："我们的工作比你们要琐碎得多，拖延的时间也要长些，可能给你们带来麻烦。特别是隐蔽工程中的线缆和管道建设，一定要在你们的帮助和配合下才能顺利进行。这样，我们首先从项目组织形式上进行讨论，确定明确的分工和交接方式。<u>我们相信没有克服不了的困难</u>。"

通过以上一段对话，我们可以看到双方对合作都很有诚意。

（1）谈判的语句中有实际的内容，也有表达态度的内容，这样的配合有哪些优点？

（2）带下画线的句子放在这个位置合适吗？如果没有会如何？

（3）请换一种语气来谈同样的问题。

3. 提问

对一些尚待弄清楚的问题，应该如何通过沟通来了解对方的想法和意见？特别是对于有争议的，甚至比较敏感的问题，采用合适的讲话方式显得特别重要，而采用中性化的提问方式是最有效的方法。所谓中性是指不带明确的引导内容，也不带个人的情绪和牢骚，以协商的口吻提出疑问，请对方解答。这样做最大的优点是尊重对方，不伤害双方的感情，同时获得对方的信息。例如在一次谈判中 A 方很想知道在非常激烈的市场竞争中 B 方的经营情况，这是一个很敏感的问题，该如何了解呢？

A 方代表："我们的合作已经快三年了，相互已经很熟悉了。最近的市场变化实在是太大、太快，我们感到有些不适应，不知道贵公司最近如何？"从关心的口吻开始提出问题。

B 方代表："不瞒你说，我们也有同样的感觉。特别是市场化以后，一种产品只要有市场需求就会有许多企业来竞争，增加了经营的难度。不过，我们这种产品已经生产了多年，能和我们平起平坐的竞争者暂时还没有，当然，竞争是存在的。请你们放心，我们一定会信守诺言，保证满足你们的要求。"显然，已经理解了 A 方提出问题的用意。

A 方代表："你能告诉我吗，除了我公司外，谁是你们最大的客户？"

B 方代表："你们是我们最大的客户，此外，K 公司每年也向我们订购这种产品，不过订货量比你们稍稍少一点。"没有将详细情况和盘托出。"不过，据我所知，他们今年的订货量可能会增加较多。"

A 方代表："会超过我们？"

B 方代表："难说！"

这是一段谈判中经常遇到的摸底对话，从中我们可以体会到双方都是用提问和回答的方式进行沟通。问问题的一方关心的不一定是问题的直接答案，而是从问题的回答中获得所需的信息。例如上面的例子中 A 方并不是真正在关心对方的业绩，而是在了解对方的状态是否正常，从而进一步考虑今年是否继续向对方订货。同样，B 方既要回答对方的问题，从而体现出自己的实力和诚意，让对方继续和自己进一步交易，同时回答又不能太具体，最好通过沟通进一步了解对方的意图，最后一段话就有这样的意思。

可见问题的提出有相当的艺术性，一般将提出的问题分成以下两类。

第一类，封闭式问题，即让回答者只能用"是"或"否"来回答。例如：

(1)你们的产品经过安全检查了吗？

(2)你们的工程已经达标了吗？

(3)我们上周发出的通知你收到了吗？

(4)今年的计划你们完成了吗？

(5)如果本周没有机会见面的话，下周可以吗？

第二类，开放式问题，即让对方用比较详细的内容来解答。例如：

(1)你们的产品经过安全检查的结果如何？

(2)你们的工程什么时间可以达标？

(3)我们上周发出的通知，你们那儿有什么反应？

(4)今年的计划你们完成得怎样？

(5)如果本周没有机会见面的话，你看下周什么时间合适？

当然这种划分只是理论上的，在实际中完全可以变通。在提出问题时要考虑到，我想获得什么样的信息，是肯定性的还是解释性的。在回答时也要考虑到，我是否只需要表明态度，还是要进行辩解，甚至提出反问。对问题的提出和回答把握得恰到好处是谈判中最值得称道的沟通艺术。

4. 总结

在谈判过程中聆听对方讲话不是一件容易的事，常常出现的问题是被自己的情绪所困，或者带着成见看问题。如何从对方的讲话中充分了解其真正的意图和获得尽可能多的信息是谈判中的又一要点。冷静、沉着并集中精力仔细听对方的讲话，观察对方的一举一动都是不可忽视的，但如何来证实我对对方语言的理解是正确的呢？总结是个好办法。例如在一次谈判中 B 方代表在听了 A 方关于下阶段产品的要求的长篇陈述后，讲了一段话：

"听了您刚才对我方下阶段产品提供的具体要求后，我思考了一下，是不是可以归纳为以下三个方面：第一，贵公司肯定了我们产品硬件方面质量是达到要求的，谢谢；第二，希望包装方式能改变一下，符合贵公司的统一风格；第三，交货期要缩短两周。你看是否就这些？"

A 方代表听完后，仔细琢磨了一会，说："是。我的意见就这些。"

这段对话给出了很重要的信息，通过总结摸清了对方对于产品质量的全部认识，不存在任何异议，为下一步谈判奠定了基础。当然也可能 A 方代表是这样回答的："差不多吧！我们不仅要求交货期缩短时间，而且对办理手续也做了一些调整。请你们注意！"说明我对对方的讲话大部分已经理解，尚有部分没有理解完整。

总结的方式不代表我方已经接受了对方的意见和建议，所以讲话中要把握分寸，总结不是表态，因此，态度要诚恳，语言要得体，但对结论要慎重。听到对方对你总结的评论后，你可以表态："对你方的意见我理解了，我们会仔细考虑这一切，下次我会给你一个满意的答复。"

总结作为谈判沟通中的一个重要工具，需要多方面的能力，综合能力和归纳能力是其中的核心。有人会提出问题，听完马上就要总结吗？当然，能很快作出反应是最佳的结果，如确有困难马上进行归纳总结的话，可以提议稍事休息，我方人员经过共同讨论总结之后，再在随后的谈判中进行总结性发言。不过，不可拖的太久，因为这样不仅体现出无能，而且表达出一种信息，你对这次谈判不重视，没有多少准备。

总结的时机把握也值得注意，首先，不要打断对方讲话进行总结，这是在对话中经常发生的问题；其次，没有听明白时，宁可再次提出问题以获得更多的信息，也不要凭主观思想去总结对方的讲话；再次，在对方已经表现出要表达的意见已经全部说完的意思时，再来总结；最后，总结不宜长篇大论，而要以最短的语句来归纳。

7.4　谈判中处理分歧的语言方式

7.4.1　谈判中使用语言方式的理论支持

从以上的阐述中不难看出，在谈判中发生争论是不可避免的，但要使争论向着有利于解决问题的方向发展就应该理性地用好语言，最好使用建设性的语言。当然，情况是复杂的，因为谈判涉及利益主体之间的竞争和协作，受到各种因素的影响，个人情绪出现过激的现象是难以避免的。有人会提出这样的质疑，对方用了很难听的语言攻击我，甚至采用人身攻击，难道我不能有任何反驳和不满吗？这不是表现出我的无能和懦弱吗？霍桑研究小组的 Neil Rack-ham 和 John Carlisle 等人在 20 世纪 70 年代专门为探索改进谈判技巧进行了大量调查研究，通过对有效的和无效的沟通进行分类统计，归纳出如表 7-1 所示的结论。

表 7-1　有技巧的谈判者与平庸的谈判者在行为方式上的差异

行　为	解　释	量化的差别	
		平庸的 谈判者	有技巧的 谈判者
刺激	对自己的立场或提议妄加吹捧（"大度的""公平的""理智的"等）	每小时使用次数	
		10.8	2.3
反提议	立即提出相反的建议，给人的感觉是试图阻止，不会接受，也不会同意	每小时使用次数	
		3.1	1.7
攻击/辩护	"不能怪我们""不是我们的错""你们自己把事情弄糟了，而不是我们"	在评价中的比例	
		6.3	1.9
削弱论据	使用过多的理由支持某一个观点——无效的论据削弱了有力的论据	支持观点平均使用的理由数目	
		3.0	1.8
行为标志	"我能否问一下……""我可否建议……"，一些礼节可以控制争论的非情绪化进程	在所有的行为中运用标志所占比例	
		1.2	6.4
标志分歧	在给出理由前，先表明"我们不同意""你们错了"，而不是先解释原因，然后给出标志	在所有的行为中运用分歧标志所占比例	
		1.5	0.4
对理解与否进行测试并进行总结	监测先前的论述是否被理解，并且简短复述先前的争论内容	行为所占比例	
		测试理解与否	
		4.1	9.7
		总结	
		4.2	7.5
搜寻信息	争论和议价中都需要信息，有技巧的谈判者要比平庸的谈判者搜寻更多信息	搜寻信息在所有行为中所占比例	
		9.6	21.3
表述感受	表述"我有些疑惑""我很担心""我不知道该怎样应对"，而不是表明看法，或保持沉默	表达所有感受在所有行为中所占比例	
		7.8	12.1

资料来源：Neil Rackham & John Carlisle，The Effective Negotiator，Part 1：The Behaviour of Successful Negotiators，*Journal of European Industrial Training*，1978，2(6)。

　　该表中对谈判者进行了简单分类：平庸的谈判者和有技巧的谈判者。用我们的语言来表达就是谈判能力偏弱的和有较高技巧的谈判者。Rackham 在调查中用下列标准来确定有技巧的谈判者。

(1)谈判双方都认为这是有效的行为。

(2)他们拥有骄人的谈判成功记录。

(3)他们谈判很少遭遇失败。

标准中强调的是有相当长一段历史记录，从而规避了诈骗、欺诈等短期行为的影响。

从表 7-1 中所列举的各种行为方式我们能看到以下问题。

第一，谈判中的沟通不同于平时各种活动中的沟通，理性化是其中的关键。所谓"以理服人"就是其核心思想。即使在非常激烈的争论之中，也要充分保持理性化的态度。

第二，要成为一个成功的谈判高手，掌握语言的分寸是十分重要的基本技能。谈判者应该清楚什么情况下用什么语言应对，另外，对方的情绪和态度有真实的，也有伪装的，对此进行有效的识别和应对也需要掌握高超的技能。

第三，从表中看到了两者的差别，但有一点请注意，调查结果表明没有一种行为方式为零，也就是说谈判高手也会偶然采用一些不太主张的语言方式。这说明语言是一门艺术，在适当的场合可以利用这种超常规的行为来解决问题。在适当的时机采用适当的行为，对这里所说的"适当"的判断和采纳，就是一种艺术，体现出一种能力和水平。

第四，统计的数据结果有一定的引导性和参考性，不同的国家、地区、民族，不同的时间、场合，不同的行业、职业肯定有不同的数字结果。因此，在谈判能力的培养和训练中可以参考这种规律，并且统计自身的数字结果，而不一定以表格内容为准。

7.4.2　谈判中分歧的处理

建立信任关系中最大的障碍是双方对合作内容和方式的认识上的分歧，这种分歧的表现形式是多方面的，有对合作产生的结果看法不一致，有对如何达到目标的途径有不同的看法和思路，也有对具体的操作过程认识不同，等等。不论哪一种都只体现在问题的表面上，深层次的分歧不大可能在一开始就表现出来，因此单纯关心眼前的分歧不大可能很好地解决实际的分歧。实际中往往是表面分歧维持得越久，谈判的难度就越大。只有以最快的速度了解和理解分歧的根本原因，才能以最快的速度最有效地解决分歧，双方才能真正达到相互信任。前面的章节我们已经讨论过谈判面对的三个层面，即我们直接看到的是对方的立场和态度，接触到的是要解决的问题，而其中的核心是利益。可以这样说，分歧的处理最终离不开利益的分配。由此看来，谈判分歧处理的落脚点就是分清对方的利益追求，找到与我方利益追求方面的共同点和不同点，然后，才能确定处理分歧的方式。但怎样才能通过沟通来摸清对方对利益的追求呢？采用什么样的问答方式比较有利呢？

【案例 7-3】

机场的信息管理系统

B机场为了节约管理成本，利用已经具有的管理信息网络，委托了一家专业软件管理公司O为机场两千多名职工的出勤和劳动工资进行统计服务。因为机场的专业分工很细，而且每个工作岗位人数都很少，岗位之间又离得较远，利用网络化管理会大大提高效率，因此，第一年一切都很顺利，运转正常。合作双方可以说达到了双赢的效果。机场管理层和全体员工都享受到了便利带来的好处。但上个月，机场管理部门却没有收到O公司发来的每位职工的具体工资单，给工资发放带来了麻烦。因为已经到了发放工资的日期，来不及进行弥补，只能按照上个月的工资情况发放，然后再与O公司进行沟通。谁知道还没有来得及了解更具体的情况，许多职工就来电话，甚至直接到机场管理办公室询问为什么。有个别职工情绪很激动，扬言机场管理部门出了大问题，要追究法律和经济责任。其结果影响了机场的正常运行。机场各级领导都为此放弃了日常正常工作，上各岗位了解情况，进行沟通，经过三天的努力才勉强稳定了局势，恢复了正常工作。

B机场先在电话中与O公司进行大量交涉之后，又发了一份措辞严厉的传真文件，要求O公司对这一切引起的损失进行赔偿，并声称如果O公司不能接受的话就中止双方的合作关系。O公司立即派员到机场进行谈判。这是一场以吵架和谩骂为主的谈判，半天下来一无所获，双方几乎到了散伙的边缘。

O公司没有及时提供当月工资单自有其原因，因为机场网络上一个不起眼的小故障，使20％的机场职工的考勤记录丢失，O公司动用了十个人员紧急对该问题进行恢复性处理，但没有起到作用。直到十天后网络才得以恢复，当然花费的成本也不少。现在机场竟然不分青红皂白把一切责任全部推给O公司，还提出赔偿损失，连与劳动报酬无关的损失都计算在内，O公司当然不服。

谈判桌上B机场的代表坚持认为因为工资发放不准确使员工不能正常工作，同时详细列举了各部门停止工作带来的延误和损失，危害到客户的程度，连飞机因此延误起飞也连带了进去。但始终没有讲出具体的数字和成本的分析。O 公司代表进行了反驳，声称差错是因为机场管理水平太差而引起的，连最重要的信息网络都管理不好，还有什么可以指责人家的呢？B 机场声明的许多延误和差错都是因为工资发放上的不准确造成的又有谁能相信呢？

B 机场代表的态度不仅没有收敛，反而认为 O 公司没有合作诚意，因此提出如果 O 公司不作让步就要中止合同并向媒体曝光，说明因为 O 公司的原因而造成航空公司多个航班的延误。O 公司代表的态度同样没有退缩，声明如果 B 机场这样做的话，本公司将向法院起诉，控告 B 机场诽谤，进一步要求赔礼道歉和经济赔偿。事态发展到这种程度似乎已无法挽回。

案例分析：

从上述案例中我们看到了合作伙伴中经常发生的冲突。一起不算太大的事故引起了一场看来很难解决的冲突。从理论上来讲，只要充分沟通，这样的问题是不难解决的，但为什么会演变为一场危机呢？

从表面上看事故是因为 O 公司没有及时提供工资信息而造成的，其原因也很简单，网络系统的故障引起了 O 公司无法提供精确的当月工资表，而 B 机场按常规不能拖延工资发放日期，因此，只能按上月的情况发放。机场职工因此而不满，正常工作受到影响，甚至造成了飞机延误。双方为了自身利益而发生了纠纷，谈判也就必然发生。

要解决这场纠纷应该从何入手呢？

1. 分析根本原因。根本原因要从三方面来看。

(1)B 机场方面：管理上是有问题，不仅设备管理上有隐患，网络管理不完善，更重要的是职工队伍思想不稳定，对领导的不信任感严重，对企业缺乏忠诚度，工资发放上的一个小问题就引起大事故。

(2)O 公司方面：没有及时完成应该完成的任务，尽管有客观原因，即工资信息缺损，但也应该有应急预案的准备，不能对事故撒手不管。

(3)合作关系上：双方在问题发生的第一时间不采用沟通的方式，却首先推卸责任，互相推诿，甚至相互指责，缺乏诚恳的合作氛围。

归纳起来还是利益上的问题，只重视当前利益，不重视长远利益是问题的根本。

2. 端正谈判的态度，正确面对现实，着眼长远利益。

问题已经发生无法回避，如果继续争论只能使双方付出更大代价，因此，端正态度是首要任务。

(1)B 机场方面：思考稳定职工队伍的措施，让 O 公司帮助尽快弄清当月工资表，并为此提供需要的信息。

（2）O公司方面：理清造成网络混乱的原因，支持机场解决问题，因为这是共同利益所在。同时以此为戒，制订事故处理预案。

3. 采用建设性语言。利用前述的语言方式进行谈判，将谈判的内容整理出来作为向机场职工直接沟通的内容。

4. 稳定机场职工情绪。采用多种方式来稳定局势。

（1）解释。用事实给全体职工一个满意的答复，方式可以采用会议、简报、座谈、个别交换意见等。

（2）补偿。对于错误的工资发放进行纠正，适当对一些个人或组织给予一定经济补偿。

（3）改进。检讨失误，并提出整改措施。

只有双方相互配合、支持才能使问题得以解决，并将损失降到最低。至于责任人的追究一定要在问题解决以后再来进行，包括损失的弥补、责任人的处理等。

案例讨论：

1. 如果不能及时解决问题其后果将会如何？请从各个方面来分析。

2. 作为B机场方面代表在谈判中应该如何讲话？O公司代表呢？

3. 通过本案例你能理解如何解决谈判中发生的纠纷吗？

4. 为什么解决纠纷的第一步是必须了解和理解双方的利益追求？

【本章思考题】

1. 建立信任关系的关键是什么？

2. 为什么说沟通是谈判中不可缺少的工具？

3. 谈判中的沟通和其他沟通有何异同？

4. 为什么争论在谈判中不可避免？

5. 破坏性争论在谈判中应该禁止使用吗？为什么？

6. 谈判中的分歧是客观存在的，应该如何正确应对？

第8章　提议和合议

【本章结构图】

【本章学习目标】

　　谈判过程中提议和合议是出现最多的沟通模式，也是双方建立信任关系的手段。提议和合议都要通过语言来进行，用好语言是本章讲述的主题。通过各种形式的提议和接收提议以及总结方式的讨论和练习，掌握谈判中常用语言的表达方式和技巧，从而培养自己具有个性化特色的谈判语言艺术和技巧。作为一位谈判人员，这是不可缺少的能力。

8.1　提议是一种艺术

　　建立信任关系的过程中，双方最关心的不是如何建立友好关系，而是如何合作，如何使合作达到双赢的结果。因此，提出建议并能对建议进行协商讨论，最终达成一致，是这个过程的目的所在。但把所希望的合作形式直接提出来可行吗？大部分情况下不行。

　　前面我们已经反复强调过谈判面对的现实是双方都有不同的利益追求，而且这种追求不会直接表现出来。从表面上看只能接触到对方的立场和态度，听到的只是对方提出的各种问题。要深入地了解对方真正的利益追求不那么容易。其实换位思考也是相同的，作为我方的代表也不愿意把我方的利益和盘托出，让对方摸到底线。

【情景讨论 8-1】

信任程度的表现

在购买商品过程中，你所在的商场是可以议价的，你会如何对待？

你："这个商品是什么价格？"（明明在商品边上有明确的标价，你还会提问。）

营业员："100 元！"（就是标出的价格。）

你能信吗？为什么？

你："太贵了！能否便宜点？"（如果你的心理价位是 80 元，愿意直说吗？）

营业员："那，90 元如何？"

你："最多 70 元！"（为什么要把价格报得更低些呢？）

营业员："我进价都要 85 元呢！总要给点赚头吧！"

你能相信营业员的话吗？

相反，在许多不能讨价还价的超市内看中了商品后，你会如何对待呢？似乎只有买与不买的选择了。

谈判中所遇到的问题大部分是不可能像超市中的价格那样十分明确的，而是像在议价商场中一样需要讨价还价。因此，如何提出建议让双方来议论，而不能轻易将自己的真正意图全部表达出来，又不能让对方认为我是在虚情假意地表演？其中充满了艺术的成分。

下面我们来讨论一组提议的话语。

(1)但愿这次交易能顺利完成，希望能在下月初将我们需要的元器件送到我们的加工厂。

(2)我想要你们上个月在展览会中展示的那种产品，如果可能的话在数量上给予照顾，多供给些，将不胜感谢！

(3)如果能在质量上再上一个档次，交货期更短些的话，那就非常好了。

(4)我们可以在今天下午给你发出第一批货吗？

(5)采用我们刚研制成功的新产品，对你来说是合适的吗？

这些话在平时生活中是十分常见的话语。但用到谈判中是否合适值得注意。请设想一下对方如何回答。有两种情况可能发生。

第一种情况：

(1)可以，没问题，按照你们的要求办。

(2)行，你说需要多少量？

(3)满足客户的需要就是我们的追求，请具体提出来。

(4)好，你们发吧。到时给我一个电话，我来接收。

(5)合适，我们可以试一下。

第二种情况：

(1)不行，下月初是来不及的。

(2)我们的产品供不应求，下次再说吧。

(3)给你们的产品已经是我们最好的了。

(4)不可以，我们还没有准备好。

(5)不合适。

得到第一种回答固然好，但遇到第二种就陷入被动了。而且最大的缺点是你已经把具体的要求提出来了，而对方不一定把真正的信息给你，让你无法继续。有人会说我在恳求对方，没有能力把话讲得太硬，客气一点，没有坏处。特别是在供求关系悬殊的情况下，弱者能强硬些吗？现在换一种口气来表达：

(1)我们<u>都需要</u>这次交易的成功，<u>要求</u>贵方在下月初将我们需要的元器件送到我们的加工厂。

(2)我们很喜欢你们上个月在展览会中展示的那种产品，<u>需要的数量</u>已经在给出的表上列出，请你们考虑。

(3)在质量上再上一个层面，交货期更短些，对我们来说是<u>十分必要的</u>。

更硬<u>一些</u>：根据前阶段生产的情况，我们<u>必须坚</u>持贵方的产品在质量上要再上一个层面，交货期更短些，你看有没有困难？

(4)<u>如果</u>今天上午的谈判我们能达成一致，我们<u>可以考虑</u>下午给你们发出第一批货。

(5)我们<u>将</u>在下一批供给的产品中采用我们刚研制成功的新产品，希望得到你们的支持。

讲话中将下画线部分加强语气，表达我方的态度。

对照上种说法，可以看到，仍然很客气，没有强加于人的感觉，但内容要肯定得多，可以商量但方向十分明确。因此，建议在谈判中注意语言的客观性的同时，在用语和语气上多加关注，可以避免不必要的争论和扯皮，有利于保持和谐的气氛，同时又坚持了己方的要求。要说明的是上述句型只是个案，不是绝对的结论。由此可以引申出大量的语句和语气，根据不同的场合，不同的谈判内容可以采用不同的表述方法和用语。这就是艺术。

8.2　提议和接收提议

谈判者经常会提出这样的问题，是应该首先提议还是应该回应对方的提议？因为，首先提议的问题中包含着大量信息，也就是说首先提议就会先于对方表现出我方的需求或想法，容易陷入被动。而首先让对方提议，可以后发制人。但试想谈判双方都不愿意首先提议的话，不就是一开局就陷入僵局了吗？其实，关键不在于谁先提出问题进行讨论，而是谁首先找到了问题的切入点。当然，有的谈判没有商量的余地，有一方必然首先提出问题。例如，在服装贸易谈判中，客户到服装公司产品展览厅参观了今年新款式服装后，必然会对其中许多方面提出疑问，谈判就从这儿开始。但在许多合作项目谈判中，双方都不愿意先开口。最后，常常是准备充分的先发言，提出合作中的问题。

8.2.1　提议

提议的关键是找到问题的入口，通过提议将问题引到我方关注的问题上来。第一个问题提出并协商后，接着提出第二个问题，循序渐进，逐步深化，步步逼近问题的核心，即利益的获得。可见第一个问题很重要。第一个问题对双方都不会太尖锐、太敏感，但又是核心问题的入口。接着应该关注进入问题核心的路径。选择路径也很重要，太远的路径不仅使谈判花费太多的时间，更会使对方失去信心，甚至让对方有机可乘，导入对方的解决路径；路径太短也有问题，因为认识上的差距，使得问题难以解决，会引发激烈争论。

提议总是试探性的，随着问题的深入试探的程度会逐渐减弱。提议的组成模式可以归纳为表 8-1。

表 8-1　提议的组成模式

条　件	出价/承诺
模糊/具体	模糊

每次提议的话语都由两部分构成：条件、出价或承诺。而且最好是将条件放在前面，把出价或承诺放在后面。因为提议是试探性的，不能马上得到结论，因此开始时条件和出价都是模糊的。随着议论的深入，条件变得越来越具体，而出价或承诺始终是模糊的，当然，模糊的程度可以减弱，但仍然保持着

模糊状态。

【案例 8-1】

工程谈判中的提议和应对

A 公司是一家著名的建筑工程公司，对于成片工业区的建设有丰富的经验。而 B 公司是某地的开发公司，获得了当地工业园区的开发项目，在资金和初步方案落实的情况下，与 A 公司进行谈判，确定建设的具体过程。在双方对该项目的各种要求取得了一致后，重点关注的是开始设计的时间、开始施工的时间，以及完成具体计划的时间。从本质上来看，双方都想加快速度，因为时间就是效益，但又各有难言之隐。A 要认真准备各种技术方案，不能有半点差错，还需要物色合适的施工单位，B 则需要有时间进行融资，筹集资金是其最为关键的问题。当然各自需要的时间是不一样的，也不愿让对方马上明白自己的难处，特别是 B 不愿让 A 知道自己资金来源的渠道。谈判桌上的交流就开始了。

B 方代表："前面我们对工程的要求已经讲得很清楚了，想必没有什么问题了。下面我们要讨论具体的工程计划和日程安排，你们能不能先谈一下看法？"

评点：看似提议，实质是把首先提议权推向对方。

A 方代表："对于工程要求，暂时提不出新的问题。至于何时启动，要看我们双方准备工作情况再来确定。对于我方来说，如果你们都已经准备就绪了，我们可以很快进入角色。"

评点：对于工程要求没有明确表态，是为了留有余地。首先提议，其方式就是按表 8-1 的方式进行，条件模糊，承诺也模糊。但已经获得了主动权，让对方先表态。

B 方代表："如果我们全部准备就绪，你们什么时间可以开始呢？"

评点：这个问题提得不好，尽管有点咄咄逼人的架势，但没有抓住主动权。

A 方代表："我们有一整套规范化的运作程序，这个工程有些特殊，但还是可以在原来的基础上进行适当调整。关键在于采购，资金到位是基础。如果资金没有问题的话，我们可以在较短的时间内开始工程设计。"

评点：条件开始具体了些，承诺仍然模糊。把问题具体化，要对方回答。

B 方代表："首批资金没有问题的话，你们什么时间可以进场？"

评点：问题仍然没有提好，显得被动。而且透露了一个重要信息：B 方资金上有一定问题。

从上面的对话可以看出提议的难度，应对也不容易。现在换一种说法再来对比，当 A 方代表第一次提议后：

B 方代表："如果我们全部准备就绪，你们能否在两个星期内进场？"

或："如果你们在两个星期之内进场的话，我们不会有什么问题。"

评点：从语言角度来讲后一种说法更好些。因为强调的是对方的行为要求。

A 方代表："如果你们的资金没有问题，我们可以考虑尽快进场。"

评点：资金问题成了关键，但仍没有承诺进场的时间表。

B 方代表："你们两个星期之内进场，我们能确保你们的资金需要。"

评点：问题已经接近解决，只等最后的表态。

案例分析：

从案例中我们看到这种提议的方式是一种对等的交流方式。这就形成了这样一种模式：对方提出的条件是针对我方的承诺，而我方提出的条件就是对方面对的承诺。双方进行不断交流，使自己对对方的意图越来越明确，而自己的承诺也在不断地得到检验。只有到所有的问题全部公开，谈判的实质内容也就具体而可行了。

这种方式也可以用于价格谈判，具体内容将在第 10 章中讨论。

提议的有效性主要体现在其针对性上。案例中涉及的是 A 方的技术准备和 B 方的资金筹集，提议从这方面出发就会很快奏效；相反如果没有抓住要害，问题就难以深入下去。

案例讨论：

可以针对上述案例进行讨论。如果接下来 A 方没有理解 B 方的提议，而提出另外的提议会如何？

A 方代表："如果你们的办公条件具备的话，我们可以尽快进场。"

1. 谈判主题是否会发生变化？

2. 对于计划和日程安排有哪些影响？

3. 主要问题能回避吗？结果会如何？

提议和幽默一样，简单就是美。因为提议是试探性的，内容应该适当模糊，不宜暴露更多的自我信息，因此简短的语言、强调性的语气，是提议语句设计的艺术所在。

8.2.2　接收提议

上面我们已经讨论了相互提议的方式。许多场合下，对方会用问题的方式进行询问式提议。接收提议也存在着方式方法问题。完全根据对方的提议进行应对是一种办法，但更好的应该是根据对方的提议，不仅能应对，而且能将主动权夺回来，使谈判顺应我方的思路进行下一步的讨论。对于对方的提议首先要认真倾听，仔细地听清对方的提议，尽可能深刻地理解对方提议的含义，即获取更多的信息。不仅要听对方的讲话内容，还要仔细观察对方讲话时的语调和神态。既然对方提出了模糊的提议，那么其清晰的思路是什么呢？听完对方的话后不一定马上进行回应，可以稍稍思考一下，态度诚恳稳重，想清楚以后再应对。这样做不仅使自己有一定的时间应对，也向对方表现出我方对待提议的认真和负责任的态度。最不应该的情况是没有听完对方的讲话就急于打断，紧接着发表自己的看法。应该说，打断对方的讲话是很危险的，它将导致双方关系的紧张，话语激烈，争论程度提高，不利于问题的解决，同时也表现出你对该问题的敏感。有人会认为打断对方讲话体现出我方的强势，可以胁迫对方根据我方的意图来讨论，甚至迫使对方作出让步。但这种做法是不可靠的，今天的胁迫成功不能保证明天的继续，更不能保证合作关系的继续，即使是在市场中你处于强势地位，也不能保证在具体操作中没有陷阱的存在。如果对方是有备而来的"高手"完全可能利用你态度上的强势，将你引导到他所设定的局势之中。

【情景讨论 8-2】

关于质量方面的争论

一次谈判中，甲乙双方就产品质量问题进行协商。

甲："根据我们使用你们产品的情况，今天谈判，我提议首先从上次产品事故开始讨论……"

乙："上次质量事故已经有了明确的结论，还用得着谈吗？我认为，今天应该在新的起点上来考虑质量问题……"

甲："你能保证今后不再发生上次的事故……"

乙："我说过，不再提上次……"

双方互相打断，结果会如何，相信不言自明了。从上面对话中得到了什么体会？请思考。

【对话练习】

在继续阅读本文之前，思考并记录下你对以下提议作出的回应。

1."如果你能缩短你们的交货期，我们可以考虑增加支付日常维护的费用。"

2."如果我们合作建设的自来水工程建设总费用高于 5 000 万美元的话，我们可以考虑向世界著名银团申请融资贷款。"

3."如果今天我们能达成协议的话，我们将按照今年的优惠标准提供产品售后服务。"

可能的回应如下。

1-1："你希望我们的交货期缩短到多少？"

1-2："增加多少维护费用？"

2-1："为什么是以 5 000 万美元为限制呢？"

2-2："贷款条件是什么？"

3-1："今年的标准和明年的标准有哪些区别？"

3-2："怎样体现优惠呢？"

3-3："为什么一定要在今天达成呢？"

之所以这样回应，在于想进一步弄清对方的意图，使问题能更清楚些。得到的答复可能如下所述。

1-1："我们希望交货期从原来的半年缩短到三个月。"

　　如果你认为可以接受将如何表达？如果认为缩得太短该如何回答？

1-2："增加百分之五吧。"

　　你感到能接受该如何回答？太少了又该如何应对？

2-1："我们的融资成本是不变的，不到 5 000 万美元成本划不来。"

　　如果工程总费用已经高于 5 000 万美元了，怎样回答？不足 5 000 万美元又该如何解释？

2-2："信用贷款。依靠本公司的信用等级和合作关系，贵方只要配合就可以。"

　　是否应该继续提问？问什么？

3-1："今年的优惠标准比明年要高出百分之一。"

　　如果能接受你该如何回答？如果认为优惠不够，又该如何讲？

3-2："我们给其他客户的标准比将要给你们的费用高出百分之十。"

　　在你能接受的范围内，该如何回答？不能接受又该如何回答？

3-3："明天是本公司总部审批合作关系的最后一天，过了明天就要等到明年的三月份才行。"

　　如果来得及的话该如何应对？来不及的话该如何处理？

下一步可能得到的结果将会如何，你将如何应对？请继续思考。

接收提议的过程采用提问的方式时，应该注意提问的内容。针对性很重要，同时要采用比较客观的问题和语句，不要夹带个人的情绪。这样可以避免暴露你对这些问题的敏感程度，增加了试探性的效果。而采用反提议的方式在上面已经讨论过了，这里不再重复。但要注意，这两种应对方式经常可以混合使用，配合得好可以使谈判双方的问题很快地显露出来。针对对方的问题提议或反提议时，也应该采用同一种思路。只有到问题已经明白了才可以把结论具体地提出来，但仍要保持模糊的承诺。用语很重要，运用得当也是一个非常有效的办法。

"我们可以考虑你们刚才提出的建议。"没有肯定，但已经表达了可以接受的倾向。

"我们或许可以按刚才的计划实施。"对计划已经认可，但没有最后决定。

"我们会选择比较好的方法来达到你们的要求。"对对方的要求已经同意，但具体方法还有待于选择。

"我们或许可以对我方提出的条款做一些调整。"同意调整条款，但留了一手。

"可以考虑对上述问题重新讨论。"同意重新讨论，但留有再协商的余地。

8.3　总结已协商的事项

提议和合议使双方力图解决的问题放到桌面上正式会谈，应该说是"各个击破"。尽管各个问题相互之间都有关联，但问题还是逐一解决，不可能一揽子一起解决。正如上几章提到的，谈判中解决问题的流程很重要，严密的问题逻辑安排决定了谈判计划的实施。但在谈判中单纯依靠这种安排还是不够的，要使谈判效率进一步提高、秩序性更强，善于总结已经协商过的问题和事项是很必要的。总结有以下三个层面。

(1)每个具体问题协商结果的总结，即问题结论。

(2)每个问题组协商结果的总结，即阶段性总结。

(3)所有问题协商结果的总结，即协议达成前的总结。

不论哪类的总结，都要做到以下三点。

(1)分清双方意见的一致性。哪些已经没有分歧，哪些尚未达成一致。

(2)这些结论都具有可操作性。是量化的，能具体执行的。

(3)可以用文字表达清楚。

总结的方法有两个：一是口头总结，用一段完整的话语把双方协商的结果明确表达出来；二是书面总结，对于协商的结果用文字方式表达清楚。

谈判的总结不等于已经达到结束的阶段。当一方对谈判的结论进行总结时，另一方可能提出异议，口头总结如此，书面总结更是如此。因为在提议和合议中双方都留有余地，总结的内容必须明确起来，因此必然面临着不同意见。争论再次发生，当然争论的重点已经发生变化，不是对问题的具体实施或解决方案上的争论，常常表现在对用语、用词上的争论。特别是书面总结，因为它即将成为合同内容，成为今后的行为依据，大家都不会轻视这个问题。对合同的内容咬文嚼字是这一阶段经常发生的现象。

总结中经常会遇到以下两种情况。

(1)谁来总结。为了自身利益，双方都愿意主动来总结，先口头，再书面，这就需要协商了。总结的一方会主动考虑各种提法和用词，另一方可不能掉以轻心，即使是没有参与总结，但对每句话、每个词都要认真对待，防止留有遗憾。现在有许多谈判拿出格式化合同的条块作为总结的工具，似乎不会发生问题，但提醒大家注意，没有问题实际上必然隐含着问题，格式化合同不可能包含所有可能发生的问题。这在下一章还要重点讨论。

(2)反悔。到了总结的时候，特别是阶段性总结和协议达成前总结时，一方甚至双方都可能提出反悔，当然全盘否定的情况很少，但对其中某个问题或几个问题的否定是经常发生的。反悔的一方会提出各种理由来说明以前的结论是有问题的，需要重新考虑。这种情况下往往会引起争论和辩解。少数的会推倒重来，也有不欢而散的结局，但大多数是再一次的协商，谈判还得继续，谈判计划重新安排。这些内容将在谈判僵局突破一章中详细阐述。

综上所述，总结是很艰难的一个环节，但又是必须经过的环节。如果没有做好总结，谈判是无法得到结果的，双方的协议也无法签订。

有人会提出疑问，难道所有的谈判都如此吗？一次小型贸易谈判也那么麻烦吗？

总结的阶段性实际上使得效率有所提高，试想大型项目谈判中遇到的是大量需要解决的问题，而且内容面广，又那么具体，最麻烦的是各自的利益追求并不单一，也不稳定。如果不及时进行阶段性总结，到最后再来总结和起草合同的话，双方或一方往往会不断推翻以前的结论，不断提出新的意见。即使最小的谈判也不可能只面对单一问题（上面已经提及，单一问题的谈判难度最大），多个问题之间不断在进行博弈，因此总结还是不可避免的。

【情景讨论 8-3】

购物找零

可以用个小例子来说明问题，到商店买东西，你把挑选好的商品交给营业员，同时递上钱币时，营业员会说："一件外套，收你两百元。"因为你知道这件外套价格是 180 元，因此递上 200 元，让她找零。营业员这句话可以省略吗？实际上这句话就是一次最小型谈判的总结。你需要这件外套，也承认其价格，商店也同意卖给你。其中的问题是你交付的钱款大于货款，需要增加一项操作——找零，需要得到你的认可，当然不需要书面的总结了。但如果金额较大，当时无法给你现钱的话，书面依据就不能省略了。

【用语训练】

以下给出了一组假设的情景，在阅读参考答案之前，请根据其中的要求用最简短的语言来表达，然后提出对方可能回答的语句，再提出应对的方式。可以组织小组进行模拟谈判，然后记录双方对话，再进行讨论和评价。

1. 产品的配送日期是谈判对方最关注的问题，我方可以抓紧时间加快交货速度，当然有一些困难，也会增加一些成本。我应该如何回答对方关于提前配送日期的要求，并用此来满足我方最为关注的利益需求，如价格能否适当上浮一些？

2. 信用贷款是许多客户想要银行提供的主要服务产品，但银行根据企业不同的信用等级可以给予不同的贷款额度。而当前的客户想要在信用等级不够的情况下，力图多贷一些款。根据这一客户的具体情况分析是有可能的，但要增加一些手续，并有一定难度。我代表银行应该如何应对这样的客户，用最简单的语言来引导，使这一客户能满足我方其他方面的要求，如贷款利息适当上浮？

3. 你代表公司参加一次谈判，你向客户出示了产品报价单，如表 8-2 所示。报价单中的报价是按购买数量分等级递降的。客户要购买的数量没有超过表中规定的下限，但却想获得高一等级的价格优惠，我该如何应对，以引导他多购买些？（可以假设一组具体数量进行模拟）

表 8-2　AA 公司 TI 产品报价单

数量等级	数量范围	单价(元/件)
1	1～10	849.00
2	11～50	828.00
3	51～100	798.00
4	大于 100	728.00

4. 与上题类似,报价是按不同的购买数量给予不同的折扣(见表 8-3),如每件产品的价格是 548 元,买到一定数量可以给出不同的折扣。客户总想少买些,而折扣高一些。你该如何引导对方多买些?

表 8-3　AA 公司 TI 产品报价折扣率

数量等级	数量范围	折扣率
1	1～10	0
2	11～50	2%
3	50～100	5%
4	大于 100	9%

5. 公司电脑销售部的经理面对的一位客户是一家中型服务型企业,这家企业的主要工具是电脑网络。该企业的电脑系统全部由你公司提供,系统的安装、调试和各种服务也由你公司进行。这次来谈判的主要目的是因为最近电脑网络又一次升级,他们很着急,希望网络也能跟上升级。技术问题全部谈好了。到最后,他们提出升级应该是免费的,让我有些为难。因为目前市场上是有些公司为了招揽客户在广告中承诺今后产品实行免费升级。我公司不是没有能力做到这些,问题是这以前没有承诺过的事。该如何应对?最好的办法是给予客户免费升级,但这能给我们公司带来些什么额外利益(例如要对方承诺今后电脑网络更新时必须从本公司引进,不能另找卖家)?

6. 你是某保险公司的客户部主任,面对一位提出索赔的保户。根据他提供的索赔资料,你发现其中尚有许多疑问和值得调查研究的方面。但是他揪住不放,强调一定要在今天解决。从谈吐中你已经发现他对保险业务是不懂的,因此,再具体解释也没有办法说服他再给我们一些时间进行核实。应该说对方的情绪是可以理解的,发生那么大的事故谁不着急呀!但根据我们行业的要求需要一定时间进行现场调查核实。所以,不能用指责、不耐烦的态度对待对方，即使他有些蛮不讲理，我们是服务方，口气也应该和缓些。你该如何引导他的情绪？

参考答案：

1. 首先不能提出你想要的内容，而要引导他的注意力往你的问题上思考。

你可以讲："要满足你提出的配送日期将是十分困难的。"强调你面临的困境。

如果对方没有反应，则说明对方对配送日期并不太关注，这一要求只是对方的一种策略而已。你就不必再提及这个问题。如果对方很关注则就会问：

"你说有困难，难在哪里？"这时给出了引申问题的机会，你要抓住。

"你不知道，加快速度使我们的成本增加多少，本来利润就不厚。这样，如果你能将产品接受价格提高百分之十的话，我们可以考虑接受你们的交货期。"开价并提出交换条件。如果这是首次接触，不宜回答得那么具体，可以说：

"因为缩短交货期要使我们的成本大幅度提高，我们还要和我们的供应商协商加快交货速度。因此，如果你们坚持要缩短交货期的话，可以考虑提高购买价格，我们尽量缩短交货期。"

2. 同样，不能首先表明你要得到的利益，而首先引导对方往你的要求上思考。

"十分抱歉，我们通常不会扩大信用透支的。"强调按常规是不可能满足对方的要求的。

如果对方十分希望达到目的会立即反问：

"我们能不能算是特殊情况呢？"给予你引导的机会。

"你已经是我们的老客户了！如果你能接受较现在高一些的利息，我们可以考虑适度增加贷款额度。"

"高多少呢？"

"那要看你增加的数量。但最多不能高于原来规定的百分之××。"

3. "如果你购买的数量不变的话，我们的价格必须保持表格中的水平。"

如果对方确实想还价，会这样询问：

"哪些情况改变可以使价格降下来呢？"

"你看，只要你再多订一点货不就达到了上一档的价格水平了，你计算一下。肯定是合算的。"

"可是我要不了这么多。"

"下次你就不需要再购买了，我们产品的保质期是很长的。"

4."根据你目前的订货量，我已经没有办法给你更多的折扣了。"

"我真的想要更多的折扣，该怎么办？"

"你看你只要再购买多一点，折扣水平就又高了一个等级了，你可以算一下，肯定合算。"

5. 此时，你不能承诺，也不能马上提出交换条件。你可以这样说：

"我的老板基本不可能同意免费升级。"

如果对方真的想要达到目的，会说：

"我直接去见你们老板，我们都买了你们这么大的一个系统呢！"

这实际上给了你一次抓住对方的机会：

"可以倒是可以。但你对我们老板了解多少，他能把你们这笔生意放在眼里吗？他忙着呐。"

"你有什么主意呢？"

"我对我的老板还是比较了解的。他看重的是长远的合作关系，如果你们能承诺今后你们发展了，壮大了，不忘记老朋友的话，我可以去做些工作，看能否破个例。"

"行呀！拜托了。"下面怎么办，想必没问题了。

6. 面对激动的保户，你应该保持冷静的态度，严肃而又理智地说：

"实话告诉你，在这种条件下，我们无法给你理赔。"

"那么满足什么条件，你们才能理赔呢？"

"我同情你现在的处境，但同情无法代替政策。你看，你提供的资料还有许多缺陷。如果你能给我一些时间，积极配合我们的工作，我们就能很快给你一个明确的答复。"

"我真的不知道该怎么办。你们如果不马上解决的话，让我怎么回去有个交代呀？"

透露出一个重要信息。

"你们谁负责这件事故处理？如果你不介意的话，我们和他见一次面，商讨怎么办，行吗？"一个很好的提议。实际上已经获得了解决问题的时间。

"……"没有具体回答。

"如果你感到为难的话，我公司可以向你单位发一份公函，说明情况并希望得到你们单位的支持。"

事情发展到这时，主动权就在你这儿了。

【本章思考题】

1. 谈判过程中为什么需要提议？是我方先提议有利还是先让对方提议

有利?

2. 提议的条件和出价为什么一开始总是模糊的呢?

3. 为什么出价始终是模糊的呢?

4. 怎样才能保证合议走向一致呢?

5. 为什么书面总结要比口头总结困难得多? 但又必须进行阶段性书面总结?

第9章 合同与合同谈判

【本章结构图】

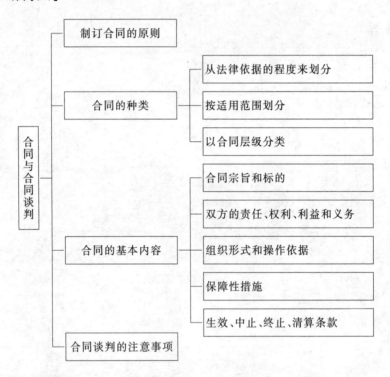

【本章学习目标】

经过本章的学习明确合同的拟定和谈判的过程，从而掌握编写合同条款的基本思路和方法。通过案例和练习理解合同内容形成的规则和要点。

谈判的结果是谈判各方签订的合同，因此，谈判者对合同都是非常重视的。有些重要合同在签订时还要兴师动众举行非常隆重的仪式，向有关媒体发布消息。合同谈判成为谈判中的重点也成为必然。合同谈判涉及许多因素，主要有两个部分：合同条款的起草和确认及交易价格的认定。两个部分都有很多内容，为了便于学习，我们将它分成两章，本章集中讨论合同条款的形成，下一章集中讨论价格谈判，两方面的结果构成合同的内容。

9.1 制订合同的原则

合同的重要性是众所周知的，主要体现在合同将成为合同签约方的行为依据，包括过程和结果。其内容受到相关法律的保护，一旦发生纠纷，合同条款将成为解决问题的主要证据和判案的依据。从本质上来看，合同实际上是谈判各方利益分配的结果，而利益又不是已经出现的，而是在合同要求经过具体执行后才会发生。因此，会有许多不可预料的潜在的问题存在。怎样才能达到合同条款的目的就成为最为困难的问题，所以在合同的制订中必须满足以下原则。

1. 合法原则

一切合同条款必须符合执行所在地的法律、法规、标准和惯例。

因为合同本身就是一种法律文本，因此合法是其最基本的要求。只有合法才能得到法律的承认和保护。国内组织之间签订的合同要符合我国各种相关的法律、法规和有关政策。国际间的商务合同则就很复杂了，不仅要满足签约双方所在国的法律、法规、标准，同时要满足执行过程中可能涉及的国家、地区的相关法律要求，此外，在国际商务中还需要遵循大量国际惯例。这样就会不可避免地遇到问题，即这些法律要求之间有相互包容的部分，也有相互冲突的部分。因此，在国际商务谈判中必须对相关的法律规则进行非常细致的研究，在拟定合同内容和条款时要完全避免这方面可能发生的冲突。合同制订中最不能忽视的是合法性，如果我们对法律没有充分的研究，完全有可能出现违反规则的操作，而得不到有关部门的保护，也有可能被别有用心的人利用，使我们掉入陷阱。

【案例 9-1】

一次失败的参展活动

某年，外贸公司 S 受邀再次参加在 E 国举办的皮革服装展销会。因为服装业在国际上竞争非常激烈，S 公司做了充分的准备，也组织了一支能力较强的代表团。根据展览会的日程要求，参展方需要在开展前一天到达展览会所在地，办好注册手续后住进规定的旅店。晚上，"老朋友" L 带着助手来访。去年双方之间曾经有过较大的一笔交易，完成得很满意，因此见面都十分高兴。在回顾去年的合作以后，话题转入今年。L主动询问了S的经营情况以及今年参加展销会的意图。S介绍了今年参展的意图，并再次推出了去年销售情况比较好的产品，作为今年的重点。L询问了这种产品的价格，S报出了心理价位的高端每套80美元。L表现出非常满意的态度，没有进行讨价还价，很爽快地提出马上要订购400套的意向。这样的态度造成了S的盲目乐观，没有经过多少思考，就和L签订了400套这种商品的订单合同。

第二天，展销会开张。很快就发现S的同类产品的价格都在50至60美元之间。从表面上来看，S公司似乎占了便宜，实际上因为S公司的这种商品价格比人家高出一大截，没有客户再来问津。按理说也可以降价，但根据国际惯例，在同一次展销会上的价格要保持不变，不能出现对不同的客户报出不同的价格，这就是公平原则。那天晚上既然以80美元确定成交价，在这次会上就只能以80美元继续。事后才了解到L在那次展销会上大量抛售了其积压的同种商品。而S公司除了那笔交易外，在整个展销会期间几乎没有再获得新的订单，因此，这是一次失败的参展活动。

案例讨论：

1. 为什么L如此快地和S签订货合同？其用意是什么？
2. S的错误在哪些方面？为什么那么容易落入圈套？
3. 如何避免这样的问题？应该如何对待"老朋友"的来访？

因此，仔细研究有关法律条款的内容和适用范围是在合同谈判中不可忽视的问题。特别是国际惯例，我们如果没有注意到其制约作用，而在谈判中没有给予充分重视的话，很容易被他人所利用。由此可见，律师的作用在谈判中处于很重要的地位。各专业外贸企业都聘用了专职的经济律师，甚至设立专门的律师办公室，协助制定规章制度，并要求起草的合同必须得到律师的检查和修订，在律师认可的条件下才能签订。这项措施还包括合同以外的，如专门信函、文件等都要获得律师的首肯，以预防与有关方面的法律、法规、惯例冲突。同样，国际上存在着许多标准，如欧盟标准、美国标准，涉及如汽车、食品、药品等许多门类的商品及技术，有环境保护方面的要求，也涉及知识产权保护等问题。因此，在合同条款谈判中必须有专业人员参与，从起草到修订，直至签约，都要认真对待。

即便如此，谈判人员本身也应该有一定的法律知识水平和法律意识，这样不仅提高了谈判的效率，而且容易和专业人员沟通。

在这里还要提出一个非常值得注意的问题：合同文本采用的语言。曾经发现过去有许多企业和国际上其他企业签订的合同采用多种语言文本。在条款中还专门注明：

本合同中英文文本各两份，具有同等法律效力。

这是非常危险的做法，其问题主要有：

(1)多种不同的语言表达同一个法律意见很容易发生歧义；

(2)具体的法律条款只适应于特定的国家、地区，不能解释其他范围的问题；

(3)从语言本身来看，也很容易令人产生多种理解，尤其是中文的特殊用法更不容忽视。

那么，谈判合同采用什么语言为好呢？

(1)谈判过程中将其作为一个重要问题提出，由双方共同协商采用什么语言文本。当然，合同可以有多种语言的翻译本，但在合同条款中必须明确规定：

本合同以××语言文本为准。

(2)选择合同语言的一般原则为，依据合同的主要执行地，即属地原则。如果合同的执行地主要在中国，一般宜采用中文，如在国内的中外合资企业。而许多国际贸易合同涉及多个国家和渠道，采用中文就不太方便，采用英文文本比较妥当。

2. 条款完整性原则

合同条款必须完整，不能有任何遗漏或省略。因为条款中的疏忽或遗漏，将对今后的实施过程带来不必要的损失。不能以心领神会、交情友谊来代替合同条款。每项条款必须达到 5W2H 的要求(即 where、when、who、what、why、how、how many)。具体内容将在下一节中详细讨论。

【案例 9-2】

合同条款不完整带来的损失

Z 公司为参与 Y 国某项工程的投标业务，于 7 月 21 日上午委托 K 包裹运送服务公司办理标书快递，要求其必须于当月 25 日之前将标书送达指定地点，Z 和 K 签订了快递合同。但由于 K 公司具体经办人员的疏忽，使标书在国内滞留了两天，到 27 日下午标书才到达 Y 国指定地点，超过了投标截止时间(25 日)。使 Z 公司失去了投标的机会，蒙受了较大经济损失和获取利润的机会。故 Z 公司向 K 公司提出退回投递费用 1 432 元人民币，赔偿直接经济损失 10 360 美元的要求。K 公司辩称，当时没有在合同中明确规定具体的到达时间，而投递时间为六天零五个小时，并未超过国际快件从中国到 Y 国的四到七天的合理运送时间，因此并无延误送达标书的事实。之所以在国内滞留两天是因为 Z 未按规定注明快件的类别、性质，以致 K 没有顺利报关，因此责任在 Z。这场纠纷就一直闹上了法庭。其实，主要责任当然在 K，没有按 Z 的要求及时送达。最后，K 也承认了自己的疏忽和错误，但却无法兑现 Z 所要求的赔偿，因为在合同中没有规定相应的违约责任，只能按照国际惯例进行通用性赔偿。

案例分析：

分析合同条款中的不足，至少有以下几个方面。

首先，Z 要求 25 日前送达的要求只体现在口头上，没有在合同中明确写下来，尽管最后仍得到确认，但费了大量周折。其实，如果在合同中明确时间的话，操作人员可能就不会发生延误。

其次，合同中没有明确所投递包裹的类别和性质，最后留下了口实，被 K 利用作为滞留的理由。

最后，合同中没有明确提出违约赔偿责任。没有明确规定如果延误该如何赔偿，因此最终只能按照国际惯例执行，使 Z 遭受较大损失。

案例讨论：

1. 在委托其他服务公司进行专门的业务时必须考虑哪些问题？
2. 仅仅依靠口头的吩咐解决问题行吗？

通过以上案例我们可以引申出一个普遍性的问题——格式化合同。现在许多经常性的交易过程中大家习惯采用已经由卖方印制好的格式化合同，只要将其中的空格填满就万事大吉了。有些卖方还会对此作出解释，说是国家统一编制的合同，不能修改。这种说法值得注意。如果真的有标准化的合同的话，还要谈判干什么？还存在什么公平原则？当然也不是说不可以使用格式化合同，因为有了格式化合同的确可以节约起草合同的时间，但不能认为不能修改。买方在拿到格式化合同以后，应该仔细阅读和推敲，哪些条款能接受，哪些需要修改，哪些需要补充。在具体谈判过程中逐一提出，协商一致，从而增加、删除或修改其中的有关条款。这项工作是必须做的，也是上面案例给出的一个教训。

3. 独义性原则

合同中的用语和用词不能有多种含义或有多种理解，以防止发生歧义。文字和语句充满着艺术性，如果还考虑到语气则很容易发生多义性。尤其是对于博大精深的中文，如果选用不当很容易发生歧义，因此在合同编制中要特别注意。有两个方面值得重点关注。

(1)合同中不要出现解释性的内容。合同是今后行为的依据，不需要对为什么这样做进行解释，只要提出如何执行，执行的结果等即可。如果必须讲清原因，可以在谈判纪要中解释，也可以在合同的附件中增加关于谈判背景和谈判过程的客观记录来表达。

(2)合同中用词和用句要避免出现含义模糊的词和句。例如通常情况下、一般状态、尽可能、努力争取、原则上等诸如此类的语句，因为这些词句最容易发生歧义。另外还应注意多义词汇的使用，见下面的案例。

【案例 9-3】

借款合同纠纷

近年来发生过多起借款合同纠纷案。2004 年北京某法院受理的一起民事纠纷案就是最好的例子。借贷双方对借款行为都没有异议，但在还款问题上引起争论。这次借款行为唯一的证据是一张纸条，上面内容只有一句话：

"还借款 18 800 元。"

没有任何其他有价值的证据。双方各执一词，关键就在于那个"还"字上。最终法院以证据不足为由，不予受理，让双方自行处理。

案例讨论：

这是个非常简单，但又非常可笑的纠纷案例，给了我们很大的教训。类似问题很多，读者可以举一反三地思考。在平时生活和工作中我们也经常遇到类似问题，使人很难应对。比如有些领导为了规避责任，在许多讲话或批示中习惯使用模棱两可的语句，如"原则同意""尽可能做好"等，造成的结果是无法检查和追究责任。这种情况也经常出现在合同条款的制订中，影响到合同的执行、监督和考核。

4. 可操作原则

合同是今后行为的依据，其可操作性是十分重要的。合同的可操作性包括许多内容，主要有以下几点。

(1)公平性。合同签署方都要在不受制约的情况下承认和同意合同中的内容和要求。关键是不受制约，就是合同的签署不是被迫的行为。目前社会上对一些合同的内容称之为"霸王条款"，其意思就是这种条款是合同中的一方在无可奈何的情况下被迫接受的，这就是公平性缺失。要明白一个道理，在谈判中利用威慑力迫使对方勉强接受的合同，在当前来说似乎解决了问题，但从长远来看，对方在执行过程中必然会想尽一切办法回避因此而造成的损失，因此签订这种不平等条款不一定带来有利的结果。

(2)依据性。合同的内容应该是双方约定的行为依据，因此，必须是可以按照其规定没有歧义地进行。同时一旦发生争议，它们又可以成为判定责任的依据。为此，合同条款不仅应该具体，而且在时间的限定上应该十分清楚，责任的分担、权利的分配必须落实得十分具体和明确，义务的承担也必须具体而明确，从而充分保证双方约定的利益获得。

(3)系统性。合同由多个条款构成，有的还有多个子合同或分合同，因此，其系统性就十分重要了。不能在合同中出现矛盾和不协调的内容。这种现象经常发生，因为条款中的不协调造成合同履行的困难常常会导致经济纠纷。特别是一些复杂的工程合同和长期合同都存在这种隐患，值得注意。

【案例 9-4】

产品说明书的作用

S玩具进出口公司是专门经营玩具制造和出口的企业。前几年发生了一件意想不到的事故。出口到美国的一批长毛绒玩具，销售情况正常，却引起了一场民事纠纷案。一户买家购买了这种玩具后，孩子在玩的过程中将玩具拆开，而其中的弹簧跳出把孩子的眼睛弹瞎了，因此该客户向当地法院起诉要求赔偿200万美元。该法院受理此案并向S公司发出传票及起诉书。如果在国内发生这样的事情似乎不会有这样的结果。问题出在哪里？

S公司查阅了这笔贸易的合同，没有发现有什么特殊的不同。合同中有关产品的内容只包括数量、规格、交货日期等一般性条款，而且该批产品已经得到了有关方面的质量认定，没有发生质量事故的可能。按常规思维是买家自己在玩的过程中不小心引起的事故。S公司应该没有什么责任。

仔细分析合同条款发现存在这样一段话：

"产品的使用要求详见产品说明书。"

再查阅该产品的说明书，除了对玩具的介绍外，在使用注意事项栏目中没有注明该玩具不能拆开，否则有弹簧弹出导致伤人的危险的条款。

经过有关方面的讨论研究，S 公司在这件事故中处于十分被动的地位。其理由如下。

第一，按理说产品说明书不是合同的组成部分，尽管有责任但在法律上不具备作为重要证据的条件。但问题是在合同中明确规定了产品的使用要求在说明书中列举，因此，说明书已经成为合同的附件，和合同具有同等的法律效力。

第二，产品说明书没有就可能发生的问题进行解释和提出防范措施是本案例的核心问题。如果在产品说明书中对可能发生的事故逐一提示，则 S 公司对该事故的发生就没有任何责任。

当然，有人会质疑，难道所有可能发生的问题都必须考虑到吗？回答是肯定的。因此，在经营过程中必须不断收集信息和加强研究，把产品使用过程中可能发生的问题进行提示和预防，从教训中获得改进的机会。

案例分析：

该案例给了我们许多启示。

1. 合同的可操作性十分重要。不仅要考虑到合同是否可执行，还要考虑到今后产品在使用中可能发生的问题，而且要有具体应对的措施和明确的要求。例如上述案例的产品说明书中要加上一项内容条款：

"本玩具只能整体玩耍，禁止拆卸。"

即使发生上述事故，供应方也不承担法律责任。

2. 合同的系统性很重要。哪些条款应该在哪个文件中出现必须经过认真和仔细的策划和思考。本案例中如果 S 公司在合同中不以产品说明书为附件，而在合同条款中增加免责条款，同样可以避免这场官司。

由于 S 外贸公司不是直接面对购买者，对许多当地情况不够了解，因此也可以在合同中增加这样一项内容："在美国的产品销售和服务由买方负责，在销售和服务中发生的一切问题由买方负责处理解决。"事实上产品销售的中间商有义务对产品服务和用途说明负有不可推卸的责任。

3. 要注意各种文本之间是否存在着缺陷和不足，甚至相互矛盾的内容。不能用想当然的态度来考虑合同条款，特别是对一些重大的、较长远而涉及范围又比较大的合同更需要反复研究其中不协调的可能性。

9.2 合同的种类

人们在社会经济活动中有无数种形态，谈判的内容所涉及的面也有很大差异，因此，谈判结果的表达方式也是多种多样的。理解各种合同形式的目的是为了在应用中选择合适的方式，这样不仅给谈判带来一个合理的结果，也为合同的执行带来许多便利。

9.2.1 从法律依据的程度来划分

合同和法律有着最为密切的关系。从法律效力看，合同可以分成四类形式。

1. 合同(contract)

这是完整意义上的合同，从法律意义上来说是最严密的合同。常用在工程项目、合作/合资项目等全方位的合作中。

2. 协议 (agreement)

协议与合同在一定程度上是一个概念，但相对于上述的合同来说，这里所指的协议是常用于局部或部分的合同。其形式有许多，如买卖双方签订的订货合同称为订单，多个组织筹备一项共同参加的活动，一般称为合作协议。

3. 备忘录 (memorandum)

这是一种很重要的过渡性文件，主要用于谈判之中和合同执行过程中。当需要对局部或临时性问题留下双方决策性的依据时，签订备忘录是最为有效的工具。

4. 意向书(intention)

对一些重大项目，其决策过程漫长，而且充满了许多变数，合作的可能性存在，但尚无法马上决定，这种时候的谈判带有试探性，常常需要先确定一些合作的原则。谈判双方为了下一步能更深入地研究和探索，签订合作意向书。其内容一般不具体，因此，从法律责任上来看，是不太明确的。

5. 文件(document)

谈判中有许多文件，上述内容实际上也是文件中的几个品种。此外，谈判中经常使用的文件有以下几种。

(1)谈判纪要。为了客观记录谈判全过程，包括谈判发生的时机、背景、参加人员、时间和地点、讨论的重要议题、双方的态度和共识等。该文件将作为重要的文件进入档案备查。

(2)论证报告。谈判过程中大量的技术经济分析、可行性分析等都是谈判的依据，作为文件有必要保存。

(3)鉴定文件。对于谈判中相关的许多产品和技术需要权威机构的鉴定、论证、认定，必然有专门的文件，这些文件往往是合同的支持和依据。

(4)财务文件。包括成本、采购、服务等具体的财务资料、单据等文件，也是谈判中不可缺少的支持和依据。

(5)技术文件。包括设计、制造、施工等方面的图纸、资料、文件，也是谈判中不可缺少的依据。

(6)法律文件。与本次谈判相关的政策、法规、标准等文件，是谈判中的依据。

(7)产品文件。如果谈判涉及产品交易的内容必定会有许多和产品生产、提供和服务相关的文件，如产品说明书、海关报关文件、产品稽查文件、信用证及有关文件和发票等。

(8)其他文件。此外还有许多各种类型的文件，对谈判都会造成不同程度的影响。

9.2.2 按适用范围划分

谈判作为一种工具，可以在许多场合下使用，因此对于不同的适用范围应该有不同的合同形式。

1. 贸易合同

国内外的许多贸易合作都需要签订贸易合同，其类型很多。内容集中在商品的类型、品种、规格、质量、价格、交货方式等方面。对于一般的大宗贸易大多签订商品订单或订购合同，而小笔买卖就不一定需要书面合同，而只需确认购买的证据，如发票就具有合同的作用。

2. 合作合同

组织之间，包括企业之间，为合作而制订的合同，其内容集中在合作的方式、分工、利益的分配原则等方面，其类型也很多。例如合资合同，中外、中中的合资必需要签订合同，还需要得到多个主管部门的审批；工程合同，包括建设合同、技术开发协议等。

3. 投资合同

投入资金或技术参与企业经营或追求投资回报的合同。

4. 聘用合同

对于人和组织间的人事合作，需要签订聘用合同。

5. 服务合同

内容也相当多，有技术服务合同、劳力服务合同、单项服务合同等。

6. 租赁合同、承包合同

是转移财产使用权的合同，但不转移物的所有权。包括房屋、土地、生产资料等的租赁合同或承包经营合同，也涉及无形资产使用权的出让，如有关加盟店、商标权、代理权等的租赁合同。

7. 其他合同

上述合同之外的各种专业化形式的合同。

9.2.3 以合同层级分类

不同的项目有不同的合同组成结构，很多情况下采用多个层面的合同。

1. 单一合同

谈判结果用一个合同文本就能表达清楚的合同。大量小型的谈判采用单一合同。

2. 主合同、总合同与分合同

由许多合同组成的合同组，必须有一个主合同或总合同，其作用是综合各分合同制订的原则和纲领，而各分合同则是总合同的具体表达。因此，总合同的内容全面但不一定十分具体，并用明确的方式引出分合同。

分合同在总合同规定的框架下针对某方面或某时间段对具体内容进行表达。比较典型的如大型工程常由多个子项目构成，总合同对整个工程进行表达，而多个分合同针对特定的子项目进行表达。有时候分合同还可以再次细分，形成更多层的合同结构。

3. 长期合同和即期合同

有些合作方式要求有比较长的时期，但其中有些内容是可变的，常用的方法是用长期合同规定不变的原则和要素，对于可变的因素则规定到执行时再行商定补充即时合同。例如建立长期原材料供应关系是现在许多企业降低采购成本和保证原材料的供应及质量的有效措施，所以企业和供应方签订长期供货合同，其中规定了产品的类型、质量标准、供货渠道和办法，但确切的数量要求和价格水平将在每次供货前按约定的方式和时间进行协商，签订即期合同（订单）。

9.3　合同的基本内容

千变万化、形式多样的合同，其内容也是多种多样的。归纳起来合同应该包括的内容有以下几方面。

9.3.1　合同宗旨和标的

每个合同都必须有这部分内容，包括以下几方面。

1. 合同的适用范围

约定合同适用的范围，包括适用的组织、行为的范畴、时间和空间的范围等。

（1）签约双方或多方的要件。包括法人全名、法人注册地址、法人代表姓名和职务。

这是确定合同适用人的依据，也表明了合同的法律责任人，因此非常重要。其内容必须和在主管部门登记的内容完全一致，如中国企业的上述资料必须和在注册地工商行政管理部门登记的内容一致，其他国家的企业的资料也要与其在所在国的主管部门注册登记的内容相一致。

（2）合同的名称。合同名称明确规定了合同的适用范围，如"房地产销售合同"表明了本合同是适用于签约各方关于房地产销售方面的合同。因此在确定合同名称时要十分注意，每个字都需要推敲。

（3）合同约定范围。合同的第一部分就要十分明确业务的具体范围、内容。具体详见案例9-5。

2. 履行合同的结果

按照合同要求履行后各方可以得到的具体结果，也称为标的。例如贸易合同应明确商品交易的具体细节，包括名称、数量、规格、质量标准、价格等所有问题；工程项目合同应该包括工程的具体要求、委托的内容、工期、费用、质量标准等内容。

【案例9-5】

外贸合同的第一部分

机床设备进出口协议

买　　　　方：L国KK工程有限公司

地　　　　址：_____　邮编：_____　电话：_____

法定代表人：_____　职务：_____

卖　　　　方：中国S机床进出口公司

地　　　　址：_____　邮编：_____　电话：_____

法定代表人：_____　职务：_____

买卖双方遵循平等、自愿、互利、互惠原则协商并达成如下协议，共同信守。

第一条　品名、规格、数量及单位

GL发电成套设备2套，型号：GL×××；配套详见附录1。

第二条　合同总值

总值×××万美元，配套价详见附录2。

第三条　原产国别及制造厂商

中华人民共和国，上海市GL机床公司

第四条　装运港：上海港

第五条　目的港：L国DL港

第六条　装运期：2005 年×月

第七条　包装

所供货物必须由卖方妥善包装，适合远洋和长途陆路运输，防潮、防湿、防震、防锈、耐野蛮装卸。任何由于卖方包装不善而造成的损失由卖方负担。

第八条　唛头

卖方须用不褪色油漆于每件包装上印刷包装编号、尺码、净重、提吊位置及"此端向上""小心轻放""切勿受潮"等字样及下列唛头：＿＿＿＿＿＿。

第九条　保险

装运后由买方投保。

第十条　付款条件

1. 买方在收到备货电传通知后及装运期前 30 天，开立以卖方为受益人的不可撤销信用证，其金额为合同总值的××％，计×××美元。SS 银行收到下列单证经核对无误后，承付信用证款项（如果分运，应按分运比例承付）。

a. 全套可议付已装船清洁海运提单，外加两套副本，注明"运费待收"，空白抬头，空白背书，已通知到货口岸 LK 运输公司。

b. 商业发票一式五份，注明合同号，信用证号和唛头。

c. 装箱单一式四份，注明每包装物数量、毛重和净重。

d. 由制造厂家出具并由卖方签署的品质证明书一式三份。

e. 提供全套技术文件的确认书一式两份。

2. 卖方在装船后 10 天内，须挂号航空邮寄三套上述文件，一份寄买方，两份寄目的港 LK 运输公司。

3. SS 银行收到合同中规定的，经双方签署的验收证明后，承付合同总值的××％，金额为×××美元。

4. 买方在付款时，有权按合同第十五、十八条规定扣除应由卖方支付的延期罚款金额。

5. 一切在中国境内的银行费用均由卖方承担，一切在中国境外的银行费用均由买方承担。

第十一条　装运条款

1. 卖方必须在装运期前 45 天，用电报/电传向买方通知合同号、货物品名、数量、发票金额、件数、毛重、尺码及备货日期，以便买方安排订仓。

2. 如果货物任一包装达到或超过重××吨，长××米，宽××米，高××米，卖方应在装船前 50 天，向买方提供五份包装图纸，说明详细尺码和每件重量，以便买方安排运输。

3. 买方须在预计船抵达装运港日期前 10 天，通知卖方船名、预计装船日期、合同号和装运港船方代理，以便卖方安排装船。如果需要更改载装船只，提前或推后船期，买方或船方代理应及时通知卖方。如果货船未能在买方通知的抵达日期后 30 天内到达装运港，从第 31 天起，在装运港所发生的一切仓储和保险费由买方承担。

4. 船按期抵达装运港后，如果卖方未能备货待装，一切空仓费和滞期费由卖方承担。

5. 在货物越过船舷脱离吊钩前，一切风险及费用由卖方承担。在货物越过船舷脱离吊钩后，一切风险及费用由买方承担。

6. 卖方在货物全部装运完毕后 48 小时内，须以电报/电传通知买方合同号、货物品名、数量、毛重、发票金额、载货船名和启运日期。如果由于卖方未及时电告买方，以致货物未及时保险而发生的一切损失由卖方承担。

第十二条　技术文件

下述全套英文本技术文件应随货物发运。

a. 基础设计图。

b. 接线说明书、电路图和气/液压连接图。

c. 易磨损件制造图纸和说明书。

d. 零备件目录。

e. 安装、操作和维修说明书。

案例讨论：

1. 合同标的的内容具体体现在哪些条款中？

2. 合同的适用范围表现在哪里？

3. 合同的履行结果是什么？

9.3.2　双方的责任、权利、利益和义务

为达到标的，双方各自要承担的责任，所拥有的权利，以及应该获得的利益和应尽的义务，都要十分具体而明确地在合同中表达清楚。

【案例 9-6】

租赁合同中的第二部分

该案例涉及的是某公司将其使用效率不高的一个工厂租赁给另一个公司，经谈判而签订的合同中的一部分内容。

第二章　承租人的权利和义务

第十六条　承租人的权利

1. 承租人是本厂租赁经营期间的法定代表人和当然厂长。合伙租赁的承租代表人为法人代表和副厂长。

2. 承租人对租赁的财产有完全的使用权。

3. 承租人对本厂的经营有完全的自主权。

4. 承租人对本厂经营管理有机构设置权；人事任免权；专业技术人员的聘任权；奖惩、招用和辞退职工权。

5. 自选工资形式、自定工资标准和资金分配权。

6. 本厂纳税后剩余的利润，由承租人自主支配，分配的办法，承租人可以和职工商量决定。

7. 承租人从租赁之月开始，停发工资、奖金，但保留原工资级别，并享受国家统一的晋级权。档案工资允许计入成本。

8. 承租人在租赁期间，享受国家规定的全民所有制企业职工的劳保福利待遇和公费医疗待遇。

9. 承租人对租赁的设备中闲置无用、技术性能落后的旧设备，可以提出处理意见，经出租人同意，办理手续，进行更新改造。

第十七条　承租人的义务

1. 承租人必须按照有关规定缴纳各种税、费和统筹基金，其中包括国家能源交通重点建设基金。

2. 承租人必须近期如数缴纳租金。

3. 承租人必须保证租赁的厂房、设备的完好，按照设备管理的有关规定，对设备进行定期维护保养。不经出租人的同意不得转租、转包他人经营。

合同终止时，承租人应当保证租赁的固定资产净值不减少。

承租人应当对租赁的厂房、设备进行财产保险。

4. 承租人要自觉接受党组织的监督，尊重职工的民主权利，向职工报告工作，听取职工的意见和合理化建议。

承租人要支持基层党组织、工会、共青团的工作，解决所需人员的工资及必要的活动经费和活动场所。

5. 承租人必须保障本厂职工的合法权益，应当在提高经济效益的前提下，不断提高职工的平均收入，不断改善职工的劳动条件和福利待遇。

6. 承租人应当有价值×××元的财产作抵押，抵押物在租赁经营期间只有使用权，无处分权。抵押物应申请家庭财产保险。抵押金应交出租方存入银行，利息归承租人所有。

第三章　出租人的权利和义务

第十八条　出租人的权利

1. 有权按时如数向承租人收取租金。

2. 有权监督租赁财产不受损害。

3. 有权监督本厂的产品方向。

4. 对本厂财务有监督、审计权。

5. 对本厂的产品质量有检查权。

6. 有权维护本厂职工的合法权益。

第十九条　出租人的义务

1. 根据承租人的请求，积极协助解决经营活动中的困难和问题。

2. 不得违反合同规定，干涉承租人的经营自主权，干扰承租人的经营管理活动。

3. 不得平调本厂的设备和资产。

4. 应当按照合同规定保障承租人的合法权益。

案例讨论：

对于本案例中具体体现的责任、权利、利益和义务，请分析其表达的特点。

9.3.3　组织形式和操作依据

有些合同需要双方的共同协作来履行，这就需要确定组织方式和具体分工。如组成合资企业，各方应该在新企业中承担什么责任、担任什么职务、具体采用什么样的组织方式等问题都要十分明确。双方最为关注的是董事会的构建，如各方应该派出几位董事、谁出任董事长、总经理怎样产生等问题。

对于今后在运行过程中出现的重大问题应该如何决策，在谈判时尚无法预见，因此要确定操作的依据，即在具体执行中必须符合什么条件或手续。有些用文字可以表明，而有些用审批方式来限制。当然不是所有合同都要涉及组织方式，但操作依据都应该具体列出，如贸易合同的履行不一定要建立专门的组织，但如何进行业务必须有明确的依据，这在以上两个案例中已经有所体现。

【案例 9-7】

合营企业合同中的组织条款

第六条　合营企业的组织机构

公司实行董事会领导下的经理负责制。董事会决定公司的以下重大事宜：

1. 决定生产项目、经营方针、长远发展规划；
2. 审查经营计划、财务预算并监督检查其执行情况；
3. 决定公司级干部的任免、奖惩、职工待遇和临时人员的聘用、解雇；
4. 审定技术改造措施，决定处理重大事故的方案；
5. 听取经理的工作汇报；
6. 决定合营合同的变更或中止；
7. 决定经理提交董事会讨论决定的问题；
8. 确定董事的报酬，有权吸收和撤换董事。

董事会由 5 名董事组成。其中，甲方委派 3 名，乙方委派 2 名，董事长、副董事长由董事会会议选举产生。

董事会成员任期 3 年，董事会成员如有临时变动，可由该董事的原单位另派适当人选接替，但应经董事会认可。

董事长、副董事长、董事可以兼任公司的经理、副经理或其他职务。

公司设经理 1 名、副经理 3 名，由董事会聘请，任期 3 年。

公司的经营管理机构由董事会决定。

案例讨论：

1. 该合营企业的组织方式是怎样的？
2. 日常事务的决策依据是什么？
3. 董事会的组织形式有哪些特点？

9.3.4　保障性措施

这是每个合同中都应该具有的内容，确保合同的合法正常履行。在法律和解说权上都要留下明确的依据，制约企图违反合同的任何一方。

1. 争议解决条款

规定在执行合同过程中发生争议时的解决方式，包括由谁出面解决、通过什么途径解决、如果不能通过内部途径解决的话应该通过什么机构来协调解决等相关条款。

商务合同中经常采用的是仲裁条款，即在双方发生争议经协商又达不成一致的情况下，请仲裁机构进行仲裁。但要注意的是，合同中应该明确具体的仲裁机构，而不能笼统地提"协商不成，请仲裁机构仲裁"。因为一旦发生争议，往往从感情上已经较难沟通了，再要为上哪个仲裁机构进行协商时，将十分困难了。也有提出申请有关法院来裁决合同纠纷，这也是可取的方案。但同样要明确由哪个法院来裁决，不能模糊。要注意的是，切忌在合同中同时规定"发生纠纷，经协商不能解决，向仲裁机构或法院提出申诉，请求裁决"这样的条款。在许多情况下，这样的条款将会引起争议，从而成为无效条款。

2. 违约责任条款

对于违反合同规定的行为，应该有具体的处理方式和措施。这样不仅制约了企图违约的可能，一旦发生违约也有了处理违约责任的具体尺度和做法，有利于减少处理问题的成本。合同中必须明确关于违约的确切定义、违约的衡量标准、对违约造成损失的确定及违约赔偿的标准和实施的具体做法。在起草具体条款和在这些条款的谈判过程中都要认真地、逐句逐字地斟酌和协商。

3. 不可抗力条款

在合同法中对不可抗力有明确的定义，但不能因此认为合同中不需要再具体认定了。在履行合同过程中一旦发生不可抗力的时候应该如何处置，必须在合同中明确，这样有利于在追究因此而造成的损失和处理问题的过程中，避免了许多扯皮和纠纷。一般情况下要在三个要素上达成共识。

（1）告知。发生不可抗力的一方应在××个工作日之内以××方式告知合同另一方的××组织或某人。

（2）举证。发生不可抗力的一方应该在××工作日之内，提供关于该事故的主管部门的证明材料，提及因此造成损失的程度和数量。

（3）协商。合同双方应在××工作日之内进行协商，解决因不可抗力而引起合同执行的问题和困难。

4. 合同认可审定条款

有些合同涉及合同各方以外的组织或主管部门，必须经有关部门批准才生效，因此在合同条款中就必须增加认可审定条款。有以下三种情况。

（1）涉及政府主管部门。例如与环境保护、自然资源、地区规划、政策界限等有关的合同要在条款中明确"合同经双方签字盖章，经×××部门审批同意后正式生效"的内容。

（2）涉及企业高层决策。有些合同涉及企业根本利益，必须经如董事会这样的最高决策机构的批准，就应该在条款中增加"合同经双方签字盖章，报双方董事会，获得批准后生效"。

（3）授权谈判。许多谈判不一定由企业法人代表出面，而是授权委托企业的代表参与谈判。此时，在合同签字生效的时候，应该有法人代表的授权委托书作为合同的附件，并在合同条款中注明。

【案例 9-8】

外贸合同中的保障性条款

国际贸易中的商品交易中存在着许多不确定因素，需要明确履行合同的保障措施。

第十五条　索赔

1. 卖方对货物不符合本合同规定负有责任且买方按照本合同第十三条和第十四条规定，在检验和质量保证期内提出索赔时，卖方在征得买方同意后，可按下列方法之一种或几种理赔。

a. 同意买方退货，并将所退货物金额用合同规定的货币偿还买方，并承担买方因退货而蒙受的一切直接损失和费用，包括利息、银行费用、运费、保险费、检验费、仓储、码头装卸及监管保护所退货物的一切其他必要的费用。

b. 按照货物的质量低劣程度、损失程度和买方蒙受损失的金额将货物贬值。

c. 用符合合同规定的质量和性能的部件替换有瑕疵部件，并承担买方所蒙受的一切直接损失和费用，新替换部件的保质期须相应延长。

2. 卖方在收到买方索赔书后一个月之内不予答复，则视为卖方接受索赔。

第十六条　不可抗力

1. 签约双方中任何一方受不可抗力所阻无法履约，履约期限则应按不可抗力影响履约的期限相应延长。

2. 受阻方应在不可抗力发生 10 个工作日之内以传真方式告知另一方法人代表，并在事故发生后 14 天内将有关当局出具的事故证明书挂号航空邮寄给另一方认可。

3. 如果不可抗力事故持续超过 120 天，另一方有权用挂号航空邮寄书面通知，通知受阻方终止合同，通知立即生效。

第十七条 仲裁

双方对执行合同时发生的一切争执均应通过友好协商解决，如果不能解决，提交中国国际经济贸易仲裁委员会，根据该会的仲裁程序进行仲裁。

仲裁机构的裁决具有最终效力，双方必须遵照执行，仲裁费用由败诉方承担，除非仲裁机构另有裁定。

仲裁期间，双方须继续执行合同中除争议部分之外的其他条款。

第十八条 延期和罚款

如果卖方不能按合同规定及时交货，除因不可抗力者外，若卖方同意支付延期罚款，买方应同意延期交货。罚款通过在议付行付款时扣除，但罚款总额不超过延期货物总值的5％，罚款率按每星期0.5％计算，少于7天者按7天计。如果卖方交货延期超过合同规定船期10个星期时，买方有权取消合同。尽管取消了合同，但卖方仍须立即向买方交付上述规定罚款。

案例讨论：

根据案例内容讨论其操作过程中可能发生的问题和解决问题的过程和方法。

9.3.5 生效、中止、终止、清算条款

每个合同都需要有该部分的条款内容，它的主要作用是明确合同的有效时限，从何时开始到何时结束。如果能用具体的日期来说明当然最好。但有时无法肯定具体精确的时间，只能以某个行为的结束代表合同结束，这时候对该行为的界定就显得十分重要。

有些合同在某种条件发生情况后，不再适宜继续履行，因为如果继续履行可能对双方都有不利。在合同中可以增加中止条款，说明在什么情况下合同停止履行，发生的问题和损失如何弥补。

合同结束不等于没有遗留问题，因此在合同中要增加清算条款。

1. 生效的认定

通常情况下，合同经双方签字盖章后就立即生效。但有些情况下要特别注意以下几点。

（1）生效的认定。合同上应明确签字盖章。在日常经营中经常出现某些合同上只盖了章，或只签了字。根据我国的法律习惯，一旦在合同上盖有法人章或法人委托章（如合同章），该合同就已经生效，称为"认章不认字"。而国外有

许多国家是以签字为准，只要签上了合法的字，该合同就有效。

（2）生效日期的认定。对于需要其他主管部门批准才能正式生效的合同，必须明确生效日期，即要明确是签订日期还是批准日期。在条款中写上"合同经双方签字盖章，报双方政府主管部门批准后生效，生效日期以签字日为准。"其含义清楚表明尽管合同的生效要得到双方的政府主管部门批准才有效，但生效的日期则要提前到签字日开始。

（3）合同生效的文件数量。在合同中要明确提出合同的有效份数，签约方各掌握多少，如果有多种语言文本，必须注明以什么语言为准。

2. 中止条件的明确

对于合同在什么情况下可以中止要有十分明确的界定，如上面提到的在遇到不可抗力情况下可以中止。除此之外有些合同规定在出现其他条件下可以中止，例如，规定"经双方认定本合同可以中止执行"，条件是双方认定。

3. 终止日期的认定

一般意义上来说，合同所要求的内容全部完成则合同就结束了。但事物是很复杂的，即使是贸易合同这种最简单的行为过程，银货两结似乎表明合同已经结束，但许多销售合同中还连带着售后服务的内容，怎能说该合同已经结束了呢？而其他合同就更复杂了。为了杜绝"无限期"合同的出现，在终止问题上谈判双方要认真对待。

（1）终止的条件。明确终止的具体条件。一般情况下依据时间因素终止，例如注明有效期一年，或定义本合同的行为阶段，如贸易合同只限制在贸易过程，售后服务另外签订服务合同。用多个不同阶段的合同来替代一个合同是最有效的办法。

（2）终止后遗留问题的处理。有两种办法：一种是另外再商定下一步合作的合同，即进入新一轮的谈判；另一种就是引入清算条款。

4. 清算内容和实施

合作结束后有遗留的问题要妥善处理，可以避免后顾之忧。例如合资企业在合资期限到期后有两种选择：一种是继续合资，当然要重新谈判签订新的合资合同，内容根据当时的要求来定，遗留问题也成为新一轮合作中谈判的内容；另一种是不再合作，那么对于留下的财产、债权、债务等问题的处置应该有一定的规则。但问题是无法在合作开始前就能预料到那么远的将来，因此，通常是从组织和制度两个方面来规定处理方式。在合同中确定合同结束后设立清算委员会，以规定的方式进行清算。具体写法要视具体的合同进行协商讨论。

【案例 9-9】

合资企业合同的生效、中止及清算条款

第十五章　审批及注册

第三十七条　审批、生效日期

银行合同、章程及其他文件由订约四方签署后，经订方的股东大会和中方各董事会通过，按照有关规定的报批手续，向审批机构申请批准。

本合同经中华人民共和国审批机构批准，发出批准证书后方能生效，批准日期为合同生效日期。合同生效后，对订约四方均发生法律约束。

第三十八条　注册、成立日期

订约四方收到审批机构发给批准证书后一个月内向中华人民共和国工商行政管理部门办理银行登记手续及领取营业执照，银行的营业执照签发日期为银行的成立日期。

第十六章　合同有效期

第三十九条　合同有效期

合同有效期将为 30 年，到时经股东大会批准，授权董事会重新制定公司章程和经营规章制度，本合同作废，如股东大会决议停止合资企业，本合同终止，进入清算阶段。在合同有效期内遇到第四十条规定的情况，本合同告中止。

第十七章　中止与清算

第四十条　中止

当发生下列任何一种情况时，合同可告中止：

(一)本银行发生严重亏损无力继续经营；

(二)订约任何一方不能履行合同规定义务，致使银行无法继续经营；

(三)因第四十二条不可抗力影响，遭受严重损失，银行无法继续经营；

(四)银行未达到其经营目的，同时又无发展前途。

订约任何一方由于上述情况请求合同中止时，董事会将召开特别会议考虑结束事宜，如获得一致通过，银行将向中华人民共和国审批机关申请解散。

　　第四十一条　*清算*

　　当合同终止时，董事会将负责银行清算事宜。在清算事项未完成前，董事会不能解散。按《合资法》和《条例》清理账目及划分资产。董事会将提出清算原则和手续，并任命一个清算委员会。清算委员会应向董事会报告工作情况。按照一般原则，清算过程将包括收回银行债权，支付银行债务及按照订约每一方投资比例拨还其名下投资及划分剩余资产。清算委的报告经董事会批准，董事会将报告原审批机构，并向原登记管理机构办理注销登记手续，缴销营业执照。

案例讨论：

　　根据案例内容讨论合同有效期的明晰程度及用语的特点。

9.4　合同谈判的注意事项

　　从以上合同的内容不难看出合同的拟定是非常严格而重视细节的过程，在这些条款的谈判过程中同样需要以非常严谨的态度来对待。归纳起来应该注意以下几个方面。

　　(1)合同条款谈判不同于前述的沟通方式和方法。

　　为了达到相互信任而沟通的时候，最为关键的是要想尽一切办法获得对方的信息，特别是对方追求的利益及其主次的信息，同时也要尽量对自己方面的利益追求表现得模糊些。而合同条款的谈判阶段是在双方的利益追求已经十分明确的前提下进行的，没有必要再以模糊的姿态出现。合同条款就是体现双方利益追求的内容及主次，并且是为了保证这些利益追求的实现而制订的。因此，谈判的态度需要作很大的调整。严谨的态度是最基本的。

　　(2)合同条款所表达的内容必须和双方的利益相一致。

　　谈判过程中最关注的应该是在合法的前提下，确保双方已经达成一致的利益追求，并在合同条款中完整、正确地表达出来。最容易犯的错误是"想当然"，没有在条款上仔细下功夫，认为差不多。合同内容不完整、不全面，甚至于没有提及必要的事项，这样将给合作带来隐患。因此，不论什么情况下，对于合同条款必须认真研究和分析，以确定各种利益是否在合同中都得到了肯定和表述。

　　(3)如果需要对草拟的合同条款进行修改，要注意用好沟通工具。

　　发现尚未完全确认的合同条款需要修改时，应该主动提出异议，同时提出你认为合理的修改建议。其中要注意，首先应该想清楚了再提出，不能急于求成；其次，应该注意方式方法。利用上一章中提出的沟通方法将是有效的。用词、用句很有讲究，在合同中不是追求其艺术性，而是强调其严谨性。

（4）争取由我方来起草合同条款。

获得合同起草权似乎增加了很多工作量，但因此换来的是谈判的主动权。根据前期谈判的结果起草合同文本，双方的利益追求得到了又一次的论证，其合理程度也可以再次被验证。同时，使我方在下一步谈判中又获得了解说权，对于条款的合理性进行深入解释，有利于保护我方利益。当然也是为对方服务的机会，使双方的合作诚意有所加强。如果是初次接触，还可以防止对方可能设置的"陷阱"。

（5）对对方起草的合同或使用的格式化合同不能有任何懈怠。

如果对方获得合同文本的起草权或利用现有的格式化合同文本，不能代表我方可以轻松一些。在阅读和倾听合同文本及解释时，必须认真对待。对每个条款，每个用句、用词都必须仔细推敲，多想几个为什么。比较好的技巧是对原来的句子和用词进行更换，然后再来体会其效果。如果有更好的表述方式可以慎重地提出。对于不能接受的内容，经过仔细思考后，再行提出。要注意的是给自己留出足够的时间来思考和分析，不要急于求成。对于第一次合作的对方，更要留意是否会在条款中留下"伏笔"。

（6）对于有多种语言文本的合同既要注意基准文本，也要关注翻译文本。

国际商务谈判中设定了以某种语言文本为准，即基准文本，但因为其他方面的要求又需要翻译文本。在这种情况下，主要精力当然应该放在基准文本的起草、协商上。但在合同翻译到其他语言文本的过程中也不能马虎，要做到尽可能不出现歧义和差错。需要掌握的原则是集中精力在基准文本完成后才能开始翻译，如果在这一过程中必须使用翻译稿，如有必要向有关部门或领导通报，则应该在稿件上明确注明"合同草案，仅供参考"的字样，避免引起争议。

【合同条款练习】

通过本章的学习已经注意到了在谈判过程中，合同条款的起草是很重要的方面。本章的练习就集中在这个方面。以下的题目中，首先给出了内容的背景材料，然后给出了相关的合同条款草案。要求详细列出这些草案中存在的问题，并讲明理由，最后给出条款的修改稿。

1. 外贸合同条款

背景介绍： 虹海公司和加拿大 K 公司进行一笔进出口贸易，出口一批纺织品，共四个集装箱，价值 2.5 万美元。双方商定，合同签订后两个月内交货，送到 K 公司预定的航班货轮上。其他的许多内容和本条款关系不大，不再介绍。

草稿：供应方应在规定的日期内将合同规定的商品送到买方所在地。

2. 现金支付条款

背景介绍：这笔交易不采用信用证，而为现金交易。在合同其他条款中已经指明了交易内容、价格等，也已经明确了双方的银行账号等内容。本条款就是指出现金交易的方式。

草稿：乙方在收到合同规定的商品后应立即将货款直接汇入甲方指定的账户上。

3. 不可抗力条款

背景介绍：每个合同上都要列出不可抗力的相关条款，以下草稿中的写法可取吗？

草稿：发生不可抗力时，甲方应该采取措施，使损失达到最小，乙方应积极配合。

4. 共有财产管理条款

背景介绍：光明公司和欧洲著名的制造型企业 M 公司积极准备组建合资企业，在此过程中双方都将投入大量资金和设备，在 L 工业区建设工厂生产某种先进的机床设备。在合同条款中要有关于双方共有财产的管理方式的内容。值得注意的是，签订合同时双方对于具体的数量、内容及日程计划都尚未确定，这一条款该如何书写值得推敲。

草稿：合同双方应尽力保护合资企业的共有财产，不得随意挪用。

5. 商品运输中的安全保护条款

背景介绍：外贸过程中运输量是一个很重要的因素，合同中要有专门的条款来保证货物的完好。现买方提出货物的完好全部由卖方负责，直到买方接收为止。

草稿：甲方在供货过程中要确保货物的完好，对于货物出现的缺损，乙方有权索赔。

6. 需审批的合同条款

背景介绍：光明公司和欧洲 M 公司的合资项目不仅要双方签字，而且需要得到有关政府部门的批准才能生效。

草稿：合同经双方签字盖章，报政府有关部门批准后立即生效。

7. 合同争议条款

背景介绍：合同在执行中发生争议很难避免，但具体情况事前很难预料，该如何编写？

草稿：合同执行中发生争议时应进行友好协商，协商不成可通过法律解决。

8. 项目准备条款

背景介绍：光明公司和 M 公司合资办厂，有许多具体的技术、布局、计划等问题要待合资企业建立以后才能具体商定解决方案和计划，在签订合同时无法确定，但在条款中又必须给出明确的规定。该如何表达？

草稿：双方原则上按照相互商定的技术要求进行项目准备，如有不足另行商定。

9. 保守机密条款

背景介绍：这是一项涉及双方重大利益的合作项目，有许多活动涉及商业机密。在合作过程中保证机密不外泄还比较容易，问题是合作结束以后，在相当长的一段时间内也不能对商业机密有所披露。

草稿：××年××月××日合同结束后，双方均不得以任何方式对本项目的过程和结果进行评价，因此在此之前要充分考虑和检查。

提示：

1. 仔细阅读教材的有关章节，练习中大部分内容已经有了明确的解释。

2. 第 4 题和第 8 题不能只考虑问题的直接解决，而要考虑应该怎样建立对应的组织方式，通过授权解决此难题。

3. 第 9 题中最大的问题是合同期满合作结束后，该合同的效用已经结束，怎样使保密条款继续对双方起到制约作用呢？

【本章思考题】

1. 合同能得到法律保护的前提是什么？
2. 合同为什么要有多种形式？
3. 为什么要争取起草合同的权力？
4. 格式化合同的利弊有哪些？
5. 合同用词为什么要如此严谨？

第 10 章　价格与价格谈判

【本章结构图】

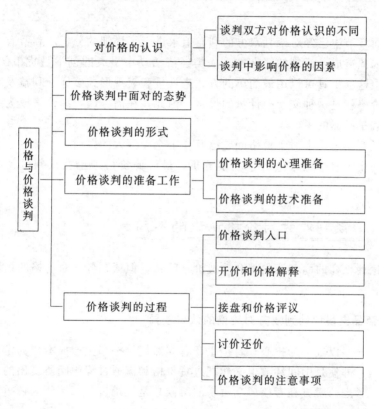

【本章学习目标】

　　价格谈判是商务谈判过程中的高潮，谈判各方都会给予很大的重视。因此，谈判过程中不仅有许多技术性的问题需要掌握，而且心理较量是必然遇到的难题。通过本章的学习要求读者了解价格谈判的基本规律，学习和掌握价格谈判的基本技巧和注意事项。通过情景和案例讨论明确价格谈判的多样性和复杂性，为今后参与谈判奠定基础。

价格谈判是整个商务谈判中最艰苦的阶段。在其他问题已经得到初步解决的基础上进入价格谈判，不仅体现在效益的追求上，还带有很大的心理因素，因此谈判双方对价格谈判都给予了极大的关注。但价格谈判的形式也是多种多样的，选择合适的谈判方式很有必要。

10.1 对价格的认识

前面章节中已经对谈判双方的利益追求进行了详细的分析。利益有许多种形式，因此造成了谈判的复杂性。人类经济活动中最大的创举是货币的出现，利用货币这项工具可以用最简单的方式来计量和表现形式多样的利益及利益交换，而价格就是这种交换中计量的尺度，因此，在商务谈判中价格成为最敏感的问题就是必然的了。

市场营销理论中对于价格问题已经作了全面深入的探讨，本章将结合谈判的特点利用这些理论来进行进一步分析，最终使价格理论在谈判过程中得到应用。

10.1.1 谈判双方对价格认识的不同

无论什么样的商务谈判都会涉及价格问题，但谈判各方对价格的认识是不一致的。

1. 商品交易中谈判双方对价格的认识差异

卖方——以成本为核心。直接生产者固然把价格和生产成本作为定价的最主要依据，即使是中间环节也必然把进货价格和流通过程中间所支出的成本加起来统一考虑。卖方在考核成功贸易的时候总是把销售利润率作为最重要的指标，即：

$$R = P/C$$

式中：R——销售利润率；

　　P——销售利润；

　　C——价格，或销售收入，而 $C-P$ 就是总成本。

卖方在价格谈判过程中一直在应用这个最简单的公式来考虑其能接受的价格。

买方——以满足需要的程度和市场同比两个因素为核心。无论是消费者还是企业的采购者，在价格谈判时总是把满足自身需要作为衡量购买商品的主要指标之一，如果不能达到需要则很少会考虑购买，除非处于非理性状态。另外，还要和市场同类商品相比较，是否值得花费这样的价格。当然还要考虑自己的承受能力，但在谈判中该因素相对次要一些。这些考虑因素通常被称为性价比，即：

$$L = Q/C$$

式中：L——商品的性价比；

　　　　Q——性能指数，也就是质量指数；

　　　　C——付出的价格。

买方在价格谈判过程中始终把性价比的相互比较作为接受价格的衡量手段。

正因为存在这样的差异，因此，在价格谈判过程中，谈判双方会发生争执。

2. 合资经营谈判中双方对资产的认识差异

两个或两个以上企业准备建立合资企业时，对于各方出资的比例也会发生争执，这也是另一种形式的价格谈判。如果各方都以货币方式来谈判的话，问题显得比较简单，但这种情况很少。大量的是以土地、设备、场地等有形资产和技术、品牌、市场份额等无形资产的折价投入，而资金投入只是其中的一小部分。这样的谈判困难就很大了。

对有形资产的评定就有很多种模式，双方看法可能有很大差异，而对无形资产的看法差异将更大，因此资产评估行业应运而生。特别是近年来企业并购的投资行为非常普遍，这种谈判很大程度上集中在对资产价值的认同上。资产评估的客观、合理、科学成为当前企业界最为关注的问题之一。

3. 项目合作中双方对运作能力的认识差异

对许多项目合作，包括工程项目、服务项目等合作中的价格谈判双方也有很大的认识差异。

项目发包方——以达到项目最终目标为衡量标准。其中有许多方面内容，包括项目需要达到的质量要求、完成期限要求以及确保预算费用不发生超支。不同的项目有不同的考虑，在预算制定时就充分考虑了各种因素的综合，而绝对不是只要求费用越低越好。

项目承接方——通常都以经济利益作为主要的追求。但和一般的经济收益不同在于，其经济利益表现在近期利益和长期利益的结合上。近期利益表现在获得的承接费用。长期利益表现在多方面，对同一项目来说希望在该项目的长期收益中获得一定比例，对其他项目来说希望因为有了这次的经验能得到更多的机会，因此对同一个运作费用会出现多个选择。

正因为有如此的差异，所以谈判双方都对对方的运作能力表现出高度的关注，甚至出现怀疑，给谈判带来难度。

10.1.2　谈判中影响价格的因素

从以上分析不难看出在谈判中影响价格的因素有许多。不同于生产管理中关于定价的理论和方法，它主要表现在可变性上，即一旦情况发生变化，价格的取向就会发生变化。在谈判中具有大量的可变因素，因此，谈判中的价格也会发生很多变化，表现在动态性和可协商性两方面。通常可以将影响价格的因素分成主观因素和客观因素两类。

该方面内容在市场营销学中已经有了很深入的研究，本文再对其进行概括性的整理，并结合谈判中的报价提出具体要求。

1. 成本因素

成本因素是主要站在供方立场上来看的因素。谈判中都要关心成本，但在谈判过程中没有足够的时间，也没有必要对成本及构成讨论得非常具体和精确。对于成本通常从产品的硬件、软件和服务三方面进行分类讨论。特别是为了引起需方的重视，在报价单上对成本的表述要做到完整、合理、准确，能自圆其说。

（1）原材料成本。在商品制造过程中购买的原材料、元器件、零部件、配套内容等的类别和价格、数量等，这部分内容在总成本中所占的比重。对于技术含量高的产品，其成本占总的制造成本的比重往往比较高。

（2）规模引起的成本。有两种理解：其一是购买数量和成本的关系，即订货量大成本下降；其二是生产企业规模大，其相对制造成本也会比较低。这个内容主要吸引需方的购买欲望。

（3）生产过程中的成本。人力、技术、耗费、管理、折旧等成本的计算。对于工程项目还要考虑到与工程密切相关的各种成本因素，包括政策性的和地区性的成本开支。

（4）应变需要付出的成本。包括可预见的和不可预见的为应变所付出的成本，包括技术、人力、环境、融资等方面。

（5）技术和软件的成本。对于专用技术和专利技术的使用当然要计入成本，但用一般产品的计算方式是不可行的，通常采用以下方法。

①技术含量不高的时候，用一个百分比来进行估算：

$$F_t = C_h \times r$$

式中：F_t——软件和技术的价格；

　　　C_h——产品硬件的价格；

　　　r——折算比例，可以谈判和调节。

例如：进口某种重型设备，对方报价中都会有这样的内容："成套设备价格 120 万美元，采用专门技术折合设备价格的 20％。"即报价为 120＋120×20％＝144 万美元。当然这个比例是允许讨价还价的。

②技术含量高的时候，必须单独报价，为了保守机密，通常用两种形式。

第一种，直接费用，即实现该技术或软件的花费清单，主要有人工费用（以工作日计）、资料费用、调研费用、实验费用和部分设备费用。这种方式通常用于常规设计、咨询、软件开发、技术服务等领域，如果内含专利可以明码标价列出其使用价。例如委托设计单位对某工程进行设计时，会开出详细的直接费用清单作为报价。

第二种，估算费用。许多技术无法用直接费用表达的时候通常会用下列方式开价：

期得利润，采用该技术后可以得到的或增加的利润，有用绝对值也有用百分比来表示的，以此来证明其有效性；

克服困难的程度，采用了这种技术后可以解决其他方法无法解决的困难，通常用案例来证明其有效性。

在此基础上开出价格，有以下形式：补偿（compensation），使用该技术后给予的补偿额，通常为一次性；酬金（remuneration），使用该技术给予的酬金，可以是以使用次数计，也可以一次性计算；收入（income），以买入方使用该技术后的收入增加值的一定比例计算；收益（profit），以买入方使用该技术后的利润增加值的一定比例计算；提成费（royalty），以买入方使用该技术后的总利润增加值的一定比例计算；使用费（fee），以使用次数为计价标准；服务费（service fee），以服务方式提供技术收取的费用。

还可以有许多形式的报价形式，都是根据技术和软件的特点来确定的。

③技术资料的价格。技术资料是技术或软件的物质表现形式，因此其价格也非常特殊，最初常和硬件捆绑在一起提供。随着技术含量的增加，其独立提供的情况大大增加。有论套报价的，即每套资料价格专门定价；单份出价，对于专用性较强的资料往往单份出价；论页出价，对于品种比较多，而需要量不同的资料常论页计算，按页定价；量大而且价值不太高的资料也有论公斤计算

的；现在用光盘存放的资料则以单个盘的价格计算。

(6)销售成本。销售过程中的成本构成也很复杂，包括中介、广告、运输、仓储、搬运、保险、关税、人工、信息等方面，另外，还应该计及资金的占有。货物转接的中间环节越多，运输量距离越远，则销售成本越高。但是，在谈判过程中有许多成本是不宜放到桌面上来谈的，如广告费，在商品报价过程中是不能作为一项内容提出的。因此，为实现这些成本的回收，报价单的设计就很值得仔细研究。现在还有许多销售活动是配套进行的，也会涉及成本的增加，同样需要仔细考虑。

(7)服务成本。现代产品成本中服务成本占的比重不断增加，可以分成售后服务、售中服务和售前服务三种。

①售后服务比较明确，每个产品的维护、保养、安装、调试、修理、备件供应等，一般都有明确的目标和成本标准，因此在成本核算和报价中都可以明确提出，并进行协商调整。

②售中服务是指合同签订后到产品交付前整个阶段中提供的服务。其内容一般有两类：第一种是技术服务，包括来料、来样的处理，质量的监控，满足买方改变或调整的要求等。例如许多国防产品在生产过程中买方会派出代表常驻生产企业，对产品生产全程监控，而相关企业对这些代表要提供各种条件和配合工作，因此，也需要增加成本。第二种是金融服务，大型项目在整个交易过程中，卖方向买方提供各方面的金融服务，包括融资贷款、担保、保险等，大型建设项目还会涉及政府间的贷款。售中服务的目的当然是争取更多的客户和项目。

③售前服务成本是谈判中比较难于处理的成本。售前服务是指在合同签订之前卖方所提供的服务，如商品介绍、现场参观、样品提供、用户培训、产品试用等。售前服务的目的是为了加强沟通和取得买方信任，包括对产品的信任和对企业的信任两个层面，当然也包括对销售人员个人的信任。同时，卖方也能因此获得买方的需求信息，给企业产品进一步发展带来明确而具体的方向。可见售前服务不可缺少，但因此而发生的成本却很难直接在谈判报价中体现出来。

从以上分析可见，成本因素的复杂性不仅体现在其结构上，关键在于，它无法用明确的数字直接表达出来，其中有相当部分要换一种形式来体现。谈判过程中的报价是十分关键的阶段，对卖方很重要，对买方同样也很重要，因此需要认真对待。

2. 市场同比因素

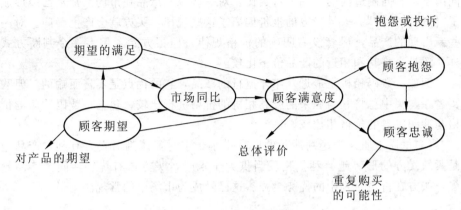

图 10-1　顾客满意度模型

对于市场同比因素的分析主要是站在买方立场上来分析。图 10-1 是顾客满意度的模型，表现出获得顾客满意的两个主要因素：满足期望的程度和市场同比因素。这两个因素直接影响到买方对价格的认同，通常包括以下两个方面。

(1)满足期望的程度。实现该项目的目标后，买方获得了什么利益，和其预先设定的目标有多少差距，解决了多少问题以及这些问题的迫切性和重要性如何，理性的买方必然是这样考虑的，利用有限的资源来解决当前最需要解决的问题，在这种情况下考虑什么样的价格是可以接受的，性价比就是在这个基础上提出来的。当然这里的利益和需要解决的问题是极具个性化的，不同的买方有不同的需求，即使是同一个买方在不同的场合和时机其需求也不一定相同。

例如，进入饭店用餐，即使是同一位顾客，其用餐的需求也可以表现为工作餐、接待朋友的宴会、生日宴会，更多的是便餐。不同的需求对于价格的要求是截然不同的。

又如，采购同一种原材料，也会有很大差异。该材料用于一般产品，则在价格上就很计较；用到高技术、高收益的产品上对价格就比较宽松，而在质量上十分计较。

(2)市场同比，含横向和纵向的比较。当获得卖方报价后，买方必然会作多方面的比较。纵向比较是指和历史价格相比较，即与以往购买这类产品付出的价格比较，如果无多大差异，就比较容易接受，如果差异较大，就会发生怀疑。即使现价比原来有较大幅度的下调，买方也会提出许多疑问。

横向比较是指和其他相同或相近的产品进行比较，可以是与不同品牌、不同国家、不同制造商的产品进行类比。对一些成熟产品在市场上常常已经形成了"价位排行榜"。一旦卖方的报价偏离了这些规律，买方就会产生疑问。对一些新出现的产品，尽管没有明确的价格规律，但买方除了用上一个判断方式外，还是会将其和相近的产品价格比较。

例如，数码相机是最近几年才流行的产品，它的优点是不言而喻的，但购买者在购买中总将其与原来的胶卷相机的价格进行比较，包括将数码冲印的价格与冲印胶卷的价格相比较。

(3)供需矛盾。当谈判涉及的产品供小于求时，谈判对卖方有利，产品越是紧缺卖方的形势越有利；相反当供大于求时，买方占有优势，同类产品越多，买方在价格谈判中的优势越强。这已经成为市场中的常规法则了。

3. 品牌因素

按理说这也属于市场同比因素，但因为其有特殊的影响所以可以分列。品牌对于价格的影响主要表现在以下几个方面。

(1)品牌使价格比较稳定。品牌的地位确定了价格的范围。越是名牌，其价格越是稳定。当然名牌不一定就是高价位，有些品牌就是体现低价位的，如沃尔玛超市就体现出低价。这样的优势使得价格谈判比较简单，容易被双方接受，降低了谈判时间和风险。

(2)品牌使得成本结构模糊。买方对品牌价格的认同使其对报价的怀疑程度降低，因此，卖方在报价中就可以适当模糊，上面提到的成本结构引起的报价困难的问题也会得到解决。

(3)品牌不仅体现在具体的产品上。品牌使产品的销售得到简化，同时服务也进一步明确化。企业，尤其是服务型企业，其品牌的作用更有利于价格的谈判。例如，咨询机构的服务价格和品牌的关系就非常密切。世界上著名的几家咨询公司开出的咨询服务价格比一般的企业高出多倍，照样能获得比别人多得多的项目。

(4)品牌本身是一种无形资产。既然是资产就和成本结合在一起，买卖双方都因为对品牌有共同的认识，在价格上比较容易达成一致。

要注意的是品牌不一定只掌握在卖方一边，如果买方是有著名品牌的企业的话，在谈判中也会对价格造成重大影响。卖方有机会给名牌企业供货，本身也是一种无形资产积累的过程，因此，在价格上让步也是一种策略。例如一些大型名牌超市在向商品供应商订货时常常会得到比其他商店低得多的供货价格，除了批量较大的原因外，更为主要的原因是这些生产商很在乎能在这些名牌大卖场中出现自己的产品，因此，也愿意接受较低价格。

4. 谈判中的主观因素

买方购买的迫切程度和卖方产品脱手的迫切程度对价格都有着很大的影响。经常发生的情况是当谈判中大部分问题都已经达成共识，只留下这一个问题时，往往双方都显得很迫切。如果该问题对双方都不是最重要的时候，则更想尽快解决；如果该问题对谈判的一方并不重要，而另一方比较重要时，感到不太重要的一方会比较宽松，愿意让步而尽快结束谈判；如果该问题对双方都很重要的话，谈判的气氛就会一下子紧张起来。这些都和心理状态相关，价格谈判更是如此。因此，注意分析谈判中的主观因素也是十分重要的内容。

(1)积极价格与消极价格。从理论上可以将谈判中的价格取向分成积极价格与消极价格。积极价格是以达成交易为倾向而对价格的要求比较宽松。对于买方来说就是在价格谈判时愿意以比较高的承受价格达成交易，也就是积极价格偏高；对于卖方来说愿意以比较低的价格，即较低的收益，达成交易，也就是积极价格偏低。消极价格正好相反，对价格十分计较，而对是否达成交易已经不太看重。买方的消极价格偏低，而卖方的消极价格偏高。

这里的许多用词比较模糊，因为价格谈判和谈判现场人员的主观因素相关，可变性很强，积极和消极只是相对而言。另外，买卖双方的态度不一定是对称的，即不一定双方都积极或都消极，完全可能出现一方积极，另一方消极，而且在情况发生变化后形势也可能发生变化。

(2)影响因素。形成积极和消极这两种价格的主要因素有以下几个。

①供需矛盾。客观的供需矛盾直接造成了买卖双方的主观因素。

②需求压力。对买方来说，如果十分迫切需要这种产品时，则态度比较积极，采用积极价格的可能较大；如果卖方抛售产品的要求十分迫切的话，采用积极价格的可能性也越大。

③买方价值观。不同的买方有不同的价值观，有些提倡"价廉物美"，有些相信"价优质优，便宜无好货"；有些是为了直接需求，有些为了将来的需求；有些强调就事论事，也有些讲究全面满足等。

④环境因素。谈判或购物环境适宜的话，容易使买方比较积极，卖方也比较积极，但双方的认识不一定相同。

⑤情绪因素。谈判人员的情绪会造成不同的态度。有比较好的情绪就会有较高的积极性，因此选择时机就显得很重要了。

既然是主观因素，则和谈判的人直接相关，参与谈判的人，特别是主要负责人，其个人因素都将直接影响到上述的几个方面。不同的人、不同的场合、不同的时间这些因素是不相同的，而且这些因素是动态的，随时都可能发生变化。处理得好，可以变消极为积极，处理得不好，则可能使原来的积极变成消极。

对于前三个因素，在价格谈判过程中比较难以马上改变，而后两个因素则通过认真处理是可以改变的。

【场景讨论】

为了理解主观因素，下面列举了以第一人称方式提出的平时到商场购物的场景。请以自己的体会来讨论以上因素的作用，分析积极价格和消极价格的形成和变化，从而培养谈判中良好的心理素质。

1. 我需要在近期内购买一台电脑，因为原来那一台已经陈旧，而且功能已经达不到现在的要求了。而我上班很忙，领导交付的任务又十分紧迫，尽管单位里也有电脑，但离家较远，在家里加班可能更好些。在一个难得的星期天，我邀请了好朋友，他是电脑的专家，到一家著名的电脑城去选购我所急需的笔记本电脑。电脑城里有许多不同品牌和款式的电脑，价格也有多个层次，分门别类安放有序。此时营业员主动上来打招呼，详细询问了我使用电脑的目的和要求，介绍了两种品牌的不同款式的电脑，并一一作了解释。我们提出了许多问题和疑问，他也耐心地作了回答。

2. 马上要过节了，我准备回老家看望长辈，出来了那么久了，总想带些有特色的礼品给他们。抽空去了一家大商店，装潢得很不错，我从一楼走到四楼，一边四处看，一边思考，买些什么呢？太贵的，我承受不起，太差的又有些过意不去。此时商店中顾客很少，营业员很多，而且扎堆在一起，谈天说地，我从他们边上走过也没有引起他们的注意。在此过程中我也看到过几件商品，式样比较中意，但举目看去，周围既无顾客，也无营业员。

3. 那一天，收到了来自家乡的一封信，提到了我小时候最要好的朋友得了重病，可能不久于人世了。我的心情坏透了，因为抽不出时间专门回去一次，更觉得沮丧。不知不觉来到了我所居住的小区的便利店门口，商店的老板正在门口打点刚到的商品，因为多有接触，所以比较熟悉了。"怎么啦，有什么不舒服吗？今天的脸色不好哇！"他主动问我。"没什么！"我回答。"大概太累了，要注意休息。"在继续聊的过程中他了解了我的苦恼。"你也不要太往心里去，自己身体也重要，我说你今天打个电话回去，问候一下。另外，你需要什么帮助尽管讲，我在那里有不少熟人。"

4. 我的习惯是有空就上街逛，购物是次要的，享受购物环境和过程是主要的。进入秋季了，冬天就快来临，看看冬季服饰也是一种享受。来到服装商店，人山人海，营业员也是应接不暇。近年的时装品位有很大的变化，引起了我的兴趣。我一边挑选一边询问边上的营业员，但她一个人要应付三四个顾客，有些应接不暇。不过她很冷静，和一个顾客打交道时不会疏忽其他顾客。趁顾客埋头看商品的空隙，马上回头回答我的问题，并从柜台下取出关于这种商品的详细介绍，送到我手里，又马上回头去接待正在询问价格的另一位顾客。"对不起"的话一直在口头上。

5. 我正在装修居住的房屋，需要买一套卫生洁具，在选购过程中，我看中了一套我认为价格适当，也很实用的产品。接着和营业员讨论价格问题。但他没有马上表态，而是很认真地询问我的房屋结构，甚至要我给他看我的房型图。在仔细讨论后，他说你买这套洁具不合适，因为其尺寸和你家的管道结构不配套，安装有困难。他提出了两种方案：一种是如果坚持要这种商品的话，要重新排管道，大概需要多少时间和花费；另一种是采用他推荐的另一种商品，价格稍贵些，但马上能使用，不必大动"干戈"。

10.2 价格谈判中面对的态势

从以上的因素分析不难看出，价格因素是十分复杂和多变的。因此谈判双方面对的不是一个简单的价格问题，而是错综复杂的博弈。价格谈判中面对的态势可以用图 10-2 来表达。

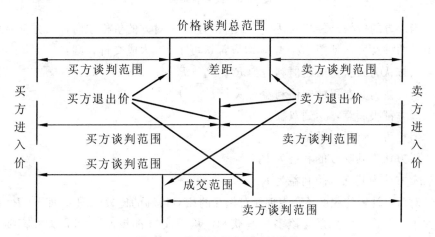

图 10-2 价格谈判中面对的态势

第一种，卖方的退出价高于买方的退出价，造成了双方的差距，在这种态势下达成交易几乎是不可能的，除非有一方改变主意。

第二种，买卖双方的退出价恰好一样，中间没有差异。似乎能够成功，其实不然，因为双方都会提出明确的进入价，而对退出价往往是模糊的，不愿意随便透露，因此在这种情况下也很难达成交易。但在有中介服务的情况下也有可能达成一致。

第三种，卖方的退出价低于买方的退出价，则容易达成交易，其中差异越大达成交易越容易。大部分的成功交易都是第三种状况。因为这个原因，谈判双方都想尽一切办法去了解和猜测对方的退出价。在谈判中用试探的语言来摸索，在谈判外通过各种渠道了解这个"底价"，包括以前的交易情况和价格的计较程度等。

价格谈判达成一致后，还会出现纠纷，甚至反悔，这是价格谈判的另一个特点。图 10-3 体现出了这种态势。

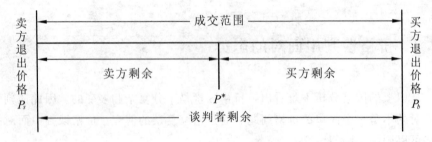

图 10-3　谈判者剩余

当双方的价格已经相互达成一致后，了解了对方的价格取向，双方都有可能出现两种态度。如图 10-3 中，双方都认可了 P^* 为成交价，则：

买方认为其获得的超值利益为 $R_b = P_b - P^*$；

卖方认为其获得的超值利益为 $R_s = P^* - P_s$；

双方都很满意，达到双赢。

但也可以有另一种结论：

买方认为其吃亏的利益为 R_s；

卖方认为其吃亏的利益为 R_b；

对价格计较的程度还会表现在对相互的相对得利的比较（r）上，即 $r = R_b / R_s$ 的大小上，总认为本方应该多一些获利，从而卖方都想使 $r < 1$，买方都要求 $r > 1$。

如果出现这样的状况会直接影响到这次的谈判进程，即使有一方为了自己的信誉不受伤害，不再计较结果，但这种态度会给下一次或另外项目的谈判带来深远的影响。

在价格谈判中这种情况是经常发生的。因此，在价格谈判的时候要有充分的思想准备。如果因为这样的原因引起对方的反悔，或造成纠纷的话，应该如何应对？有人会认为应该保密己方的退出价格，但这只是一个短期措施，时间一长这个价格是无法保密的。

10.3　价格谈判的形式

价格谈判的复杂性使得价格谈判有多种策略，因而形成多种价格谈判的形式。通常可以按供需双方的态势来对价格谈判的形式进行分类。

1. 一个卖方，多个买方

从供求关系上来看，某物品只有一个供方，却有多个买方来争取这笔交易，形势当然是对卖方有利，因此成交价是在多个买方之间进行竞争。市场中出现的拍卖方式就是这种情况下的价格谈判。在所有其他因素都已经被买卖双方相互了解，只剩下成交价格时，拍卖就发生了。拍卖过程从低价向高价竞拍，往往是退出价最高的买方将获得成交机会。为了防止暗箱操作和出现反悔，拍卖不仅有专门的拍卖中介机构，专门的拍卖师，而且常会有公证机关出面公证。

但也有出现流拍的现象，其基本原因就是，卖方的开价无法得到任何一个买方的认同。即卖方的退出价远高于买方的退出价，无人接盘。

采用拍卖方式交易的物品有许多，除了传统的工艺品、古董以外，现在较常见的有上市公司股权的拍卖，证券市场就体现了这样的功能。我国对土地资源、矿产资源的使用也专门建立了拍卖的制度和组织，使稀缺的土地和矿产资源获得更大的效益。当前企业并购方式已经成为资本投资的最重要方式，对于一些准备出售的企业或生产要素，也有采用拍卖方式的，产权交易机构就有这样的功能。另外，与知识产权相关的许多无形资产在交易时也常用拍卖的方式进行。

2. 一个买方，多个卖方

从供求关系上来看，某种个性化的需求只有一个，而多个卖方有意愿来争取满足这种需求，形势当然是对买方有利，因此成交价在多个卖方之间竞争。

招标就是在这种形态下发生的。一家招标，多家投标，最后在其他所有条件都满足的前提下，价格低的胜出。和拍卖不同，招标过程是在相互保密的情况下进行。每个投标者根据招标要求在规定期限内提供投标书，然后，由评标组织进行评标。在满足其他要求的前提下，价格低的将获得机会。当然也有和"标底"最接近的获得机会，含义是相同的。为了防止暗箱操作和泄露标底，不仅有法律的明确规定确保招投标制度的履行，对参加投标的企业也有明确的资质要求，有专门的服务机构提供全方位的招标运作服务，并有公证机关进行公证。

以往，大部分工程项目用招标方式进行，无论是国家的和企业的工程项目都要求用招标方式来物色恰当的承担者。招标要付出较大的成本，因此有社会招标和定向议标两种方式，前者向全社会公开，后者在若干个候选者中间选择。现在，许多特定的项目在选择合作关系时，也用招标方式，如政府或企业的咨询项目、软件的开发项目、研究项目等。

3. 多个买方，多个卖方

许多商品尤其是消费品，品种多，规格多，造成需求者多和生产厂商也多的格局。如果单个企业进行销售或单个需求者单独采购的话，成本都非常高，效率都很低，而且在价格谈判中双方都缺乏信任感，因此超市和大卖场应运而生。这里也有价格谈判的需要，但不一定是面对面地进行。在顾客明确了商品的所有特性的基础上，多种同类商品有序摆放，明码标价，然后由顾客自由选择，在交付之前允许退回和更换。这样做完全符合价格谈判的各种条件。第一，在商品的包装上、商标上都明确相关商品的用途、特性、使用要求等；第二，在货架上有明确标价和各种优惠内容；第三，商场中明文规定了购物的途径和流程要求。这些都将价格谈判以外的各种要素全部表达清楚，如果购买者同意这些内容，就根据价格来选购。这样做不仅便利了购买者，同时作为生产厂商同样获得了低成本的销售渠道。这也就是为什么大卖场能销售便宜的商品的原因。

除了日用消费品外，近来许多商品也选择了这种方式。例如家用电器、家具用品、建筑材料，甚至许多服务性产品也采用了这种方式。

4. 一个买方，一个卖方

价格谈判通常理解为一对一的谈判，下面各节的内容主要就是讨论这种形式的谈判。实际上就是个性对个性的谈判，从形式上来看是公平的，但实质上绝对的公平是不存在的。

这种情况对哪一方有利？在这里很难说清楚，在本章第一节讨论的各种因素都会发生作用，因此怎样利用对自己有利的因素，排除不利因素，使价格谈判能顺利进行并得到满意的结果，这就涉及谈判的策略问题。用好策略、用对策略是谈判中需要关注的重要内容。

10.4　价格谈判的准备工作

当其他问题已经通过谈判基本取得一致意见，此时在谈判前的许多认识也可能发生了变化，进入价格谈判之前有必要认真细致地对所有的准备工作作反思，看有没有需要重新思考和改变的内容。为了顺利实现谈判的目标，需要从以下方面着手准备。

10.4.1　价格谈判的心理准备

我们已经提及价格谈判是一种心理较量，是一种博弈，因此充分的心理准备是必要的。

1. 以平常心面对挑战

面对挑战应心态平稳，不急不躁，无论买方或卖方都要保持这样的心态。从根本上来说，都应该客观冷静地对待事物，不要把结果看得太乐观，也不要为了我方的利益试图去无限剥夺对方的基本利益，更不要被对方的利益诱导而迷失了方向。要做到这一点是不容易的。

例如，你是买方，经过很艰苦的谈判，对于交易商品的规格、品质、交货期等已经达成了共识，但谈到价格时对方开出了你没有预料到的"天价"。你是马上放弃还是提出你认为合适的价格？其实两者都不妥。关键是要冷静对待发生的变化。要思考是什么原因使对方突然开出如此高的价格。是对方的策略，让你很难压价？或者是你的购买愿望太迫切，给了对方一个提高价格的机会？等到把问题想清楚后，再应对，效果会更好。

又如，与上述情况正好相反，对方开价比预料的低许多。你是马上接受还是表现出犹豫不决的情绪？其实问题在于对方为什么这样反常？是什么原因造成的这样的结果？这可能是对方的试探还是前面谈判中有遗漏的问题没处理好？不急于表态是必要的。

同样，你是卖方，已经提供了大量售前服务，提出的产品方案对方已没有多少疑问了。你开出了你们认为比较合适的价位，但对方不领情，一味地强调价格太高了，要我们重新考虑。你是马上同意，还是马上回绝？

总而言之，在价格谈判过程中，发生争执是正常的，对方的反应和自己的预期有较大差距也是正常的。不要急于回应是最好的办法。可以稍事思考，"让我考虑一下，再回答你的问题，好吗？"这样不仅使自己有了思考的时间，而且不会发生急躁情绪。甚至提出暂停谈判，过一天再继续都是可取的。对于数量大、价值高的谈判完全可以这样处理。

有人会因此提出疑问，如果对方不同意隔天再谈，如对方会说："我们明天可没有时间奉陪，今天必须解决。"实际上是在给你施加压力，要按照他们的意见办。这该如何处理？其实，对方同时也给出了一个重要信息，他们很在乎这件买卖，已经花费了那么多的时间来谈判，不会真的没有时间深入讨论。最客气的回答是："明天你们没有时间的话，再说吧，我们另约时间怎么样，在你们可以安排的时候。"

2. 理解和摸清对方的心理价位

价格是一种最直观的利益争取，因此，双方都会去争取，但实质上利益的追求不完全体现在价格上。对方对于价格的纠缠有两种可能：一种是想改变价格的水平；另一种是利用价格来改变其他利益的分配。谈判中对方常常处于后一种，因为谈价格容易表达自己的不满，而其他利益比较难以表达，所以理解和摸清对方的真正意图是十分重要的。一旦弄清对方的意图，在继续的谈判中逐渐透露出准备考虑对方的需求时，对方的口气就会放松。

【案例 10-1】

改变付款方式

M 公司是 G 公司的原材料供应商，双方已经有了多年的合作关系，相互配合比较融洽。今年石油涨价，引起了 M 公司的成本大幅度提高。现在又到了两公司每季度供应价格谈判的时候，根据惯例，M 公司的报价按石油涨价的比例幅度提高了供应价格。但 G 公司却不同意涨价，要求维持原来的价格。通过多轮磋商，没有进展。M 公司销售部负责该项目的经理和市场部进行了仔细探讨，发现 G 公司最近的资金流有问题，应收账款放大得很快。M 公司作为战略合作伙伴，不能坐视不管，因此，在谈判中主动提出改变付款方式。从原来预付 30% 货款，改成预付 20% 的交易方式。这样减轻了 G 公司的现金压力，同时使其资金周转加快。方案提出后，G 公司没有提出任何异议，并很快接受了因石油涨价而引起的原材料涨价的事实。

案例讨论：

1. 为什么 G 公司不直接提出改变货款交付方式的要求？
2. 如果 M 公司不改变初衷，坚持按惯例进行会发生什么？
3. 这样处理，M 公司的利益受到伤害了吗？为什么？
4. 什么叫战略合作伙伴关系？从这个例子中能看到什么？

10.4.2 价格谈判的技术准备

案例 10-1 告诉我们一个很重要的道理，如果 M 公司市场部对 G 公司的情况不了解，谈判能否峰回路转？因此，谈判策略要建立在充分准备的基础上，而不能靠临场发挥。关于谈判双方经营情况的了解和信息收集的内容在前面的章节中已经详细讨论过，这里主要强调的是和价格相关的信息收集和分析。价格谈判首先出现的是买方询价，接着是卖方的报价，这两方面的准备不可马虎。

1. 卖方的报价准备

完善的报价是价格谈判开局成功的基础。虽然各种产品的报价形式不同，但其目的都是为了获得买方的认同，因此，报价首先要体现出其合理性，利用成本分析的方式来开列是最常见的方式。这种报价方式的优点是量化、有序，也客观地体现出合理性，把利益的追求直接提出来，表明了我方的诚意。但它又和真正的成本分析报告有很大的区别，这一点在第一节中已经详细讨论过了。有以下几点需要说明。

（1）报价要"因人而异"。不同的买方关注的问题不同，因此，要区别对待，突出买方关注的内容，如有些买方关注原材料的来源和质量，有些关心售后服务等。在报价单中体现的越完备，谈判中越有主动权。

（2）报价分类要细致。应分门别类列出报价项目，形成由多项价格组成的报价单，体现出认真的态度，并使报价经得起推敲，而更重要的是使对方难以压价。买方进行压价是必然趋势，当然也会提出压价的理由。而详细的报价使压价也是具体的，使对方对每个价格都要给出压价的理由，压价难度就提高了。当然细致的报价也使得报价难度增加，报价的系统性和合理性也值得重视。

（3）留有余地。报价不能满打满算，应该留有余地，使自己在谈判中有周旋的空间，发挥临场的机动性，从而使自己处于主动地位。余地包括数值上和内容上两部分。数值上体现出进入价格，而回避退出价格；内容上对于买方不太在意的部分适当模糊，可以在需要的时候给予调整。

(4)确定期望价格。希望价格不做任何调整就被买方接受，这当然是理想状态。期望价格就是对方接受的卖方的进入价，实际上这就是最高价位。对于卖方设定的退出价，即最低价位，交易价格低于此价位时卖方是不能接受的。而期望价格是卖方最容易接受的价位，是一种预期，其实现是衡量谈判结果的主要依据之一，也是谈判能力的表现。

(5)博弈路径的设计。对于由多项价格组成的报价，就存在博弈的机会。在价格谈判中，对于哪些因素可以比较容易打折，而哪些因素需要坚持，以及各种因素讨论的先后次序等方面应该有明确的路径。这里涉及卖方的利益，也涉及谈判的艺术。结合考虑当前利益和长远利益将使得博弈路径更合理和更容易被接受。

2. 买方的接盘准备

充分的接盘准备是进入价格谈判前买方必须做的工作。如果对卖方的价格情况一无所知，则在价格谈判时将陷入困境。特别是对一些重要的、费用巨大而又复杂的项目更是如此。如果待拿到卖方的报价再行启动接盘准备，则一方面允许的时间十分有限，另一方面很可能被卖方的思路引入歧途。准备工作应从以下方面入手。

(1)对价格谈判前的阶段进行认真总结。明确除了价格以外的问题是否已经全面理清了，如购买对方的产品是否符合我方的实际要求，有无遗漏或不足。如发现不足之处则应该在今后的谈判中提出并调整。

【案例 10-2】

购买日本产轿车

Z 先生在某汽车销售商店看中了一种日本牌子的轿车，准备用于日常生活，同时也能体现自己的个性。该车的标价是 25 万元人民币。Z 先生和该店的经销商 S 进行了价格谈判。

Z："这种车型，我喜欢，但价格太贵了些。"

S："是呀，这种车很受欢迎，买的人很多，价格贵一点是值得的。"

Z："如果能便宜些，我会考虑购买。"

S："那，你说，什么价？"

　　Z："18 万，讨一个吉利。"

　　S："不行，最低也要 22 万。"

　　Z："这样，20 万，再多一分钱，我也不买了。"

　　沉默了一会儿，S："行，我们签合同，就 20 万。"

　　双方签订合同，商定一周以后交货，并送车上门。一周后，新车准时到达 Z 先生的家里。开始 Z 先生还挺高兴的，认为该销售商很讲信誉。但进入车子仔细查看后大吃一惊，送来的车和样车比较存在着很大差异。原来应该是羊皮面的座椅，现在是人造革的；原来应该是双气囊安全保护的，现在是单气囊；原来有卫星跟踪系统的，现在就是一个收音机，另外还发现了许多不同的地方。Z 先生马上开着车到该车店进行交涉，但得到的回答也是惊人的。

　　S："你要的是这种车型，没错吧？"

　　Z："没错，但内部装饰怎么和样车不一样？"

　　S："没错，那是 25 万的车，你这是 20 万的车。"

　　Z："……"

案例讨论：

　　1. Z 先生犯的是什么错误？为什么收到的车和样车会有如此大的变化？

　　2. 在价格谈判前应该做哪些准备？

　　3. 是否所有商店都采取这种做法？和什么有关？

　　(2) 摸清卖方的价格规律。在价格谈判前应该花时间了解对方的报价规律，对可能发生的问题进行准备。这些信息来自于历史上的合作，也可以通过对对方的其他购买者进行调查研究来获得信息。例如以上案例中的 S 商人的做法，从根本上来看，似乎也没有错，但因为 Z 不了解因此吃了"哑巴亏"。如果提出"封样"要求，就不会发生这样的情况了。这样的例子很常见，应该受到重视。

　　(3) 进行价格测算。要从两方面进行，一方面是参考市场同比价，另一方面是成本匡算。前一个问题在第一节中已经讨论过，后一个问题是指对该产品进行粗略的成本计算，估计对方的利润与价格的比例，从而给谈判带来主动权。

　　(4) 设定自己的期望价格。希望能以最低的价格成交，这是买方的进入价，当然也是最理想的价格。另外，再设定最高承受价，即退出价，以及最容易接受价，即谈判中最容易被双方所接受的价格。期望价格的实现也是判断谈判成功与否的考核标准。

　　(5) 博弈路径的设计。尽管还没有看到对方的具体报价，但预先对博弈路径进行考虑是主动应对的必要措施。可以假设多个可能性，然后逐一考虑对策。

10.5　价格谈判的过程

这里所指的价格谈判过程主要是针对一对一谈判的过程。应该说这是一个多次反复的过程，很少能一次完成，也没有一定的反复次数，而且和谈判的规模及双方的准备工作有着密切的关系。图 10-4 描述了一次价格谈判的完整流程。

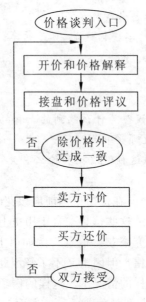

图 10-4　价格谈判过程

10.5.1　价格谈判入口

谈判双方在其他方面已经进行过多次磋商，对交易商品的具体要求已经初步达成共识，一致同意进入价格谈判时，实际上双方已经做好了各方面的准备。买方发出询价信号，通常有口头的和书面的两种。口头询价经常出现在谈判现场，买方提出要求卖方开价（报价），卖方接受，并承诺多少时间内给出确切的开价。而书面的要求往往在谈判进行到一定时候，双方各自进行内部协商后，买方用书面方式询价，有时又称为"邀约"，这时不在谈判现场。卖方收到后用正规的方式通知买方，承诺开价的时间，并约定谈判日期，通知可以是书面的，也可以由负责人用电话、网络方式告知。

10.5.2　开价和价格解释

开价，也称为报价，其形式有口头的和书面的两种。口头开价方式往往用在价格组成结构比较简单、数额不是很大的场合；书面开价方式用于价格组成结构比较复杂、数额比较大的情况下。

卖方根据买方的要求编制报价单，在谈判前递交给买方，如果是口头的，也应该是以正式的口吻当面提出。然后，卖方对报价内容进行详细的解释，并回答买方的各种问题和疑问。

价格解释应以尽力让买方理解和同意为目的，从技术上解释这个方案的可靠性，从经济上解释其可行性，从运作上解释其合理性。在解释过程中密切注意买方的反应，注意对方对哪些问题不感兴趣，对哪些方面特别关注，有哪些疑惑，甚至可以摸清买方对哪些问题是"外行"，以给今后进一步谈判带来机会。卖方对于第二次报价的解释，更应该集中在买方评议中涉及的主题，讲述改变的途径、处理的方法、预期可达到的效果，从而排除买方的疑虑。注意，一旦报价，就不要轻易承诺降低价格。如需再次报价时应该进行仔细推敲和策划以后慎重提出，改变的结果应该是能"自圆其说"的。轻易承诺降价会造成对方的不信任感。

买方在接到开价后应该仔细阅读其内容和结构，而不能仅仅关心其最终的价格。在听取卖方的解释时应该集中精力、全神贯注，我们称其为"聆听"，不放过任何细节，以少问、少讲为宗旨，切忌马上长篇大论地评述对方的解释内容，更不要直接提出自己的价格要求。其原因很明显，对方是有备而来，解释的内容是针对我方而进行取舍的，从对方的字里行间、谈吐之间能了解到对方对我方的了解程度，因此，这是一次最好的信息收集机会。不马上表态，也不马上评论，不仅使自己能集中注意力，更不会暴露出自己不够了解的方面。当然，不是说一句话都不说，对于没听清楚的内容和不理解的表述，可以用最简单的方式提问，请对方再讲一遍或解释一下。提问以不打断对方讲话为原则。听完对方解释，我方也已经初步了解了对方的意图后，经过仔细研究和思考后进入下阶段。对于较大的项目，因为价格结构的复杂性和数量巨大，买方可以表态："我们听了你的报价，非常感谢。给我们一点时间考虑一下。"然后提出

"三天以后我们再会面,好吗?"或"我们电话联系,确定下次会面的时间,如何?"对于小型项目则可以提出:"我们休息一下,再继续,如何?"其实,获得必要的时间是为了深入认识卖方的价格意图。第一次开价要如此,紧跟着第二次、第三次的重新报价和解释也应该如此应对,只是关注的内容应该调整到对方修改部分与我方期望的差异方面,并进行策略调整。

【案例 10-3】

JB 大厦的报价

JB 大厦是某市市中心的一栋住宅楼,建筑总面积为 10 500 平方米,总高度 55 米,地下一层,地上十七层,施工范围为全部桩基工程、围护工程、土建工程、水电安装工程和道路围墙等室外总体工程。上海 DY 建筑有限公司通过投标承接该项工程,在报价过程中给出了详细的价格构成。现将其中的总费用表列出如下。

表 10-1　费用表

编制单位:DY

工程名称:JB 大厦

序号	名称	表达式	金额(元)
1	直接费(土建)	土建直接费+吊装直接费	8 555 136
2	直接费(打桩)	打桩直接费	286 852
3	其他直接费(土建)	(1)×3.5%	299 430
4	其他直接费(打桩)	(2)×4%	11 474
5	直接费小计	(1)+(2)+(3)+(4)	9 152 892
6	综合间接费(土建)	[(1)+(3)]×10.5%	929 729
7	综合间接费(打桩)	[(2)+(4)]×30%	89 498
8	费用合计(土建)	(1)+(3)+(6)	9 784 295
9	费用合计(打桩)	(2)+(4)+(7)	387 823
10	费用合计	(8)+(9)	10 172 118
11	利润	(8)×7.5%+(9)×7%	760 970
12	开办费	开办费	
13	人工补差	人工工日合计×2.4	146 012
14	施工流动补贴	人工工日合计×2.5	152 096

续表

序号	名称	表达式	金额(元)
15	主要材料差价	主材合同合计－主材预算合计	1 844 116
16	机械台班补差	机械96价合计－机械93价合计	427 012
17	次材差价	土建材料费×2.11％＋吊装材料费×13.36％＋打桩材料费×16.5％	151 993
18	费用合计	(10)＋(11)＋(12)＋(13)＋(14)＋(15)＋(16)＋(17)	13 654 317
19	其他费用	(5)×0.05％＋(18)×0.15％＋(18)×0.15％	45 539
20	税前补差	税前补差	
21	税金	[(18)＋(19)＋(20)]×3.41％	467 165
22	甲供材料	甲供材料	
23	税后补差	税后补差	
24	总造价	(18)＋(19)＋(20)＋(21)＋(22)＋(23)	14 167 021

编制人：张林　　　　　　　　　审核人：王强

岗位证号：125　　　　　　　　　岗位证号：36

表后还附有各种价格的详细数据和计算方式，包括定额依据、单位、数量、合价等内容。因涉及项目的保密要求，不再一一列出。

案例讨论：

1. 如此详细的报价的依据是什么？

2. 详细的报价表给谈判带来什么帮助？尤其在价格谈判中，这样详细的价格罗列给建筑企业带来什么有利因素？给业主带来什么有利因素？

3. 如果其中出现差错会造成什么结果？

4. 价格解释中应该如何讲解，使得业主能接受？

10.5.3　接盘和价格评议

接盘是指买方收到了卖方的开价或报价后的行为。此时，买方应该静心对卖方的价格及价格解释进行仔细推敲，发现其中的问题。

(1)报价内容和我方预期内容不一致的部分。尽管通过了多次协商、沟通，但最终双方对产品的认识还可能存在不一致的方面。原因是多方面的，如对方的不理解、不习惯，或者对方有意识地改变报价，这种改变可能是善意的，也可能是别有用心的。如果我方对这种改变没有异议的话，就不一定再提出，如果需要修改的话就要在这些方面做好准备。

(2)报价内容不合理的部分。报价内有不合理的部分完全是有可能的，尽管经过认真测算，但是由于某些原因，如上面提及的价格结构的复杂性和有些内容不宜公开，再加上卖方可能对买方所在的行业、经营方式等方面有许多不理解的地方，都会造成报价的不合理。尤其是国际间的合作和贸易，受到更多因素的制约和干扰，报价中必然会有不合理的部分。发现这个问题时应该认真总结，并准备修改的建议。

(3)对于复杂的大型项目要准备评议意见书。通过对上述两类问题的认真思考和分析，要进行评议，最好形成书面的评议书，这样在评议中可以有序进行，避免遗漏，保持内容的严密性和逻辑性，容易得到对方的认同。同时，该评议书又将成为卖方下一轮报价的方向和依据。

准备就绪后新一轮谈判就开始了。买方对卖方的报价进行评议，目的是让卖方认识到价格的不合理，从而改变报价的内容。评议是系统的讲述，不仅说出问题所在，而且讲明理由。用语诚恳，摆事实，讲道理，不用指责、贬低、讽刺、挖苦性质的语言。即使已经经过几轮报价，也没有必要出现不耐烦的情绪。评议的结果是明确要求对方重新报价，切忌提出自己需要的价格，因为在许多具体问题尚不清楚的情况下，提出明确的价格对自己方面是很不利的。当然可以以比较模糊的概念提出要求："贵方的报价不够合理，明显偏高，希望重新报价，我们再来协商。"

这个过程中，卖方合适的态度同样是"聆听"。对于买方的评议进行反驳、辩解甚至经常打断对方的讲话，都是不合适的。仔细认真地听清楚对方的评议，是获得对方信息最有效的机会，对以后修改报价和进一步合作都有好处。即使认为其中存在着误会、理解不准、有意识篡改等情况，也要让对方把话讲完，再来解释，因此，控制情绪是关键。听完对方的评议，不要马上进行回答，如果问题太多、太复杂则可以暂停谈判的进程，约定再次报价的时间。如果问题已经比较简单了，也应经过思考再回答对方的问题和陈述修改的意见，包括价格的数量和结构。

10.5.4 讨价还价

价格解释和价格评议可以经过几轮的反复。卖方不断修订价格及价格的结构，以适应买方的需求。而买方则通过对报价的评议提出不同的意见和看法，但对价格不作明确的承诺。这样做的必然结果是买方的要求已经全部被解释，并获得了修改价格结构的结果。因此，买方的评议已经缺少了具体内容，而只留下"你的价格还是太高"的内容，而卖方也没有什么再需要解释的了，最后只有价格成为双方争论的焦点，谈判自然而然地进入讨价还价阶段。

卖方："我们的报价已经十分明确了，你们也提不出什么实质性问题，只是认为价格还应该更低些。那么你们说，你们能接受的价格是多少?"——这就是明确的讨价。

此时买方就会还价："经过那么多次的协商和认真的计算后，我们认为我方能接受的价格是……"——买方的还价。

接着就是一番争论，卖方会提出不少问题，买方进行解释。但双方能强调的理由已经不多了，强调最多的是长远的合作关系、相互的配合和友情等。卖方会做出某些让步，买方也会因此做出一些让步。这样的结果有两种可能性：一种是双方让步后达成一致，则谈判结束，合同最后签订；另一种可能是谈判进入僵局，双方互不相让，这一轮谈判只能结束，僵局可能会出现转机，但不会出现在这轮谈判中。

10.5.5 价格谈判的注意事项

从上面的过程描述中可以看出，价格谈判的过程是一次双向沟通过程，是双方要求的最细致、最具体的交流。同样是从模糊到具体的过程，最终落实到双方都能接受的价格上。这是个艰难的过程，因为双方的经济利益最终将在价格上体现出来，很难回避得失多与少的事实。正因为如此，价格谈判中充分体现出心理较量的特征。在此要再次强调以下几点。

(1)争取把所有的问题都得到明确后，再进行价格的较量，以免出现反复及恶意欺诈。

(2)获取信息是价格谈判成功的基本保证，获取信息时不能遗漏任何细节。

(3)保持良好的心理状态，不企图去剥夺对方的基本利益，也警惕受骗上当。不急不躁，不被他人情绪所干扰，也不去激怒别人。

(4)掌握好聆听的工具，不轻易打断别人的讲话，仔细听和观察对方的话语和举止。

(5)准备好了再表态，不留下容易被人利用的话柄和缺陷。

(6)明确自己的进入价格、退出价格和理想的成交价格，但不轻易透露，特别是退出价格。

(7)组织好价格谈判的逻辑思路，循序渐进，不轻易改动和放弃。

（8）以价值获得为最终目标，也就是为了长远利益，在适当的时机，价格上可以有所让步。

【本章思考题】

1. 价格谈判阶段是集中体现谈判双方利益的阶段，为什么要强调心理因素？

2. 为什么在其他问题都达成共识后再进行价格谈判更为有效？

3. 准备工作对于价格谈判显得尤其重要，为什么？

4. 价格解释得越具体，报价越清晰，越有利于卖方的价格争取，为什么？

5. 信息掌握得越具体、越全面，对买方的价格争取越有利，为什么？

第 11 章　合同执行

【本章结构图】

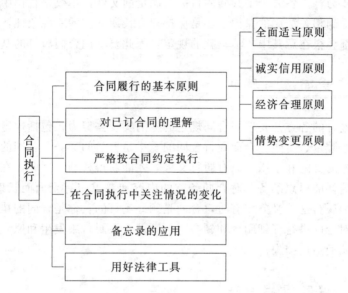

【本章学习目标】

　　合同执行是为了使合同发生效用的必须过程，但在执行中会遇到很多问题，最主要的问题是由于情势的变化导致原来的决策很难继续。因此，如何使合同得以顺利执行是本章讨论的主题。通过本章的学习，读者应了解在合同执行中必须掌握的方法和思路，尤其要学习应用信息、证据和法律工具，确保合同各方的利益得到保障和实现。

　　谈判达成协议后就进入执行阶段，直到合同终止结束。在这个过程中主要是操作性的内容，不在谈判理论的范畴之中。但在执行中又不可避免地因为情况发生变化，而要求修改原先达成的协议。执行过程中因为事先考虑不周，而使双方对事物进行中的状态的认识发生差异，引起纠纷，影响了合作的正常进行，需要协调和磋商。或者执行中因为一方的原因，而对双方都造成了损失，需要进行索赔和理赔，等等。因此，关于合同执行的内容同样需要谈判者掌握，并能利用合同和相关法律，来维护我方的合法权益。

11.1 合同履行的基本原则

合同作为合作各方为了共同的目标而制定的文件，不仅是合作中双方的承诺，而且受到相关法律的保护，还是保持双方长期信誉的一种象征，在执行过程中各方都会很在意其中各项条款的规定，因此要掌握合同履行的基本原则。

11.1.1 全面适当原则

合同签订的各方都要按照合同规定的标的实现去努力，包括规定产品或事物的质量、数量、时间。全面履行合同的承诺是自己的义务。合同的签订就是权利和义务的分配和承诺，只有履行义务，才能获得权利。因此，在签订合同时就要有这样的思想准备，对合同条款的内容和要求应有全面而长期的认识，确保有能力履行这些义务。有时，合同是领导签订的，你是合同的执行者，非常有必要对合同进行仔细阅读和领会，否则就会在履行中发生和原先要求相悖的事故，从而造成损失。

11.1.2 诚实信用原则

根据合同的性质、目的和交易惯例履行关于合同及相关文件的通知、协助、保密等义务。主要体现在以下三个方面。

1. 协助履行

合同各方不仅要努力完成合同为自己规定的各项义务，同时也可以要求对方协助自己的事务。经济合同主要表现在债权、债务问题上，注意这里不仅涉及资金，也包含实物价值的内容，如商品。

(1)债务人履行合同债务，债权人应当适当受领给付。合同双方构成债务债权关系是合同中最常见的经济关系，这里所谓"适当"是指在执行中要考虑对方的能力，既然是合作，争取的是双赢，适当考虑对方的能力将有助于合同的顺利进行。

(2)债务人履行债务，时常要求债权人创造必要条件，债权人应当给予帮助。例如渠道畅通、时间保证、创造条件等,体现出合作的诚意。

(3)合同因故不能履行或不能全部履行时,合同各方应该主动采取措施避免或减少损失,否则必然会使损失进一步扩大,对大家都不利。天灾人祸、事情发生巨大变化等事件都会使原来策划好的计划、方法失去意义,只有各方主动配合,从大局出发,才能克服因此而带来的困难。

(4)发生合同纠纷时,应当各自承担相应的责任。纠纷要处理,但相互推诿、扯皮不仅不可能解决问题,还会带来更大的损失。因此,首先承担各自的责任,再来处理损失,是最有效的方法。

2. 附随义务

所谓附随义务是指合同中没有明确约定的,但按照诚实信用原则应当履行的义务。《合同法》第 60 条第 2 款规定,当事人应当遵循诚实信用原则,根据合同的性质、目的和交易习惯履行通知、协助、保密等义务。这些义务是法定义务,无论当事人在合同中是否约定,都不妨碍这些义务的存在,当事人违反这些义务给对方造成损失时都应当承担相应的责任。这些规定都来自合同履行的惯例,得到社会公认,也得到法律的支持。

3. 在合同条款约定不明的情况下,合同履行更应当遵循诚实信用的原则

《合同法》第 61 条规定,如果合同约定不明或者没有约定的,当事人可以协议补充;不能达成补充协议的,按照合同有关条款或者交易习惯确定。这样的问题经常发生,在谈判中没有预计到的或考虑不周的问题,在执行中发生了,最好的解决办法是双方再次开始谈判,协商解决办法,签订补充协议。这在后面的内容中将作为重要问题提出来进一步讨论。

11.1.3 经济合理原则

经济合理原则是指合同履行是以追求经济效益为目的的。降低成本、提高效率始终是人类经济活动的基本宗旨。因此,在履行合同时无端进行浪费、拖延,从而造成经济损失的行为是不能接受的。无论合同中有无相应的条款,都可以追究当事人的责任。现在社会上有些人总在想尽一切办法钻政策不完善、不配套的空子,达到获取私人利益的目的,这本身就是违法的行为。不能说因为法律上没有这样的规定就不能追究责任。

11.1.4　情势变更原则

情势变更原则是指在合同生效后，发生了不能预见也无法克服的客观情势，使合同订立的基础发生变化，如果照旧执行的话，将对某一方，甚至各方有失公平，因此，依照诚实信用原则，这种情况下应当允许合同变更或合同中止。可以通过司法途径，改变合同已经确定的条款或撤销合同。情势变更原则的目的是追求价值目标的公平和公正，因此，其适用性有很严格的构成要件。

（1）需有情势变更的事实。这里强调的是变更的客观性，即变更不是当事人的主观认定。因此，必须有相关事实的证据，能充分证明这种变更不是当事人主观上能改变的事实。而且这种变更的确影响到了原来合同成立的基础，合同已经无法执行，合同执行的基础因此而不能存在或消失。

（2）情势变更发生在合同成立以后、履行完毕之前。也就是说这种变更发生在合同的有效时间范围内。尚未生效的或已经完成的合同不能以这种变更作为改变合同的理由，司法部门也不会介入这样的合同纠纷。

（3）情势变更的发生不是当事人的责任。有明确的证据证明，情势变更的原因和合同当事人没有任何关系和牵连，这样的变更才能列入本原则的处理程序。如果是因为当事人的原因而造成的变更，则应由相关的当事人负其责任。不可归责于当事人的事由有：不可抗力、意外事件与其他事件三种。

（4）情势变更是当事人所不可预见的。要有证据证明当事人对这种变更是不可预见的。倘若变更是当事人已经可以预见的或应该预见到的，也不属于本原则。例如出现的许多煤矿事故，作为矿主应该预料到因安全措施不到位，可能会发生重大事故的情势，因此就不能应用本原则。

（5）情势变更使履行原合同显失公平。有充分证据证明因为情势变更使合同当事人仍然执行原合同时会遭受原来不存在的经济损失。如果这种损失不明显，则也不适用本原则。

从以上五方面可以看到情势变更改变了合同的基础，同时也看到了证据的重要性。没有充分的证据，就无法得到法律的支持和保护，利益的获取和损失也就无法得到明确的认定。

11.2　对已订合同的理解

合同执行中的第一要件是对已经签订合同的全面理解。尽管在谈判过程中及签订合同前已经对合同条款进行了反复认真的推敲，并对其可行性和预期结果也进行了详细研究讨论，但这只是决策层面的行为。即使合同中不存在任何问题，还是不能保证在履行中不会发生问题，因为执行者对合同的认识和理解和决策者不一定一致，这就可能带来错误执行的可能性。更何况决策者也可能在谈判中存在不周全的隐患，从而使执行者出现问题的可能性更大。下面通过案例 11-1 和案例 11-2 来讨论该问题。

【案例 11-1】

奶制品的安全问题

T 公司是一家有相当知名度的食品企业，奶制品是其龙头产品，每年产值达千万元以上。其奶制品有许多品种，有鲜奶、酸奶、奶酪等，还有以此为原料的其他食品，因此，公司对奶源很重视，有着定向的奶品供应商。多年来一直运行得很正常，效益也不错，但近期出现了问题。因为社会上对牛奶的质量有了很大关注，政府食品安全管理机构也加强了监管，在某大型超市发现了 T 公司的某项产品不符合食品安全标准，立即责令 T 公司查处相关产品。T 公司收到通知后十分重视，马上组织有关部门进行复验，在整个业务流程中没有发现异常，所有数据都在正常范围内，包括原材料的进货途径和时间控制，唯一的问题可能是原料奶中某指数有不符合要求的情况，因此，马上和供应商 D 联络。D 在知道情况后没有作出很快的反应。原来 D 是从北方许多奶牛养殖散户那儿采购的鲜奶，无法找到问题的源头。为此 T 公司和 D 进行了多次磋商，问题主要集中在：T 公司和 D 的合作是合法的、可持续的，但在合作合同中缺乏质量监管的条款，也没有明确鲜奶中非正常物质的检验标准，很难认定责任。D 公司问题更复杂，将从散户收集来的鲜奶混合在一起进行处理，因此无法寻找源头。在合同中只有数量和价格，没有任何有关质量的控制要求和检验标准，因此，双方只能根据数量和收益情况接受处罚。今后应该如何应对成为两家公司改进的主题。

案例分析：

这是当前食品行业中普遍存在的不足。该案例中两家公司既是肇事者也是受害者。现在大量的合同中仅有明确的商品及其数量、价格、交货期，对于具体的商品要求往往十分模糊，无法确认。即使有产品标准，也常流于概念化，没有量化的指标体系和测量要求。D 公司将收购来的鲜奶直接混合也是问题的原因之一，现在也十分常见。归纳起来，我们对合同内容的理解上还存在严重不足。

案例讨论：

1. 应该在哪些方面补充合同内容？具体应该有哪些内容？

2. T公司和D公司的责任划分也是主题之一，应该如何协商讨论？

4. 对于分散的养殖户产品的规范和检验应该运用什么手段呢？

【案例11-2】

发包合同的有效性

L公司是一家大型机床设备制造公司，主要供应有较高技术含量的平面数控机床，每年有很大的生产量。为了控制成本，大部分低端的配套制品都通过转包方式让一些中小企业去完成，但有一次发生了令人震惊的事故，使得公司领导开始重视这方面的问题。去年，公司接到了一份国家级企业的大型设备订单，公司领导十分重视专门成立了项目领导小组，主管该项目，从设计到制造都十分顺利。其中一个配套设备由项目领导小组安排一个专门小组去完成，该小组进行了具体策划和安排，一部分由自己来完成，一些辅助性零件选择另外一家企业去完成。经同事推荐，找了一家相对比较便宜，又比较近的企业H进行加工。没成想交货期已经到了货还没来，公司着急了，多次上门催讨。好不容易产品送来了，经检验多方面不合格，无法用到设备上去，严重影响了总设备的完工进度。L公司为了给上级一个交代，起诉H公司违约。经仲裁机构调查，H公司是一家制造企业，但没有制造相关塑料产品的资质，公司营业执照上的经营范围就是明确的证据，因此，该错误双方都需担责。

案例分析：

这是一个很简单的故事，但却具有普遍性，在过去一段时间内发生过多次类似的纠纷，使当事人付出了巨大代价。问题出在决策者对问题的认识过于粗浅，合同内容不能保证其正常履行。不仅L公司遭受了很大损失，H公司其实也遭受了很大损失。在解决这场纠纷的过程中，L公司不能按计划正常生产，带来的损失也是无法弥补的。对照本章第一节关于执行的原则，不难看出以下问题。

1. 合同签订前必须对合同内容进行仔细推敲，从合法性、可行性、公平性等方面进行分析，不能被局部的、一时的利益所诱惑，要全面地看问题。

2. 法律依据是合同最基本的条件，离开法律的支持合同是不能成立的。不仅合同要合法，合同中所有条款都必须符合有关法律规定。

3. 正确理解合同条款的内容非常有必要，稍有疏忽，后患无穷。

案例讨论：

1. 合同层层分包会带来什么问题？
2. 为什么 L 公司也需要承担责任呢？主要体现在哪些方面？
3. 选择合作伙伴要注意哪些问题？

11.3　严格按合同约定执行

合同是谈判双方在平等基础上的约定，而且在履行前和履行中，双方都会按这样的约定进行准备和行动，并对其结果及后续工作做好进一步的规划和打算。同时，合同双方又是单独的行为实体，在履行合同过程中除了合同规定的内容外，其他行为都不受其制约和干扰。因此，双方必须严格按照合同中的约定执行，凡是没经过合同各方共同认可的改变，不论出于什么目的，都得不到法律的保护，在合同争议中也得不到支持。这一点在订立合同时要注意，在履行合同时更要时刻加以关注。

【案例 11-3】

好意改变合同内容[①]

我国某土产进出口公司对新加坡出口一批红枣，国外来的信用证规定为三级品。交货时，土产公司因库存三级红枣缺货，就改成了二级货，发票上注明：二级红枣，价格照旧，即按原来三级货计价。土产公司原以为所交付的货物品级较原定的为高，而价格不变，对方不会有任何异议。但是，事实恰好与他们预料的相反，因国际市场行情不好，商品价格下跌。买方收到上述单据之后，称无法接受我方的二级货，认为土产公司违约，没有按照合同规定发货，而提出索赔要求。

案例分析：

土产公司只根据主观认识改变了供货的品级，最后遭到了指责，似乎有些吃力不讨好。但仔细思考一下，问题真的不少。从现象上来看似乎土产公司吃

---

① 参见白彦锋：《国际经济惯例宝典》，38 页，北京，民主与建设出版社，2001。

亏了，因为市场变化，正好被买方利用，成就了一次毁约的机会，买方占了便宜。但从长远来看，即使市场行情没有发生什么变化，土产公司这样做给买方也带来了许多不便。这次你以二级替代了三级，以后能否每次都这样做呢？显然不可能。买方不是红枣的最终需求者，他在供应商品时要求商品质量保持稳定，以及质量和价格相匹配。而这次卖方以二级品的质量代替了三级品后，买方的处理就很困难了，他作为卖方在供应中是提价还是保持原价是十分为难的问题。

【案例 11-4】

双方擅自改变合同的行为①

1997 年 5 月，A 市商贸公司（以下简称 A）与 B 市农业生产资料综合门市部（以下简称 B）就购销建筑用钢材一事签订了书面购销合同。合同约定，A 公司供应 B 公司的进口建筑用螺纹钢 250 吨，每吨价格 1 600 元人民币，总价款 40 万元，交货日期为 1997 年 10 月底，在天津港报关、商检后交货。同年 10 月 25 日，A 公司从俄罗斯进口螺纹钢 250 吨抵达天津港后，立即通知 B 前来接货并支付货款。但 B 却以种种借口拖延，十天过去了，仍没有任何举动。为了避免支付更多的仓储费用，A 于 11 月 10 日将这批钢材从港口取回，堆放在自己的露天仓库里，后被盗走了 50 吨，另有部分钢材生锈。由于多次催促 B 来提货未果，A 只能通过司法途径寻求解决，要求 B 来提货、支付货款和违约金并赔偿损失。经过了解，B 属于农业生产资料经营机构，购销钢材为超越其经营范围的行为，因此，B 不敢继续执行该合同。

案例分析：

案例中，双方都没有按照合同的规定进行运作，而是擅自按照自己的意愿改变了合同的要求。B 是这起事故的起因人，超越自己公司的营业范围进行非法经营，企图通过倒买倒卖钢材来获取利益。等到发现问题后，又企图推卸责任，用不履行合同的约定把损失推向 A，因此，不仅不合法，而且很不道德。作为 A 方，照例应该是受害者，如果严格按照合同进行运作的话，在发生损失时完全可以通过法律程序追究 B 方的责任和获得赔偿。因为对 B 的非法经营不知情，不是同谋者，因此可以获得法律的支持。但是，经过催促无效时，A 没有严格按照合同进行运作，而是自作主张把钢材从码头拉了回来，使货物

---

① 参见俞里江：《合同法典型案例》，99 页，北京，中国人民大学出版社，2003。

受到了损失。这样反而给了 B 一次反悔的机会。我们可以设想，如果 B 知道了这样的结果后，会采取什么办法来推卸责任，又会给 A 造成什么损失。

案例讨论：

从以上两个案例可以进一步讨论：

1. 不按照合同协商确定的内容运作会发生哪些不愿意看到的事实？

2. 如果谈判时商定的措施并不合适，该如何处置呢？难道就只能遭受损失吗？

3. 案例 11-4 中 A 该如何处理最为有利呢？损失一定会追回吗？还有什么更重要的注意事项？

4. 针对在我方不知情的情况下对方的欺诈行为，怎样利用法律工具来保护自己的利益？

11.4　在合同执行中关注情况的变化

合同是经营决策的结果，要保证其在执行过程中一直没有问题是不现实的。除了考虑合同的有效期不宜太长、控制的空间不宜太大外，不断关心情况的变化是必不可少的行为。合同规定的内容和履行的过程发生冲突有两种可能：一种是客观情况变化，使得合同的内容已经不再适于继续执行了。其中有两种结果：其一是整个合同不能再继续；其二是合同中某些方面或条款无法再兑现。另一种是合同双方中有一方，甚至两方都有较大变化，使该合同已经无法继续进行或没有必要再继续，同样有全部无效和局部不适宜两种结果。因此，在签订合同以后必须有专门的组织或人员花费一定的时间和精力关注情况的变化。以下我们用案例 11-5 和案例 11-6 来讨论和体会这样做的必要性。

【案例 11-5】

情势变化引起纠纷[①]

1987 年 9 月，武汉市煤气公司（下称煤气公司）和重庆检测仪表厂（下称仪表厂）在武汉签订了一份"关于煤气表装配线技术转让协作合同"及补充协议书，

---

① 参见最高人民法院公报编辑部：《最高人民法院公报典型案例全集（1985—1999）》，523～529 页，北京，警官教育出版社，1999。

约定：仪表厂向煤气公司转让 J2.5 煤气表装配技术，提供装配线全部工模夹具、专用设备和全套技术图纸资料，为煤气公司建立一条年生产 5 万只 J2.5 煤气表装配线，并从技术上指导煤气公司装配出 1 000 只正向表和 500 只反向表；仪表厂应优先满足煤气公司装配线的生产需要，提供足够数量的 J2.5 煤气表散件和配件（不包括原辅料），确保散件质量，并负责培训煤气公司维修装配检验人员 10～15 名；煤气公司应付给仪表厂全部图纸资料费人民币 50 万元，工夹模具、专用设备及检验设备费人民币 20 万元（不含运费），技术协作费 10 万元，合计 80 万元人民币；在合同生效后 2 个月内，煤气公司向仪表厂支付 90% 的技术资料费，即 45 万元，款到后 10 天内仪表厂向煤气公司提供全部资料，在试生产和煤气公司核实全部资料齐全后，支付 10% 的余款；合同有效期三年。同年 10 月 29 日，双方签署了谈判会议纪要，对装配合同中未尽事宜作了进一步约定，随后双方开始履行合同。仪表厂于 1987 年 11 月至 1988 年 6 月，先后 5 次向煤气公司移交了图纸和技术资料，并提供了工夹模具及有关零配件，煤气公司先后支付了图纸资料费的 90%，即 45 万元，工夹模具设备费的 70%，即 14 万元。1988 年 4 月煤气公司支付了技术协作费 10 万元后，仪表厂在重庆为煤气厂派出的 22 名技术人员进行了培训。同年 6 月，双方进行了验收并签订了有关 J2.5 煤气表装配线技术转让合同的四个验收协议和报告。随即，煤气公司向仪表厂支付了图纸资料费的 10% 余款，即 5 万元，工夹模具费的余款中的 5 万元，另外余 1 万元在合同期满后再一次性支付。至此，煤气公司已经向仪表厂支付了全部技术转让费 80 万元中的 79 万元。技术转让协作合同及其补充协议中约定的正向表技术转让基本履行完毕，反向表技术未能履行。1989 年 5 月 6 日，煤气公司致函仪表厂，要求全面履行合同及补充协议，仪表厂认为合同已经履行完毕，反向表不属于其约定义务。

双方在此过程中，还签订了一份“关于 J2.5 煤气表散件供应合同”及补充协议，约定由仪表厂供应煤气公司国产 J2.5 煤气表散件 7 万套，其中 1988 年供 3 万套（60% 为正向表散件，从当年 4 月 25 日起每月平均供货；40% 为反向表散件，当年 9 月 25 日起每月平均供货），1989 年供 4 万套（40% 为反向表散件，按月平均供货），每套散件单价 57.3 元，总价 401.1 万元，货到经煤气公司验收后 10 天之内由银行托收承付。合同还对质量、运输方式、产品包装及违约责任作了约定。此后，仪表厂于 1988 年 5 月 6 日、6 月 23 日、8 月 19 日三次向煤气公司发运正向表散件 1 万套，煤气公司实际承付货款及运费 525 364.35 元，之后，煤气公司以仪表厂供货数量不足、质量不合格为由拒付 50 287.14 元，另欠仪表厂购材料款 3 597.84 元。1988 年 11 月 23 日，煤气公司向仪表厂去函要求仪表厂履行散件供应合同。仪表厂于同年 12 月 20 日复函煤气公司，以市场变化过快、物价上涨为由要求散件价格上调。1989 年 3 月 25 日，仪表厂向煤气公司发出"关于再次磋商 J2.5 煤气表散件价格的联系函"，提出在散件成本上涨到每套 79.22 元、物价部门核实的价格为每套 83 元的情况下，愿意不计利润并尽可能承担一定经济损失，以 J2.5 煤气散件每套 75.5 元作为变更或解除双方签订的煤气表散件供应合同的最后报价。煤气公司仍要求仪表厂按原合同价履行，仪表厂则停止向煤气公司供应煤气表散件，双方因此而发生纠纷。

案例分析：

通过以上详细的案例介绍，你从中得到什么体会？应该说谈判双方对于各种问题的协商还是比较认真的，合同内容也是比较周全的，在履行中也是按照规定的内容进行的，但为什么还会造成合同最终无法继续履行的后果呢？

1. 双方经过认真的协商，也仔细的研究了合作的方法。因此，采用了两个独立的合同来约定双方的权利和义务，应该说是可取的。这一点在案例中已经体现出来了，第一个合同完成得比较好，尽管也留下了一些问题，但这主要是因为第二个合同没有做好而造成的后遗症。

2. 情势发生变化是出现双方纠纷的主要原因。客观情势的变化十分明显，20 世纪 80 年代中期物价上涨的幅度比较大，原材料价格的上涨严重影响了生产厂商的正常经营。例如签订合同时原料铝锭的价格为每吨 4 400 元至 4 600 元，而到供应时已达 1.6 万元，铝外壳的售价相应由每套 23.085 元上调到 41 元。而下游企业对于物价上涨的事实又无法马上接受。因为，下游产品的价格在下滑。这样的矛盾使得客观情势发生巨大变化。本案例的煤气散件从每套 57.3 元上涨到 83 元，涨幅达 45%，仪表厂的确难以承受，煤气公司也无法接受这样的价格。而且，这种变化似乎是无法预见的。而这种变化又引起了双方内在的变化，仪表厂在成本的压力下产品的质量有所下降，承诺的义务没有很好执行，如反向技术的提供，这样就造成了煤气公司的不满。煤气公司也因此而采取了比较消极的办法，货款的支付有所拖延，对供给的散件的质量更加挑剔。其结果影响到了双方的合作关系，最终只能通过司法部门来调解，双方的损失是可想而知的。

3. 合作双方开始时还是比较认真负责，能按合同规定的时间表进行运作的，但时间一长就发生了问题，特别是对对方的信任程度不断降低，使合作的气氛很快变得紧张起来，甚至产生纠纷，这是为什么呢？仔细思考后会发现有两方面的问题：首先，外因是条件，因为市场的变化使得利益的预计发生了变化，各自从自身利益出发来处理，必然会损害对方的利益，信任感因此而降低；其次，在合作中双方都停留在就事论事的层面上，没有全面地考虑问题和对可能发生的问题有所准备，缺乏风险意识。

4. 该案例似乎已经是很久以前的事，但其典型性对今天仍然具有很大的启示。经济发展每过一段时间，必然会出现大幅度调整的阶段，最典型的是价格的动荡，如何应对是经营者必须重视的。

从案例中可以得到三点教训：其一，在合同执行过程中要加强信息收集，及时了解市场的变化，从而调整应对策略和措施；其二，合同的有效期不宜太长，本案例中的合同双方对煤气表的散件供应价格不应该有刚性的规定，可以约定每次重新协商，也就是可以签订长期合作关系合同，每次的供货价格由每次协商确定，应在合同中明确这样的方式；其三，合同执行中，合作各方应该加强沟通，对发生的问题采取协商的办法，考虑对方的利益和我方利益的变化，有利于取得双赢的调整方案。

【案例 11-6】

开发新生产基地中的困惑

F 集团是超大型的代工企业，主要集中在电子产品领域。因为我国劳动力比较丰富，而且正处于经济高速发展阶段，F 集团抓住时机努力发展，在全国很多地区投资设厂，投资的主要方向还是集中在为世界著名 IT 企业提供代加工服务。F 集团应该说在国际上已经获得了认同，订单量大、面广，每年都会出现许多新的加工方式和加工工具。因此，企业发展不仅体现在产值上，还表现在投资规模上。沿海地区已经有了多个生产基地，近年来逐渐进入二三线城市。但在发展中发生了许多意想不到的事情。例如，到 S 省投资建立新工厂，开始时十分顺利，不仅受到当地政府的热烈欢迎和支持，当地居民也十分高兴，因为这是一次非常难得的经济发展机会。随着工厂建成、招工、开工过程的进行，新工厂的管理团队从沿海地区老基地中被选拔出来，管理方式也是根据集团统一模式引入的，对新职工的培训也是根据集团管理制度严格执行的，这些做法在深圳、昆山都取得过良好的业绩，因此，感觉不会有什么问题。同时，F 集团为了谨慎行事，在执行前都将要求用书面和口头两种形式告知过当地政府，在开发合同中也明确规定了行为过程的基本原则。但事与愿违，开工不到半年，问题出现，许多部门和员工对集团的做法提出质疑，甚至出现了罢工的事件，严重影响了正常生产。当地政府出面协调，效果甚微。薪酬问题只占很小部分，因为 F 集团的薪酬标准在当地属于很高的，主要表现在工作计划的紧凑性，计划时间余量很少，没有弹性空间，当地员工不习惯，也不能接受。多次事故后，F集团只能作出一些改变，同时修改了该地企业发展的总体计划。

案例分析：

在新建工厂前的谈判、决策很顺利，为什么执行中会出现没有预料到的问题呢？归纳起来有如下几点值得注意。

1. 谈判总目标双方认同一致，但具体细节目标存在差异。宏观上要发展经济，因此，双方都同意开发。地方政府划拨了大片土地供F集团开发，还提供了许多优惠政策，F集团也出巨资投资建厂和购买设备。工厂建成后F集团追求高效率没有错，但忽视了当地的习惯，简单引入沿海地区的管理模式，造成了员工的不习惯，进而引起了不满。事故发生后F集团的领导也和当地政府进行了沟通，但收效甚微。不少政府官员对员工们的抱怨很同情，但又想不得罪F集团，因此相互推诿和拖拉就不难理解了。可见谈判中目标设定不仅要重视总目标，对细节也需要密切关注。

2. 企业发展是渐进的过程，不可能立马成功。借鉴以前成功的经验很重要，但简单引进是不足的。分析当地的文化特点、生活习惯等是不能少的过程，因此，在合同执行中应该有柔性化的处理空间，留有余地是不可缺的做法。本案例中这是最直观的原因，值得借鉴。

3. 不断沟通是合同执行中的主要工作之一。我们往往重视的是事业上的沟通，例如如何发展经济、如何提高效率，如何减少事故等。其实，在合同执行中情感的沟通也是不可少的方面。与领导需要这方面的沟通，和员工同样需要密切的沟通，尤其是情感上的沟通。工资水平很重要，但这不是唯一的问题，让员工理解企业运作的特点和要求，逐步达到认同的水平，这种事情就不会发生了。

案例讨论：

1. 当前国家经济发展正进入转型阶段，投资方式也在发生变化的情况下，重视本案例的思考和借鉴有哪些意义？

2. 如何在签订合同的基础上做好沟通呢？

3. 发生与预想结果不同的事情时，我们重点应该抓住哪些方面的问题？

【案例 11-7】

成品库存积压的困惑

S 电缆公司是一家很成功的民营企业，主要产品是为电力系统提供的电缆。在某市的工业区内建成了具有国内较大规模的电缆生产基地，不仅引进了先进的电缆生产设备和技术，而且在现代化管理方面也做了很大努力。因此，产品质量是一流的，现场管理是有序的，职工队伍素质较高，而且有较大的凝聚力。为了新产品的开发专门建立了开发中心和研究所，引进了一批具有较高素质的技术骨干，而且，公司特别重视职工的培训，对各层面的管理干部和技术干部进行有计划的系列培训，一般员工也有专门的培训计划。正因为如此，S 公司深受电力行业的关注，其订货量非常充足，任务饱满。尤其我国正处于发展期，电力网络系统的建设对各种电缆的需求量很大，而该产业又具有高投资型的性质，属资金密集和技术密集型产业。因此 S 公司具有很强的竞争力，较少竞争对手。但是，和其他一切事物一样，S 公司在运营中也不是没有任何困难的。在履行合同中最大的困惑是买方的提货不准时。S 公司在接受订货，签订交付合同后，严格按照合同要求进行生产，在交货期满之前肯定保质保量将产品安放到成品仓库，并在电缆盘上做好明确标记，等待提货。但买方往往迟迟不来提货，比较好些的买方会打电话来告知，因为某某原因要求推迟提货期，而大部分买方连招呼都不打。如果去电话催促，有时还会遭到无端谩骂，职工中把这种现象称之为"电老虎"。货未来提，当然货款也就没有收齐，即使有一定的预付款，也是十分有限的。电缆是一种特殊的产品，其规格、长度、包装、质量等要求都是按批确定的，因此不能挪作他用，只能搁置在仓库，等候提货。初步测算，因此而造成的长期流动资金积压达五六千万元人民币，成为企业的沉重负担。

案例分析：

对于这种难题，有人提出，S 公司可以向买方索赔，至少可以获得滞纳补偿。在现阶段，为了能获得长期的订单，作为一个民营企业哪有这样的胆量去得罪电力系统呢？那么该如何解决这样的问题？解决的最佳途径是公司市场部专门设立"客户关系服务部"，对主要客户建立客户服务网络。与客户建立友情只是最初的步骤，更为重要的是关心客户在电力建设过程中的需求变化，从而及时调整合同的履行要求。更有力的做法是提供进一步的合作服务，尽力帮助客户解决所遇到的困难，达到双赢的结果。当然这样做要付出代价，但与大量积压产品和流动资金相比，这些付出就要少得多，况且能因此而获得客户的更多的信任和订单，也为企业发展确定了方向。S 公司开始这样的举措后，使得经营过程更具理性，信心更足了。

1. 关注客户的需求及变化是合同签订后不可或缺的举措，无论卖方或买方都应该关注这一点。合同就是合作，只有双赢才是最佳的选择。S 公司经常和客户交流、沟通，建立了友情，更巩固了合作关系，进一步理解了电力系统建设的难点所在。因此，在合作中就会采取适当的措施，来帮助电力建设企业顺利完成任务。其结果是公司的提货逐渐正常了，货款也能及时收到。

2. 客户信息系统十分重要。根据客户所在行业、主要的市场、经营特性，建立客户信息系统是合同执行中的必要措施。完整、准确、及时的信息收集是合同顺利进行的保障。本案例中 S 公司在总结经验教训后，就经常以服务的方式和客户沟通、交流甚至参与项目建设，把客户的要求了解得十分具体和清晰，在完成订单时就没有了任何犹豫。

3. 制造业的服务化倾向。现代制造业一定要和服务联系起来，一定要和信息收集及处理联系起来。

案例讨论：

从以上两个案例入手，可以进一步讨论：

1. 事物总是在不断变化着的，怎样才能保证签订的合同在合同有效期内得到顺利地实施？

2. 怎样去收集客户或合作方的各种需求及变化信息？

3. 万一合同中的内容已经不能适应已经变化了的现实，我们应该采取什么措施？

4. 对方的变化不利于进一步履行合同时该怎么办？

11.5　备忘录的应用

合同是谈判各方共同决策的结果，是各方根据谈判时的客观情势和主观的利益追求而确定的合作关系，规定了双方在合作中的行为规则。但是人的认识总是有局限的，一旦认识和客观事物发展不一致，纠纷就会出现，给合作带来困难。因此，必须利用各种方法来获得变化的信息，不断调整经营的策略和计划。合同只有合作各方共同努力才能取得实效，因此，凡是有损于某方利益的变化都会影响其履行合同的积极性。从这一点出发，可以预想到这样的结果，在履行合同过程中只关心自身利益的实现是不够的，主动关心共同的利益及合作各方利益的可变动性是很有必要的举措。加强沟通是这种举措中的重点，无论是一般的贸易活动或是长期的经营合作，都有必要在合作过程中有目的地进行不间断的沟通。通过信息交流和认真的分析可尽量掌控合同履行过程中可能发生的可变因素，一旦出现对合同履行不利的趋势，就可以主动出击，及时解决问题，将损失限定在最小的水平。但这种措施在实施之前，很有必要和有关各方进行务实性的沟通，以书面方式把这种变动确定下来，使在以后的过程中不再发生纠纷或争议。这种书面形式就是"备忘录"。而备忘录的确认实际上又是一次谈判的过程，以下用案例来说明其应用的方法。

【案例 11-8】

来料脱期的处理

N 公司和美国 D 公司经过认真而仔细的谈判签订了一份来料加工的合作合同。合同规定 D 公司在合同签订后 30 天内用海运方式将生产产品 H 的主要原材料 M 和零部件送达 N 公司，90 天内 N 公司将成品用 C&F 方式交付 D 公司，有关技术资料自合同签订之日起由 D 公司直接向 N 公司提供，其他所需材料由 N 公司自备。货款和质量要求另有具体条款规定。

2003 年 3 月 1 日，双方达成一致签订了合同。N 公司拿到了所需的技术资料和加工图纸，立即组织技术人员和有关车间进行技术准备，采购部门采购所需的材料和有关工夹具，动力设备部门开始制造所需的模具，生产计划部门编制生产计划，一切都按照双方达成的协议有条不紊地开展工作。但到了 3 月 31 日 D 公司提供的原材料和零部件没有到货，N 公司主动去电询问，D 公司称已经按时发出，应该就在路途之中。4 月 5 日 N 公司接到船运公司电话通知，获悉货到日期可能要延误到 4 月 20 日。当天，N 公司召开了紧急会议对这样的变化进行了磋商，生产部门认为要按原来规定的日期完成订单的可能性已经很小，而且如此紧迫的生产会造成质量的不稳定。会后 N 公司立即和 D 公司进行了电话沟通，D 公司强调了该批产品的重要性，交货期的要求不能改变，质量标准也不能降低，希望 N 公司能尽量克服困难，并派出代表赶来中国进行协商。

4 月 7 日，新一轮谈判开始，双方从各自的利益出发，又充分考虑了对方实施的困难和改变计划的可行性，最终签订了双方协商的备忘录。

关于调整 H 产品生产计划的备忘录

根据双方 2003 年 3 月 1 日签订的关于 H 产品的合同要求，N 公司必须于 2003 年 6 月 1 日前将合同规定的产品交付于 D 公司。现因合同规定的由 D 公司提供的原材料和零部件无法按期到达，按原日期交付存在困难，故进行了磋商，达成本备忘录。

双方争论的焦点：

1. D 公司强调 H 产品具有特殊用途，因此交付日期无法修改，质量标准不能降低。

2. N 公司理解 D 公司对产品的时间要求，但原来确定的 60 天加工期已经是满负荷的生产计划，再行缩短将不能保证能按时完成。

3. 发生脱期的责任不在合作双方，有必要追究船运公司的责任，但不能解决 D 公司的准时交货问题，也无法解决 N 公司的生产日期不足的问题。

经过反复研究磋商，确定如下措施：

1. D 公司承诺催促船运公司尽快将货物运抵中国，并为接货做好准备，减少产品运抵目的港所需的时间。

2. N 公司承诺在 2003 年 6 月 1 日提供合同要求产品的 80%，即×××台套，其余 20% 在 6 月 10 日前交付。因此而造成的运费增加由 D 公司与船运公司交涉解决。

3. 因生产计划改变而增加的成本，待产品全部完成后，通过 B 审计公司审计确定具体数额，双方再行协商解决补偿办法。

N 公司代表：×××　　　　　　　　D 公司代表：×××

2003 年 4 月 8 日

案例分析：

这份备忘录实际上是对原来合同的一种修订，是双方根据各自利益而进行协商的结果。这样做看起来麻烦了些，但其优点是十分明显的。

1. 因为船期问题而造成原材料到货脱期直接影响了正常生产计划，如果不采取措施，则造成的后果是 N 公司无法按期交货，即使用加班加点的方法赶制出来，质量将得不到保证。如此，D 公司就无法按计划取得产品，而直接影响到下一步的计划，损失是不可估量的。而合作计划进行修改后，尽管造成了些麻烦，也有一定损失，但损失已经在控制范围之中。双方的合作可以得到继续，纠纷不会出现，最根本的问题是双方的基本利益得到了保证。

2. 有人会提问，损失可以向船运公司追溯。因为时间紧迫，事故当前不宜马上去做这件事。即使是船运公司的责任，最多从经济上给予一定补偿，不可能补偿所有损失，包括直接的和间接的损失，特别是 D 公司下一步计划的损失是无法得到补偿的，而且该损失可能会更大。何况船运公司的脱期完全可能是自然环境造成的，如台风的影响，属于不可抗力，则 D 公司连最起码的损失补偿都不能获得。为了追究责任还要付出不少代价，特别是将会耗用更多的时间，而这是在本项目中最紧缺的资源。因此，在项目结束后再来处理这件事反而显得主动。

3. 协商解决方案也是一次谈判，和初始谈判不同的是讨论的问题更加具体，而且只是对原来合同的局部修改。因此，相对来说要简单些。双方都强调了自己方面的要求和困难，实际上体现出了各自的利益，然后通过协商来寻找解决的途径。也就是从双方的共同利益出发，找到双方都能接受的方法。这又是一次利益的博弈，各自放弃相对次要的利益来获得最重要的利益。本案例中，N 公司把时间计划进一步紧缩，从 60 天减少到 40 天，再加上后期的 10 天弥补期；D 公司允许将按期提供的产品从 100％降到 80％，可以首先满足最紧要的需求。这样处理给双方都带来了麻烦，但基本利益都得到了保障。同时在追究船运公司责任时也减少了船运公司的补偿水平，使问题解决比较简单。

备忘录是合同文件的一种类型，一旦签署，同样受到法律的保护。在以后的活动中就大大减少了双方因这次事故而造成的争论和扯皮。许多合作者在执行合同过程中发生了问题只进行联络沟通，没有形成书面并经双方确认的文件，其结果常常不理想，即所谓"空口无凭"，出现争议的机会很多。备忘录谈判似乎要花费一定的时间和成本，但因此而减少的损失将远比不采取措施的情况下要小很多。因此，备忘录是合同履行过程中最重要的工具之一。

【案例 11-9】

总合同和分合同

S 市准备引进技术建设和改造自来水系统，使该市的自来水供应达到更高的水平。而 T 公司是世界上著名的自来水工程公司，不仅能承担大型、复杂的自来水工程，而且可以用 BOT（建设—经营—转让）的方式帮助客户进行融资，从而加快工程的进度。S 市与其合作应该说是很合适的，但问题是作为一个发展中的城市，存在着大量不确定因素，如城市的规划只是一个初步的打算，不具体，更无法说清楚具体的数字。将来城市发展的具体产业及分布、人口密集度等都无法预计。这使得自来水供给系统很难一步到位，只能分阶段进行。第一期先解决当前水资源紧缺的问题，第二期争取解决最近发展中缺少的部分，第三期如何尚无法具体提出。

S 和 T 的合同应该如何处理呢？

经过双方深入细致的谈判，双方签订了一份关于在 S 市自来水工程项目的长期合作合同。这份合同详细规定了合作双方的责任、义务和权利。合同明确规定了自来水工程进展的过程要求：如何立项，如何设计、规划和预算，如何融资，如何进行招标，如何进行工程管理等。而对相关的技术要求和工程计划没有作出具体的规划，也没有对工程的核定价格具体细算。这就是一份总合同。在此基础上再对一期工程进行谈判，签订一期工程的合同，对于二期工程只进行了意向上的磋商，没有详细讨论。一期合同的内容完全满足总合同的各项要求，但就工程的规模、需求的细节、预算的范围、工程的计划原则、质量标准、监理的准则和方法等详细规定而论，实际上一期合同就是总合同的第一个分合同。两年后，一期工程顺利完成，S 市的自来水供应得到了很大的改善。同时，双方对二期工程的内容和要求也在这两年内得到了细化，二期工程的谈判开始进行，双方签订了二期工程合同和备忘录。二期合同规定了大量新建区域的自来水配套工程。和一期工程最大的区别是：一期多为改造工程，改善自来水供应水平；二期多为开发工程，为进一步发展提供基础条件。这两份合同在内容及表达的重点上有很大的区别。双方签订的备忘录表达了两方面内容：首先是归纳了一期工程合作中成功的经验和存在的不足，从而对合作方式进行了微调，即对总合同中某些不明确、不完善的方面进行了调整和改进；其次，对三期工程提出了具体安排，包括规划、技术上的提高、绿色工程的要求等，规定了双方对三期工程准备工作的分工和合作。合作内容也从最初的只有自来水工程到增加新的污水处理工程。T 公司不仅为 S 市提供了全方位的工程合作，并逐步延伸到其他城市，获得了更多的项目。

案例分析：

本案例涉及一项大型工程的实施，因为情况会发生很大的变化，不可能把所有问题在一个时间段内弄清楚，因此，需要将合作合同分阶段来进行，同时在合同实施的过程中，对以后的问题逐步认识清楚，为以后的合作做好准备。

1. 总合同的作用是用制度化的方式来规定合作的模式。明确合作的责任、义务和权利分配的原则将有利于具体问题的谈判，因此，总合同可以延续比较长的时间段。制订的重点是长期性、合法性和制度化。

2. 分合同可以在总合同的框架下对具体工程的合作做出安排，其有效范围就限定在这项具体的工程项目中，时间也是限定的，工程完工，合同就失去效用。这样就很能适应变化，也具有很大的灵活性。当然，如果分合同涵盖的内容还是太大，时间跨度还是太长的话，可以在分合同的基础上再次细分成进一步的分合同。这种方式在大型工程项目中经常采用。要注意的是层次太多会引起合同条款之间的矛盾，给合作带来负面作用，因此，合同层次不宜太多，应保持在控制范围以内。

3. 备忘录在谈判过程中起到的作用是很重要的。本案例中双方专门对两方面问题进行了协商并达成一致，不仅给以后的工作带来了帮助，而且提高了合作双方的相互信任程度，使合作关系进一步加深，合作的业务范围也有了进一步的扩大。备忘录的内容可以按照双方的意愿，对于共同关心的问题进行协商讨论，最终以正式的文件表达出来，成为双方共同遵守的行为规范。

案例讨论：

上述两个案例对合同履行中的沟通和备忘录方式进行了介绍，可以进一步讨论：

1. 在合同履行过程中，如何获得更多、更准确的信息？

2. 为什么说单纯的信息沟通是不够的，一定要将沟通的结果用书面方式表达出来？

3. 备忘录形式对合同履行有哪些具体的要求和做法？

4. 备忘录的谈判过程和原来合同的谈判过程最主要的区别表现在哪些方面？

11.6　用好法律工具

合同签订的前提是各方共赢，所以，谈判签约时往往各方都很兴奋，似乎都看到了光辉的前景。但事物是会变化的，人的认识往往和事物发展的趋势不能完全一致，有时甚至出现背道而驰的局面。在合同履行过程中出现的情况有许多是难以预料的。上面几节强调了信息的掌握、合同各方的沟通、备忘录的应用等方式能够使这种变化得到有效的控制。但不是所有的问题都能通过上述方式得到解决，合同争议，甚至纠纷的出现几乎是不可避免的。除了在合同中必须列入解决纠纷的有关条款外，在合同履行过程中用好法律工具也是不可忽视的举措。其中要注意的有以下几个方面。

(1)认真对待合同条款。在编写、谈判、签署相关条款时必须认真对待，不能有任何懈怠，因为在谈判中双方往往会被当时和谐的气氛所蒙蔽，不太愿意在这些条款上使用过于严格的语言和语句。因此合同执行者必须认真理解和仔细分析合同中的相关条款，确保在履行中按照规定执行。

(2)当事实和合同规定发生冲突时，加强沟通是非常必要的，同时留下沟通过程的证据也是必不可少的。备忘录只是证据的一种形式，证据的其他形式包括电话记录、谈话记录、来往文件信函、物品或资金来往的单证等。因为需要用法律工具时，证据是最为重要的。

（3）选择合适的法律方法。包括确定诉讼的对象、途径、内容、目标，以及确定仲裁或者法院起诉的方式，等等。

（4）专业人员的配备。懂法、用法不能只靠经营者本身，配备专门的法律顾问和律师是很有必要的。专门从事以合同为主要工具的经营活动的企业，应该设置专门的法律顾问部门，而其他企业也可以聘用兼职的法律专家或法律顾问机构。不仅在谈判中需要法律专家的参与，在履行合同过程中也少不了他们的介入。如果是进行国际商务活动的企业，国际商务律师是必要的人员。

【案例 11-10】

信用证和合同不一致纠纷①

我国与某国 W 公司成交羊毛出口 600 公吨，合同规定 3～5 月内分批装运。后国外发来信用证，要求："Shipment during March/May, first shipment 100M/T, second shipment 200M/T, third shipment 300M/T"。结果我方于 3 月份装运 200M/T，4 月份装运 400M/T，发货后遭银行拒付。

案例分析：

按照合同的规定，这样交货没有错误。但在信用证上买方明示了交货方式，具体规定了每次的数量，而卖方没有提出异议，如果自行改动交运数量就是违反双方的契约了。银行拒付是正确的处理方式，卖方必然遭受损失。从中可以看到以下需要注意的问题。

1. 按照国际惯例，信用证上的内容是合同的具体化，具有与合同同等的效力。即使合同中也明确规定交付方式，如果合同与信用证上的内容不一致，而卖方没有提出异议的话，仍然应按信用证上的要求进行，因为信用证是在合同以后发出的。

2. 案例中卖方没有注意到这个重要原则和惯例，而自作主张操作，导致这样的事故。说明卖方缺乏法律的基本知识，在发现情况和自己想法不一致时也没有及时进行沟通。在遭到拒付后才力图通过法律方式减少损失，实际上已经晚了。

---

① 参见白彦锋：《国际经济惯例宝典》，103 页，北京，民主与建设出版社，2001。

3. 如果有法律顾问的参与，及时指出合同执行中的隐患，并在发货前和买方沟通则不会发生这样的事故。如果在收到信用证后仔细研究其发货要求，通过及时沟通，了解了买方的真实意图，建议调整合同内容，签署备忘录，则就更为主动。对双方都不会造成损失，而且加强了合作的信心，为今后进一步发展奠定基础。

【案例 11-11】

承揽合同纠纷案①

2000 年 8 月 20 日，甲公司和乙公司订立承揽合同一份。合同约定，甲公司按乙公司要求，为乙公司加工 300 套桌椅，交付时间为 2000 年 10 月 1 日。乙公司在合同成立之日起 10 日之内支付加工费 10 万元人民币。合同成立后，甲公司积极组织加工，但乙公司没有按约定时间支付加工费。同年 9 月 2 日，当地消防部门认为甲公司的生产车间存在着严重的安全隐患，要求其停工整顿。甲公司因此将无法按合同约定时间交货。乙公司知道这一情况后，遂于9 月 10 日向人民法院提起诉讼，要求甲方承担违约责任。甲公司答辩称，合同尚未到履行期限，其行为不构成违约，并且，乙方没有在付款期限内支付加工费，违约在先。因此甲公司提出反诉，要求乙方承担违约责任。

案例分析：

本案例中，乙公司作为先履行合同的一方未按合同约定支付加工费，其行为应属违约。但在发生这样的问题后，甲公司没有提出解除合同的要求，仍然按合同约定继续履行，因此，该合同仍然对双方存在法律约束力，乙公司应先付加工费，甲公司也有义务交付货物。但由于当地消防部门认为甲公司生产车间存在严重安全隐患，要求其停工整顿，因此可以明确知道甲已无法按期完成合同要求。根据《合同法》第 68 条规定，乙公司有权主张不安抗辩，中止履行其义务。归纳起来的结论应该是，甲公司因消防部门要求其停工整顿，而将不能按照合同约定的期限交货，但并不表明其在主观上将不履行合同。因此，甲公司的行为没有构成默示违约，但甲公司因停工整顿，表明已经没有履行合同的能力。根据我国《合同法》第 68 条的规定，乙公司可以主张不安抗辩，而中止履行其义务，即取消合同。另外，乙公司没有按期付款构成的是违约，甲公司可以请求其承担违约责任，但这一违约只是延期付款的责任，并且延期时间只应该

---

① 参见王利民、崔建元：《合同法教程》，299 页，北京，北京大学出版社，2000。

计算至乙公司提出中止履行其义务之日。在此之后，乙公司是依法中止合同，不再承担违约责任。

从中可以归纳出以下问题。

1. 合同双方都没有较强的法律意识，等到问题发生后诉诸法律，提出的要求都无法得到法律的支持，给双方都带来很大损失。

2. 甲公司的生产车间不符合消防要求，本身就是法制意识缺损的结果，合同履行不下去是这种行为的必然结果。如果不发生这样的事故，乙公司未按期付款，带来的损失可以通过法律途径获得补偿。

3. 乙公司也是如此，首先没有按约定操作，因此，违约在先，处境被动。这场诉讼中，乙公司无法得到因没有及时拿到货物而应该获得的补偿。如果乙方按期付款的话，由于甲公司已经不能履行合同，乙公司的利益将受到严重损害。这样乙公司不仅可以因此追回付出的 10 万元加工费，还可以获得因对方不能准时交货的赔偿。

案例讨论：

上述两个案例都涉及合同履行中的法理问题，这样的例子有许多，但都说明了在合同履行中要用好法律工具。请继续讨论：

1. 合同履行过程中，应从什么时间开始关注法律问题？

2. 作为经营者至少应该掌握哪些法律法规？掌握到什么程度？

3. 发生合同纠纷时应该通过什么渠道来维护己方的权益？

4. 国际商务活动中的问题更复杂，应该借助什么机构来用好法律工具？

【本章思考题】

1. 合同执行过程中为什么要把合同作为最重要的行为依据？

2. 如果情况发生变化，原来的合同已经无法继续履行时该如何处置？

3. 如果对方没有完全按照合同要求执行时怎么办？马上进入法律诉讼阶段吗？

4. 如果进入法律纠纷期，我们应该注意哪些问题？

第 12 章 文化差异对谈判的影响

【本章结构图】

【本章学习目标】

　　谈判过程受到谈判各方文化差异的影响，学习本章使读者能初步了解这种影响的方式和程度，在谈判中注意到文化差异的影响，并在各个环节中有所准备。同时，在谈判中注意总结和归纳影响因素的特征，并在以后的谈判中加以应用。

　　谈判是谈判双方主要负责人的决策活动，是科学和艺术的结合，充满着沟通、协商、争论的过程，因此谈判除了受双方的利益追求的驱动外，还会受到谈判人员的文化差异的影响。在谈判各个环节中，理解文化差异所造成的影响，采取必要措施将有利于谈判的顺利进行，减少因文化差异造成的谈判障碍。

12.1　文化的基本概念

　　这里我们不能全面深入地去讨论文化的内容，而只能集中精力讨论与谈判相关的文化因素。只有对这些因素有比较明确的认识，才能在谈判中注意到文化的影响。

12.1.1　文化对行为的影响

　　图 12-1 体现出人的行为和文化的关系。

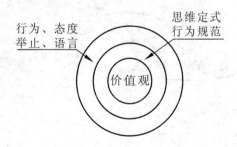

图 12-1　文化对行为的影响

　　不同的人有不同的价值观，因为价值观的不同使得每个人的思维定式和行为规范也各不相同，从而使人在各方面出现了很大差异，其行为、态度具有个性，举止和语言也会有各自的特点。在谈判中我们能直接接触到、观察到的只是其个性化的表面。不同的行为特点会使你感到奇怪，例如有人坐在椅子上总喜欢斜靠着，似乎总不把事情看得很认真，说话慢吞吞的；而另外一位则坐得总是很端正，说话速度很快，似乎很紧张。其实可能从他们本人看来并不感到很别扭。个人通常的行为、态度、举止和语言都来自于本人的思维定式和行为规范，也可以说是一种习惯，只有在特殊的环境下才会改变这种形态。而思维定式和行为规范则来源于他的价值观，长期形成的价值观使得他的思想方法和行为方式都按其认为的最有利的价值取向发展。这是一种内在规律，也是潜移默化的过程。价值观的形成是由多种因素造成的，用通俗的语言来解释就是什么值得去做、去争取；什么不值得去做、去争取。

每个人所处环境不同，经历也不同，因此其价值观也不相同，我们在应对不同的谈判对手时就应该有不同的处置方法。

12.1.2 影响价值观的主要因素

可以从图 12-2 来理解形成价值观的过程。价值观来源于对分配的认同，注意这里所说的分配体现在所有方面，经济利益只是其中一个部分。通过对利益分配的现状和历史的观察和切身体会，会逐渐对这种分配方式形成一种固定的认识，认为就是这样的方式才是正常的，这就是价值观。这样的价值观是思维和决策的基础，考虑问题和决定某件事情时，就会从这样的价值观出发。价值观进一步决定行为和言论，而言论和行为又往往是针对利益和利益的分配而产生的，其产生的结果反过来又会影响到对分配的认同，最终影响本身的价值观。

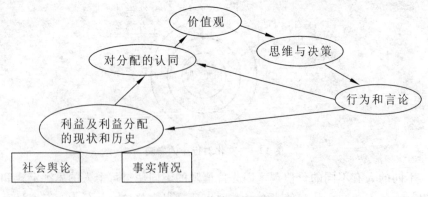

图 12-2 价值观的形成

从这样的分析可见，价值观的形成是一个长期的过程，是一个不断稳定的过程。如果主体所接触到的利益分配格局变化不大的话，则其价值观形成的稳定性就很强，在短期内要改变是困难的。而如果主体所处环境多有变化，则其价值观就有变化不定的特点。因为一个人所能接触的事物总是有限的，所以除了个人环境会对他产生影响外社会舆论也会对其产生很大影响。

因此，价值观形成的主要影响因素包括以下几个。

1. 国家和民族

不同的国家和民族的价值观有很大区别，其原因是十分明显的，因此，跨国跨民族谈判的难度最大，其原因也就不言而喻了。

2. 不同地区

即使在同一国家、同一个民族，因为地区差异其价值观也有很大的区别。我国幅员辽阔，地区差异很大，因此价值观上的差异也是必须注意到的。即使是生活上的小事也表现出很大的不同，例如我国黄河以北的城市，到冬天都有暖气供给，而长江沿线地区没有这样的条件，尽管近年来空调的使用率大大增加，但人们的生活习惯已经形成，冬天习惯多穿衣服。而北方人到这一带就感到很不习惯，出差或会议就不大主张安排在这个时期。

3. 不同行业

不同的行业在价值观上存在着很大差异，因为利益获得的方式和途径不同，因此对事物的取舍就会有很大的不同，这一点很重要，值得注意。下面将作专题讨论。

4. 不同职业

和行业相似，不同的职业具有不同的价值观。例如财务人员，对资金的流通和数额特别敏感，在谈判中会重点关注这方面的问题；而技术人员，则对产品的质量特别感兴趣。倒不一定是熟悉的原因，而是一种习惯，一种价值观驱动的本能。

5. 不同的年龄段

年龄和价值观的稳定性有着直接的联系。年龄偏高的人一般比较固执，原因就是因为其价值观比较稳定，较难让他改变思路和方式；而年龄较小的人价值观稳定性比较低，比较容易改变。当然这不是绝对的。经历复杂多变的老人，反倒比较容易接受新事物，而长期稳定的生活也会给年轻人带来固执的个性。

6. 经济收入水平

经济收入水平直接影响到很多人的价值取向，长期处于高收入水平的人的价值观往往重视大的问题，对细节问题不太敏感；长期处于低收入水平的人就比较容易斤斤计较；而突然间变富裕的人，有人称其为暴发户，他们的价值观就有其特殊性。

7. 受教育水平

不同的受教育水平，同样会对价值观造成很大影响。这里所说的教育不仅体现在学历教育上，还包括职业教育、社会教育等方面。例如新加坡对社会化的法制教育特别重视，所以其犯罪率就很低，人们的价值观就和其他国家不同。

8. 性别差异

男性和女性在价值观上存在较大差异，这也是事实。在谈判中这种差异体现得比较突出，因此组织谈判队伍时应该考虑到这种差异。

还可以归纳出更多的因素。综合这些因素不难看出价值观的个性，也体现出了在谈判中关注文化差异的必要性和难度。

12.2 注意不同国家的文化习俗

国际商务活动中免不了要在较多场合中与其他国家的经营人员沟通、交流甚至发生争论，因此了解不同国家的文化特点很有必要。不同国家和民族都有其不同的文化传统和生活习俗，要了解这些习俗就需要大量阅读、收集这方面的文献资料、出版物，同时在接触过程中用心去观察和总结。以下根据收集的一些情况对主要合作的国家或民族作比较粗浅的介绍。

12.2.1 美国商人的特点

我国企业在国际商务活动中接触美国商人的机会比较多，谈判的机会也比较多。美国是一个年轻的国家，又是一个移民的国家，土著人数少而且在社会活动中不属于主流。因此，人口流动性强，开放程度高，接纳不同文化和生活习俗的风格比较明显。从价值观上来看，可以用"金本位"来形容，美国人的活动重效率，而轻形式。因此，其思维定式和行为规范的特点是对有明显经济效益的问题特别感兴趣，对近期不太可能取得实效的项目往往提不起精神。对谈判准备工作很重视，特别是将效益分析做得细致、踏实，让你感到吃惊的是他们对各种细节都已经考虑得很具体，尤其使我们很难理解的是谈判尚未开始，他们似乎已经掌握了充分的信息。

正因为如此，在谈判中，他们不愿意兜圈子，喜欢直来直去，奔着效益而努力，不避讳赚多少钱的讨论。而对接待工作的形式不太在意，不拘泥于形式。但对模棱两可的语言、嬉皮笑脸的态度十分反感。即使发生争论，只要你有理有据，态度诚恳，他们不会介意，谈判照样能进行下去。当然，美国人，尤其是大公司的代表，其优越感经常挂在脸上，这是源于当代美国实力强大的一种表现，已经习以为常。我们在谈判中决不要在意这方面，而要按既定方针办事。

美国人法制意识很强，在合同起草和修改时往往要对照法律文本，请律师发言、表态。如果其中有解释不清楚的法律问题，他们就会拒绝。你的意见再有道理，再三表态"没问题"，都无法打动其心。原因是很明显的，美国是一个法制化的国家，在长期的经营过程中已经造就了"法高于一切"的价值观，不可能在一时一事中得到改变。在中国经商他们也会不断询问中国的法律规定，当我们无法回答清楚时，他们的表现是沮丧和无奈。

美国商人喜欢预测市场的需求，对市场需求增加快的项目感兴趣，而对市场变化不大，相同产品多的项目往往不感兴趣。因此，美国人的创新意识比较强，并且常常在许多领域中带领潮流就是这个原因。例如波士顿、麦肯锡这样的咨询公司，它们之所以能在世界咨询领域带动和发展潮流，就是因为它们最关心的是市场的变化。它们认为企业发展的核心竞争力主要表现在把握市场及其变化上，看重产品的市场占有率。

当然，美国幅员辽阔，各地区的风格也不尽相同，以上谈到的也只是共性的部分。

12.2.2　德国商人的特点

德国的风格在世界上是很独特的，德国商人在谈判中的特点也必须注意。德国人具有自信、谨慎、保守、刻板、严谨的特点，一切工作强调计划性，哪怕是家庭中的杂务都要有计划。追求完美是他们最大的特点。

德国人的时间观念极强，计划按分钟计，不能有丝毫差异，因此，谈判的安排就要十分具体，到时必须开始，届时必须结束，如要继续，则要重新编制计划。如果你去参观他们的企业，往往不会由一个代表陪伴到底，而是像接力赛那样，到一个车间就会有一位代表来陪同，到下一车间，就会有另一位来陪同，衔接很准确，因此，他们最反感的是迟到、早退，不按计划进行。对待谈判的对方，也同样如此。

德国商人将谈判前的准备工作做得非常讲究，不仅完整、准确，而且打印装订都十分考究。如果在德国谈判的话，会议室的布置会十分简洁、整齐。谈判中对你所提出的问题会认真思考和回答，而对你提出的建议，同样会全方位地质疑。要注意，他们这样做并不是企图否定或贬低你的意见，而是从风险规避出发，力图做到"万无一失"，在和德国人谈判时有人会感到他们太傲慢，其实并非如此。

德国人自信而固执，表现在对自己的产品质量充满信心。当你提出反面意见时，他们会尽力自辩，只有你拥有充分事实根据时，他们才会认识到这一点。因此，要说服他们并不容易，即使他的上司已经改变看法，他也不一定会马上改变态度。当然，一旦认识到了你的意见是正确的，他们的态度是认真的，马上会提出改进的意见并付诸实施。正因为如此，德国的机电产品制造质量在全球是名列前茅的。在谈判中我们应该坚持以理服人，态度稳重，不急、不躁，准备好了再发言。

德国人重视技术，他们把在竞争中获胜的希望寄托于在技术上胜人一筹。因此，在新技术的研究、开发、试用等方面下很大功夫。也正因为如此，他们经常用自己的技术标准强加于人，认为自己的技术总是最优秀的，不仅在高新技术上如此，在一般制造工艺技术上也是如此。我们在国内的许多中德合资企业中都能看到这个特点。

德国企业的现场管理有条不紊，按章行事，特别重视流程管理。我们往往在生产中只关心最后的结果，即最终产品的质量、数量，对中间环节不太重视。而德国企业却不是如此，他们的工艺流程非常仔细而明确，全部量化，不仅在最终产品上，而且在中间每个环节上都定有质量标准；数量统计不仅按天计算，而且细化到每时每刻和每个环节；操作顺序上，不仅安排了每个岗位之间的顺序、每个工位，甚至对每个工人的动作也明确了先后次序。谈判中德国方面会在这方面提出大量要求，我们应该做好准备。如果他们需要到我们的企业参观考察以确定合作方式的话，就要按照这样的要求来准备。

12.2.3　法国商人的特点

法国在欧洲具有很重要的地位，历史悠久，科技、文化成就突出，因此，在国际舞台上法国人也是很具个性的一个民族。他们有很强烈的民族、文化的自豪感。经常在谈吐中提及其历史上卓越的成就和创举。因此，在谈判中很少会用其他语言来表达，绝大多数用法语来传达自己的意思，倒并不是说法国人不会其他语言。如果你能用法语和他们谈判，他们会感受到一种亲切感，交流就容易多了。

法国人很具个性，很有自己的主见，也很有自己独到的想法，思路比较开阔。有人说法国人浪漫，也就是这个意思。因此，谈判过程中也需要开拓商讨的范围，准备多种合作方案，然后再来选择。如果集中一点，猛打猛追，就不太适合法国人的性格。

法国人很讲人情味，也很珍惜人际关系和各种友情。通常在对你不太熟悉的情况下，他们不大可能和你做成大笔交易，这一点与美国人有很大不同。为了维护老朋友的关系，在细节问题上，他们比较容易让步。因此，在谈判过程中不能只顾把问题解决，而要充分估计到建立长期合作关系所需要创造的友谊环境和日程安排。也正因为如此，他们在谈判前会借助于各种老关系与你搞好关系，包括通过政府机构、行政官员、大企业的领导等渠道。

法国商人对产品的看法和德国人不同，他们注意产品质量，要求很高，而且十分注意款式、外形、色彩甚至包装等，如果产品具有其他产品没有的造型，则更容易得到他们的青睐。

法国的服装业和化妆品业很发达，这些行业也表现出以上的特点。为了表现出个人的不同个性，就需要不同的服饰。因此，在接待法国人时要尊重他的个性，也要体现出你的个性，仅靠阿谀奉承是得不到他们的尊重的。

法国人的利益追求更多表现在对自由的追求上。生活舒适固然重要，但人身自由不可缺少。所以时间安排上要注意到，凡节假日，不能安排正式的工作，包括商务谈判。当然，在国内接待他们的话可以根据他们的意愿安排游览、运动等，从中加强沟通和友谊。法国的8月份会放假，很多法国人都会安排度假活动，几乎任何诱惑都无法打动他们去做不属于这方面的活动，即使给予补休也很难做到。也正因为这样的个性，往往使原来安排好的活动因个人原因而被取消或延迟。他会给你很多解释，但都是不着边际的理由。越是地位高、名声大的人这种作风越明显。但是，如果他约你出席某活动，而你迟到的话，他会很不高兴，认为你不尊重他，所以在谈判安排中要认真对待其特点。

12.2.4 英国商人的特点

英国是世界上最老的资本主义国家，是最早经济发达起来的国家，也是率先进入工业化社会的国家，到目前为止英国的金融行业还是比较强大的。许多特点也因此而生。

英国人比较冷静、持重，讲究理性。对于初次接触的谈判对手，不仅表现出严肃、冷漠的态度，而且一般都会保持较大的空间距离，绝对不会近距离接触。对于不太熟悉的对手，很难和其达成较大的商务合同。只有明确了解清楚后，才会有较大的作为。一般在正式场合，英国人不会表达自己的真正情感，所谓绅士风度就是指这种态度。但在谈判中和法国人的风格又正好相反，英国人表达的内容细致精确，十分坦率地把自己的要求和建议提出来。他们对建设性意见很积极，反应很迅速，希望看到具体的做法和方案。

英国人对产品的看法是产品应和自己的地位和身份相匹配，即使是在外用餐也不能马虎，什么样的人进什么样的餐馆。因此，在商务活动中，必须弄清关于产品需求的对象和与之相配合的要求，绝对不能按照自己的设想去对待。供给英国商品必须了解这些基本要素，如有疏忽，麻烦会接踵而来。

和英国人谈判要十分注意礼仪，讲话要注意分寸，他们很注意风度，也要求你具有风度，包括一些习惯性的动作都会在他们的注意之中。如果你的风格和行为很得体，很快会得到他们的信任，谈判就顺利得多；如果你的行为表现比较散漫，再好的条件也会被冷落。同时，和英国人谈判要讲究问题的次序，问题安排的逻辑性越强，则谈判就越顺利。本书的前面章节中已经表达出了这种思维方式，值得我们借鉴。要注意的是，一旦谈判顺序安排好，很难再说服他们进行改动。

英国人很忌讳在背后议论他人和其他公司的不足，他们会联想到你在其他人面前也会议论他。因此，谈判中要注意这样的敏感问题，如果一定要涉及其他的人或事，要拿出证据，如报纸、杂志、文件等，来证明事实的存在。

英国人很守信，一旦达成协议并签订合同，就不太会有很大的反复，不履行合同的行为被认为是不道德的行为，自己如此，也要求对方如此。但在执行中英国人的时间观念不太强，有时是因为讲面子，不去催促下属更有效地完成任务，从而导致交货期延迟，造成经济纠纷。这一点也值得注意，在合同中注意加强对违约责任的惩罚，以及在执行中采取加强沟通等措施。

英国由英格兰、威尔士、苏格兰、北爱尔兰四部分构成，尽管都不大，但风格上有较大的差异，需要作进一步的认识。

和法国人相似，英国人很重视生活质量，每年都会安排休假和出国旅游。谈判的安排需要注意这些方面。

12. 2. 5 日本商人的特点

日本是个岛国，资源很贫乏，地震频繁，人口却不少，因此日本人充满着危机感。日本的经济对世界经济的依附程度很高，利用别国的资源，通过自己的努力，来满足国际市场的需要。因此，日本对国际市场及其变化很关注，其产品大多具有资源消耗相对较少、技术含量较高、适应市场需求的特点。对于在国外建立分支机构也同样有这样的要求。日本企业以家族型企业为主，当然许多大型企业已经股份制化了，但其起源都是家族型的，其文化特点还保留着原来的特点。日本人的民族观念和集体观念极强，在国际上、企业外、家族外经常抱成团，不管有理无理，一致对外。针对外来的竞争，他们会进行内部的反复研究、磋商，得到大家认为最合适的方案后再付诸实施。在谈判中，日本人充分表现出其团队精神，分工明确，目标清楚，相互配合，共同奋斗。

日本人在谈判时很讲究礼貌，彬彬有礼，说话很有分寸，富有耐心。但这只是表面现象，深藏不露、固执坚毅是其最为突出的风格。因此，在谈判中千万不能被这种表面现象所迷惑。他们似乎十分尊重你，十分仔细地听你的每句话，很少打断你的讲话，而且不断地轻声说"哈依"，但一旦达成协议、签署合同，合同内容明显对他们有利的时候，他们的态度马上大变，对于合同的一个字都不许修改，傲慢待人。

谈判中，日本人很少直截了当地把问题说透，显得很圆滑。其实他们的主要精力用在摸透对手的真正思想和谈判策略上，在此基础上经过深思熟虑之后再提出对他们最有利的解决方案。日本人通晓"吃小亏占大便宜"和"放长线钓大鱼"的谈判策略。在谈判前和谈判中都会"投你所好"给你一个惊喜，以小恩小惠打动你的心，也会用大比例折扣来吸引你的购买欲望。因此，在谈判时保持警惕是非常必要的。不为小利所动，坚持既定方针，不动摇，对细节问题要考虑清楚，所有问题都确定以后再来谈价格，对付日本谈判对手时坚持这些原则显得更有必要。

日本人非常讲面子，他们不愿意直截了当地否定对方的建议，认为这样会使对方难堪，甚至恼怒。在谈判中很少会反驳对方的观点，采用的方法是在不直接指责对方的前提下，反复强调自己的观点和想法，语气平和委婉。这样的情况不等于他已经认同你的观点和思路，相反，他另有所想。因此，你必须静下心来，仔细听他的讲话，弄清他的意图，然后找到突破口。

日本人等级观念很强，非常重视尊卑次序，地位高、年龄大的受到的尊重程度也高。因此，在组织谈判队伍时要注意这个问题，最好配备地位相当、年龄相差不大的人员出席。同时，在分工时也要考虑对等关系，这样比较容易沟通。

总而言之，和日本人谈判要注意其文化特点，归纳起来就是"小气"，对所有问题都得从这方面去思考。他们不会白给你任何优惠和礼貌，会因为这些付出而从你那儿获得成倍的利益和好处。

12.2.6　韩国商人的特点

近年来，我们和韩国商人的谈判机会也增加了许多。韩国是个自然资源短缺的国家。因此，利用好资源，发展自己特色的经济，是韩国近年来经济增长的主要特点。国际贸易过程中，韩国是冲在最前列的国家之一。不仅一般的商品贸易，还有大量的服务贸易都发展得很快，近来在国际影视业上也大量出现韩国的产品。

韩国商人很讲理性，谈判前的准备工作做得非常认真，对谈判的项目内容和合作者的情况会摸得十分清楚，因此提出的方案常常使人很难找到破绽。无论是贸易或是合作经营，韩国人都会站在两个方面仔细考虑利益的获得和分配，包括对所有的细节问题他们都有明确的答案。如果你在谈判前没有认真准备的话，会认为他们的方案是最完满的，谈判似乎十分简单。如果你也做好了充分准备，则会发现要用很大的功夫来说服对方同意你的方案。

韩国人很讲礼仪，谈判地点的选择、出席人员的配备、谈判计划的安排都要做到位，包括座位的布置都很讲究。要注意的是主客关系的处理也十分重要，如果到我方来，则我方要尽地主之谊，一切都必须主动安排；如果去他们那儿，韩国人做东，你就必须表现出客人的状态，"客随主便"。谈判的气氛是和谐的、友好的，但这不等于问题容易解决。

韩国人逻辑性很强，思路敏捷，因此在谈判中引经据典来证明自己的观点和方法是唯一的解决方案。他们会首先从原则的议论开始，让你先接受这次谈判中解决问题的一系列原则。当原则达成一致，再从若干个具体问题上着手进行协商。问题明确后，再从解决的措施上讨论。由浅入深、由粗而细、由表及里，到条款讨论时就停留在咬文嚼字上了。这样做效率比较高，关键是根据谁的路径前进的问题了。要想按照你的思路办，则准备工作中这条思路就必须更高明，策略更周全，谈判时才能把握主动权。

韩国人在谈判时比日本人要爽快得多，大问题达成一致后，一些细小问题比较容易妥协和让步。

12.2.7　新加坡商人的特点

新加坡是一个城市性国家，处于马六甲海峡的入口处，战略地位重要，尤其在现在石油资源成为经济发展的瓶颈的情况下，新加坡的战略地位更显得重要。当地华人占主要成分，因此英语、汉语和马来语同时在国内流行。新加坡人的特点是务实、勤奋、守法、重信义、讲面子。做任何事情都很关注每一个环节，重视成本核算、资源利用、资金周转。因此，在谈判前会对问题做好细致的分析，出具数字报告。

新加坡人很重视身份、地位，因此，在谈判时发言的次序、决策的权重都与出席人的地位联系在一起，对谈判对方的态度也如此。如果是对方主要负责人表示的意见，他们会认为这就是你的最终想法。如果再改变的话，就会认为你出尔反尔。因此，谈判时要注意，主要负责人不能轻易表态。

新加坡人法制观念很强，表现在谈判中就是不会轻易落笔，不会轻易给你书面证据，在没有完全取得一致意见前不会向外披露信息。但一旦签约，他们就不会违约。针对这些情况，与新加坡人谈判时，安排要得体，文字要严谨，法律依据要充分。

12.3　中国不同地区文化差异对谈判的影响

上面简单叙述了不同国家的商人的谈判特点和我们应该注意的事项，但我国是个幅员辽阔、民族众多的国家，各地的文化差异很大，在国内谈判时也必须有所注意。

12.3.1　中国商人的共性

和世界各国相比，出现在世界谈判桌上的中国人也非常有个性。中国人待人接物注意礼节、重人情、讲关系，很能吃苦，经得起磨炼，谈吐含蓄，不会直接接触事物的本质，工作节奏总体上不算太快，不太敢于冒险，足智多谋，工于心计。因此，在国际商业舞台上中国商人独树一帜，长期受到关注。中国文化之所以被称为"东方文化"，显然是和欧美文化有很大差异。世界上的一些大城市存在有相当历史的"唐人街"，这是中国商人聚居的地方。因此，有许多国外的谈判教材把怎样和中国人谈判作为重点之一进行探讨和研究。

中国人的谈判准备工作注重大问题、大原则，而对细节问题往往不太重视，希望留到谈判过程中再来解决，似乎可以提高谈判的效率。中国人决策的分工和地位、等级联系在一起，大问题的决策由最高领导拍板，一般问题由部门领导决定，一般人员很少有决策权和建议权。改革开放以后这一情况有所变化，但没有发生根本性改变。

中国人接待客人非常殷勤慷慨，到中国来的外国客人几乎都可以感受到中国的热情与温暖。在谈判中很注意礼节，一般情况下不会发生失礼的事情，即使谈判很不顺利，也不会发生出格的问题。尤其在中国国内进行的跨国谈判，会后可能有许多意见、不满，但回到谈判桌上又会恢复十分礼貌的态度。

中国人重视人事关系，人与事两者相比较他们更看重人的关系。一般情况下，只要有了强有力的人际关系，事就容易商量了，所以谈判的早期总是从建立良好的人际关系出发，而不急于谈具体问题。因此，许多国外商人到中国来寻求合作时，也开始重视与有关方面拉关系，建立关系网络。

中国商人习惯于"先礼后兵"，谈判开始时喜欢客气待人，而后再把最棘手的问题提出来，这样不仅使谈判很快进入主题，而且也体现出他的力量所在。如果你缺乏这方面准备，则主动权就全部落在他手里，因为，他会提出一套完整的处理意见，让你无法挑剔。

中国商人很会利用"势"的力量，即以势压人，可以表现在许多方面，如明知道你在市场上处于劣势，他们会用市场上的地位逼你降低价格或用他们的牌子；明知你对这个地方不太了解，第一次进入，他们会让你看到他们在当地的势力，让你明白离开他们将一事无成。同样，当他们有求于你时，也不会直说，而用他们的优势来掩盖其不足，最后用博弈的方式进行交换。

中国人对问题的原则性和灵活性把握得比较成功。对哪些可以让步，哪些不该让步都有所打算，很善于"打擦边球"，发现漏洞钻空子。对于机会很敏感，只要有商机很快就会投入，去抢占，因此，在谈判中常常会发现新的机会。让世界上其他民族和地区的人感到困惑和不满的地方也在于此，总认为中国人过于精明。但为什么在世界上成大器的华人不多呢？主要是中国人强调的是个人的才华和能力，喜欢表现自己，不太愿意和其他人合作共同发展。在谈判中这一点也常常表现出来，中国人经常会以其他人的不足来证明自己的能干，以其他人的失败来显露自己的成功。也正因为如此，经常被外人所利用。国际上大量出现的中国商品价格战实际上都是中国人自己挑起来的。而自主的行业协会很难组织起来，也是这个原因引起的。近年来这种情况有所改变，但如果不能从根本上改变这样的习惯，要使企业进一步强大是非常困难的。

中国人不怕吃苦，但时间观念不太强。在谈判中不怕失败，但是因为拖拉推诿而错失良机也是常有的事。谈判安排可以很紧凑，接连不断的讨论、协商，如果当天谈不完还可以继续，直到解决为止。改变谈判计划是常有的事，但有时却因决策过程过于漫长而影响了谈判实效的体现。

中国人对利益的问题很重视，在谈判中对于双方的利益获得都很关注，经常进行对比。这有好的一面，争取双赢；同时，也有负面影响，对对方利益获得的多少常有微词，影响到正常心态，使谈判走了弯路。

有些中国商人喜欢用计谋，设计各种"圈套""陷阱"，利用对方的弱点，让其上当受骗。这样做虽然可以得利于一时，却失去了长久的利益。失去了信誉的企业和个人，怎样还会有明天呢？总而言之，中国商人受到几千年来中国传统文化的影响很大，"无商不奸"的思维定式还有很大的市场，要在国际市场和国内市场中有更大的建树，就必须抛弃这些历史的糟粕。经商同时也是做人，只有以诚相待，才会有更好的将来。

12.3.2　中国港澳台地区商人的特点

我国港澳台地区的商人都受到了中国传统文化的长期熏陶，又受到了世界上其他国家文化的影响。例如香港地区受到英国的文化影响最大，澳门地区受到欧洲文化的影响也很大，而台湾地区则比较复杂，日本和美国都对其有较大的影响。这三个地区有一个共同特点，就是商业气氛很浓厚，和我国内地有较大的差异，这和三地对世界开放较早有关。中国是个人口大国，有许多廉价产品可以提供，又有许多低档商品的需求，因此，在国际贸易中，这三地就出现了大量中间商。尤其是香港，在我国改革开放之前和开放早期，香港成为国内市场与国际市场衔接的主要通道。开放后由于资本和技术的进入，这三地也成了资本流通的主要渠道之一。对于资本和技术从中介到直接经营是这三地最近几年最大的变化。尽管如此，三地的商人还是保留着中国商人的普遍特点：精明、能干，善于拉关系、套近乎，也善于施以小恩小惠，笼络下属和客户。

谈判开始时他们经常利用国际上的关系和信息，让其他地区的人感到他们胜人一筹，能把事情办好，从而增强对他们的信心，最终做成交易。事实上这是因为他们善于收集信息，包括对内地信息的收集和分析，然后提出比较完善的合作方案，动用金融手段，引进资金和技术，充分利用当地的各种资源，发展自己的产业。

江苏省昆山市成为我国台湾商人最看好的投资区域这一典型事例就说明了这一点。昆山地处上海的西部门户，原来经济水平不高，因此各种资源供应丰富，而价格比较低廉。适逢当地领导眼光远大，从政策上、服务上提供了适应投资的环境，短短二十年间，昆山从一个非常一般的以农业为主的县，成为发展最快、成果最大的工业区之一。许多台商在昆山投资建厂，主要是为了实现规模化生产，利用上海作为口岸。现在他们投资的多个项目已经成为世界级的供应基地，而台商也因此而大规模发展壮大。其间的谈判进行过无数次，都表现出台商的精明强干和富有远见的特点。

当然社会上有人对港澳台地区的商人有一定看法，认为他们在盘剥当地的利润和资源，说他们过于精明，尤其对台商更有这种感觉。客观来看，投资也好，贸易也好，都是为了获得超值利益。内地绝大部分地区，以前受计划经济思路的影响太大，缺乏追求利润的经历和能力，因此早期被利用是必然规律。当自己也有了这方面的经验和能力时，谈判就会更公平，利益的分配会更合理。现在的昆山和以前已经有了很大的不同，当地政府在招商引资方面就做得非常科学，在国内首先提出了服务型政府的理念。当地的舆论和过去有了很大的变化，对台商的看法也有了很大的转变。

港澳台地区的商人谈判的特点和内地商人的特点相比差别并不大，有许多相似的方面，最大的区别是前者显得更老练，信息量更大，利益追求更迫切。因此，在和他们谈判前同样要对信息进行准备，包括解决问题的具体方案，要有自己的主见，绝对不能有依赖心理。

12.3.3　中国内地商人的特点

我国开放时间还不长，除了港澳台地区的商人已经经历过许多商务谈判并积累了较为丰富的经验外，内地通过谈判来进行商务活动的机会还不多，包括向海外招商引资、寻求工程合作等谈判，在以往大部分都由政府出面进行，直接通过市场经济模式进行的很少。国际贸易大部分也通过中间商进行，和国外的大笔的直接贸易不多，谈判也局限于零散、小额的项目。因此，内地关于国际商务谈判的经验十分缺乏，人才也十分短缺。国内贸易和其他商务更是受到计划经济的影响，很少用市场化的谈判来解决。近年来这些情况已经有了很大转变，谈判的机会大大增加，国际的和国内的都有。内地商人的特点除了在上面提到的共同特点外，各地也都存在个性。应该对此进行总结，扬长避短，培养一批具有个性的、高素质的谈判队伍。

从文化历史来区分，北方人和南方人在商务理念上有所不同。下面各举一些典型地区来说明。

（1）浙江。这是近年来商业发展最快的地区，在接触中我们会发现当地商人大部分都很关注资金的周转速度。如果该项目的现金流转迅速，他们会十分感兴趣，即使利润率不太高，他们也会投入，争取在多次流通中获利，如果流转慢则就不愿意投入。为了提高资金的流转速度，他们会上下家联手起来一起干，温州商人就是典型。这样做的好处是，只要动用较少的资本金就能做较大的生意。正因为如此，浙江省内各种市场数量多、规模大，取得的效果也是有目共睹的。最典型的是义乌小商品市场，其经营规模和影响已经是世界著名的了。

（2）江苏南部地区。苏南地区近年来的发展也是惊人的，在接触中我们对苏南商人的体会和浙江有很大不同，当地的商人最关注的是"控制"。对经营中每个环节都会认真考虑，对可能发生的问题都会有所准备，对于运作过程一定要保证能控制得住，而对于较难控制的项目，就不大感兴趣。因此，在苏南地区的各地开办的生产性企业越办越大，而流通性的商品市场却很少成功。其中最典型的是江阴市，和义乌一样是个县级市，但上规模的企业有很多，上市公司就有十几家，而且都是比较成功的企业。正因为如此，他们对于引进资金和技术特别感兴趣。

（3）山东。山东近年来发展也很快，出现了一批像"海尔"那样的著名品牌企业，其实也体现了当地的文化特点。山东人豪爽、守信、敢于拼搏，这种特点使他们在没有很好的基础条件下，闯出一条自己的道路。说到做到是山东人的普遍特点，因此，他们在企业管理中付出的代价要小得多。许多外资企业愿意把制造基地搬迁到青岛就是这个原因。

（4）广东。广东是内地开放最早的地区，历史上就有发达的商业活动，不仅在国内，而且将生意做到了海外。广东商人的商业思维最为灵活，对商机的把握反应最快。因此，中央开放政策一出台，广东马上就有反应。到目前为止，开放度最高的还是在广东沿海，最典型的就是深圳和珠海，从一个小渔村，发展成现代化程度很高的城市。

（5）四川和重庆。这是西部地区到沿海来进行商务活动最多的地区。吃得起苦、不怕挑战、敢于冒险是四川人的特点。在发展迅速的建筑市场中，他们占有较大的份额。尽管还是以劳务为主，但从趋势来看，完全有胜过其他地区的可能。

（6）云南。以和为贵，在全国范围来看，这是云南地区最大的特点。容纳有如此众多的民族，多少年来却很少有较大的纠纷。多个少数民族在同一个省中，也能和睦相处。平和也可以作为商务的优势来利用，目前该地区大力发展旅游行业就能充分发挥这样的特点和优势。

（7）东北。是老工业基地，国家重点考虑的地区。国有资产的绝对值很大，有很好的制造业基础。只要体制问题得到解决，就会有很大的发展空间。

(8)上海。经济中心城市，近年来有很大发展。主要优势是人才集中，国内外信息充分，又有较好的商务活动基础。目前上海在商务谈判过程中大量引进各种咨询服务，如聘请专业的咨询机构，或者聘请各方面专家参与，尤其在国际商务方面还会聘请国际上相关的咨询公司介入，因此，更具理性和策略。上海的文化被称为"海纳百川"，多种文化在此交融，因此构成了较强的商务谈判氛围。

(9)北京。中国的首都，政治文化中心，经济发展也很迅猛。北京人目光比较远大，考虑问题比较宏观，和当前的政策走向比较合拍。在谈判中充分体现出首都人的决策风格，雷厉风行，否决得爽气，肯定得也很迅速，不太会拖泥带水。当碰到难以马上确定的问题时，会动用各种力量来商讨、咨询，最后作出决定。特别是对于涉及有关国家利益的谈判，会动用全国的力量进行探讨解决。

关于本章所述的各国、各地区商人的特点只是笔者个人的看法，值得商榷和提高总结，仅作为参考。

12.4　不同职业经历造成的谈判风格

谈判既是团队的活动，又是谈判人员的个性化活动，这是谈判和其他活动最大的区别所在。不同的谈判人员所具有的不同的谈判风格，除了受到上述国家、民族、地区的因素影响外，与谈判人员所从事的行业和职业特征有很大关系。即使针对同一个谈判项目，参与人员的过去的职业经历会直接影响到其谈判的风格，这也属于文化差异的结果。以下分析若干个典型职业经历所造成的影响。

12.4.1　商品贸易经营者

经历过较长时间商品贸易业务的人，其关注的方面是十分明显的。

(1)商品的适用范围。即谁是这种商品的需要者。如果是卖方的代表，在谈判中会列举出其产品的客户的使用情况证明其优点；若作为买方的代表，也会追问其他客户采用该产品或服务的情况。

(2)品牌的知名度。包括原产地、制造厂商等信息。在他们思想中已经有明确的品牌排行榜。

(3)包装特点。包装的形式、材料、艺术性等。

(4)发货、付款等要求。

因此，在谈判过程中，凡涉及这些问题时，他们特别感兴趣，对于改变做法也特别敏感，讨价还价的积极性也最高。如果进行以商品贸易为主题的谈判则他们就是谈判的主角，而在非贸易谈判的过程中，他们仍然会在提供的产品、设备、工具上进行计较。

该类人员中还可以细分，习惯进行零售业的人员和习惯批发、采购的人员又有各自的个性。零售经验丰富的人对市场的变化特别敏感，在谈判中表现出对需求变化特别感兴趣；而批发、采购经验丰富的人员对储存、仓库、搬运等问题十分在意。

12.4.2 制造企业经营者

曾经经历过制造企业经营管理的人员，在谈判中关注的问题也很明显。

(1)产品质量。不仅关心最终产品的质量水平，还会注意产品在制造过程中的质量控制和质量保证情况，对于企业管理水平在谈判中也会有所涉及。

(2)生产、制造的能力。关心对方的产品制造的各种能力及可靠性。如果他是买方的代表，则会在这些方面提出大量疑问，要求答复；若是卖方的代表，会出示大量的证据，解释其产品的可靠性。

(3)服务水平。对售后服务会十分重视，并提出十分具体的要求。

如果进行的是企业投资方面的谈判，对企业组织、管理模式等方面他们会有一套自己的观点和方法，在谈判中成为主角；若是贸易谈判，则他们就会是挑剔者；若进行的是工程项目谈判，则他们是很好的配合者。

当然不同的制造企业的经营者有不同的专业方向，如果其专业和谈判项目的专业接近的话，他们的作用就十分明显；如不相同的话，他们的思路仍然会在这些方面表现出来。

12.4.3 专业技术人员

专业技术人员参加谈判是经常的事，尤其在大型工程、合资经营、高技术项目等谈判中，他们主要在技术上把关，对技术措施、方案进行审核，从理论高度来考核其可行性。

当专业技术人员一旦成为首席代表时，角色发生改变，成为决策者。这在我国现阶段的许多项目谈判中有这样的情况。在这种情况下他们的思路也很难发生改变，这不一定是坏事。他们的逻辑思维性很强，很注重前因后果的关系，从系统出发看问题。同时，他们很重视解决方案的合理性，尤其是技术方案的合理性。

12.4.4 财务人员

财务人员参加谈判的机会很多，尤其是比较复杂的项目。财务人员的参与主要是从经济效益角度来把关，进行有关成本分析、资金流动的合理性分析等方面的配合。

目前有许多企业的经营者来自于财务人员，因此，他们在许多决策、谈判中成为主要负责人。虽然角色改变了，但其在商务谈判中的思路很少发生变化，他们会重点关注现金流的控制，将其他问题都和资金的流动联系起来。

12.4.5 行政人员

行政人员参与谈判的机会也不少，尤其是社会合作项目的谈判往往由他们来主持。他们的主要特点是关注各种关系的平衡问题。在商务谈判中，他们也会用这样的思路来进行，各方面安排得非常妥当，凡事不轻易表态，动用各种人员进行辅助，最终同意综合的结论。

【本章思考题】

1. 文化差异对谈判的影响是潜在的、深远的，我们应该如何正确对待这样的差异呢？

2. 有许多争议就是因为价值观不同、关注的重点不同而造成的，双方在实质上没有多大的分歧却很难谈到一起，这时该怎么办？

3. 考虑到文化差异的影响，谈判队伍的组织应该采用什么形式更好？

4. 如何去辨别和了解谈判对手的文化特征？

第 13 章　谈判中风险的规避

【本章结构图】

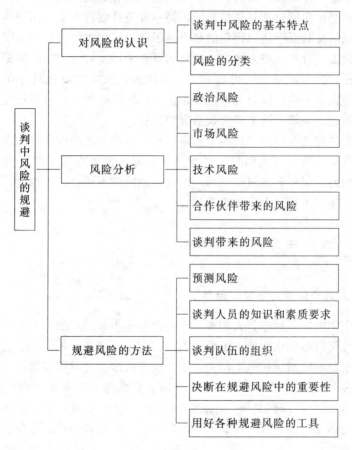

【本章学习目标】

　　谈判是决策，决策一定有风险。学习谈判就必须树立风险意识，掌握风险分析的方法和培养规避风险的能力。本章从谈判角度出发介绍风险的定义、风险分析的思路和规避风险的工具，而对于风险分析及其涉及的理论、方法和工具，还需要读者通过专业的学习来掌握。

谈判是决策活动，因此面对风险的挑战是必然的，如何认识风险，进而用适当的方式规避风险是所有参与谈判人员所必须具备的心理准备和处置能力。

13.1 对风险的认识

风险不是工作失误带来的，我们不能把风险和失误等同起来。失误有两种可能：一种是预先的打算就是错误的；另一种是计划没有错，而是执行过程中由于某个原因使其没有达到预期的结果。因此，工作中的差错和失误不能归纳到风险方面去。现在有些人经常用风险的概念来搪塞自己工作中的懈怠，推卸自己的责任，这是不正确的思想方式。应该说，风险的概念只存在于决策之中，决策存在着风险。风险可以这样来定义：风险是指人们对事物发展过程认知不足而引起的决策不周全或失误造成的损失。

从风险的定义可以归纳出两个基本要素：事物发展的内在规律和人的认知能力。而风险的来源是人们预见性的结果，即人们主观认识和客观规律的博弈。当人们的认识和客观规律全面一致时，风险就不再存在；相反，人们的认识和客观规律的差异越大，风险就越大。

13.1.1 谈判中风险的基本特点

1. 在人的预见能力不变的条件下，时间是第一要素

在特定的时间、地点、人和事，人的预见能力是固定的，不可能很快发生改变，因此可以给出认知能力不变的前提。在这一前提下，时间的长短成为最主要的因素，即时间越长风险越大，因为决策所涉及的时间段越长，不可预见的因素越多，风险就越大。从产业上来看，零售业在交易中强调"一手交钱，一手交货"，使风险降到最低，因此，零售业的投资额相对要小得多。而金融业则涉及的因素很多，且一般需要的时间较长，如投资回报、放贷收息等，因此风险就要大得多。房地产业似乎利润率很高，但一项房地产，至少要花费3～4年的周期，其间的变数很大，因此其风险当然很大。当然，不是说时间短就没有风险，例如公交车售票员的工作，应该说一边收钱，一边给票，而且数额不大，应该没有什么风险了吧？但是面对复杂的乘客群体，同样有风险，因此在公交车售票员培训时，反复强调要先收钱，再给票，因此，绝大部分售票员都是这样操作的，这样可以大大减少失误和纠纷。

从这个原理出发，在谈判中为什么要强调不要把合同的约束期订得太长，宁可以后再进行协商，原因就在于此。

2. 认知能力越强，则风险就越小

人们对事物的内在规律把握得越准确、认识得越清楚，则风险就越小。因此，充分认识事物发展规律，这是现代科学技术发展的主要目的之一，在谈判中同样如此。利用一切机会和方法，去了解谈判所针对事物的内在规律，是谈判者不可忽视的要点。因为，谈判者所面对的问题是复杂、多变的，不仅要面对准备进行的商务活动项目的规律，还要面对合作伙伴可能发生的变化，所以，谈判所面对的风险要比其他决策活动复杂得多，既要认识合作项目的客观规律，还要认识合作关系中的主观因素。

采用科学的预测方法，进行定性、定量的项目分析，制订规避风险的计划和措施，评估风险可能发生的经济和社会影响，是谈判者在谈判前和谈判中必须进行的工作。正因为如此，出现在谈判桌上的谈判者只是谈判人员的一部分，甚至一小部分，幕后还必须有一支必不可少的支持队伍，不断进行评估、预测、寻求对策。

其中，信息的收集、整理、分析是谈判工作的基础。信息技术的采用、信息处理的制度、信息系统的构建是现代经营活动中的重要基础。不能到了需要谈判时才想到利用这项工具，而应该在日常工作中就有计划、有步骤地实施。当谈判开始时，只需对不太明确的方面做补充和深化的工作。公司设立市场部的目的就是形成长效机制，为公司的商务活动不断提供最新的、准确的、有效的信息，谈判筹备阶段则在此基础上进一步收集、调研和分析信息。

3. 科学、沉着的态度加上决断能力才能最有效地规避风险

决策过程中另外还有一个重要因素，就是把握机会。机会来得越快，则消失得也越快。因此，在处理风险的过程中，不能以失去机会为代价。商务活动中称这种机会为"商机"。越是好的机会，越是不容易获得。遇到这样的机会如何把握？这是所有经营者最关注的问题。所谓"机不可失，时不再来"，如果为了躲避风险，简单逃避是无济于事的，往往会导致机会的丧失，这是一种失败的决策。但既要抓住机会，又能避开风险，就有一定的难度。而要把风险的内部规律全部弄清后，再进行决策，往往时间上又不允许，如果不去弄清楚又存在风险带来损失的可能性，这是一种两难的境地。作为经营决策者，此时就应该具有决断的能力。所谓决断是指，在对问题已经有了较大的把握时，如已经掌握了七成的把握时，就毫不犹豫地下决心进行决策，"上"还是"不上"。决断

需要有多方面准备，但更需要的是心理的准备，有冒险的决心。这是所有成功经营者、企业家必然要面对的现实。

4. 谈判中风险的分担

和其他决策不同，谈判中风险存在一个分担的问题，即风险发生时由谁来处理，因此而发生的损失由谁来承担、怎样承担。这既存在着灵活性、合理性的问题，又存在着另外一种风险，即一种投机现象：一方巧设圈套，占有利益，一旦发生风险及损失则由另一方承担。这种心理在谈判中普遍存在，既想自己方面避开风险，又担心对方设套，从而给谈判带来难度，出现信任度的问题。理性化的思路应该是合作双方共同来承担风险，寻找共同的利益，同时帮助对方克服可能发生的单方面风险，达到双赢的结果，只有双赢才能使合作圆满和长远。尤其在国际合作中，风险可能更多更大，更需要合作的力量。

13.1.2 风险的分类

按照规律风险可以有多种分类方法，在不同的场合和处理过程中，可以用不同的分类来认识和解决风险。风险分类方式有许多种，下面列举两种最基本的方式，供谈判中思考和使用。

1. 按风险的性质分类

(1)纯风险：只会造成损失的风险。

这种风险一旦发生只会带来损失，如果不发生则没有任何益处。最典型的是自然灾害，如台风、海啸，这种灾害会对船运公司造成巨大损失，因此决策者都不愿意碰到这种风险。各种灾难性预报的科学随之发展，经营者时刻关注这方面的预报并据此作出决策。

(2)机会风险，又称投机风险：损失和得益并存。

这种风险如果发生，会带来损失，但不发生则会带来收益。这在经营中是最多的一种风险，如股票市场，低购高抛可以盈利，但什么是低，什么是高？本来就是相对的，其中就存在着机会风险。认为价位低时购进，如果没有发生意外的话，当升值到一定水平时可以通过抛出而获利。但事与愿违，购进以后市值走低，则就亏损了。抛出时也有这样的问题，认为已经到了高值可以抛了，但还有没有可能再走高呢？如果还可能再走高则抛早了又不合算了，不抛，市值也可能下跌而失去了盈利的机会。机会风险的关键是风险发生的概率及造成损失的程度。对于发生概率高、损失大的风险则敢于冒险的人少；相反，人就多。所以就流传一句话："风险大，得利大，风险和得利成正比。"有些人就利用这种规律进行投机性活动，从中牟利，因此，机会风险又被称为投机风险。

这两种风险不是绝对的，在某些情况下会相互转换。例如战争，对于大部分人来说是纯风险，而有人却利用战争来发财，使其成为机会风险；同样，在没有做大量准备工作时，在市场上跟风，看到别人能赚钱，就不论自己的能力而盲目上马，本来是机会风险，却成了纯风险。近年来许多经营者缺乏理性的投机行为就证明了这一点。

2. 按风险控制结果分类

(1)完全规避风险。运用科学的预测方式，掌握风险发生的内在规律，采取有效的措施，确保在整个运作过程中不发生风险。这种控制主要是针对纯风险，以不造成损失为目标。

例如，煤矿开采的风险之一是在开采过程中坑道里可能会产生大量的瓦斯，存在着发生爆炸事件的可能。这种风险不仅会造成巨大的经济损失，毁掉整个煤矿，更为严重的是会造成人员伤亡。该风险不会带来任何直接效益，因此应该完全规避。煤矿在这方面应该采取很多措施，如在设备上，在煤矿坑道内安装瓦斯测量装置和报警器，配备消防灭火系统；环境上，设置逃生通道和救助设备；制度上，严格按组织纪律的规定操作，并设有灾难预警系统等。每年国家要花费相当大的成本来确保整个风险防范系统的正常运转。但为什么近年来煤矿事故不断呢？其根本原因就是煤矿经营者为了获得超额的利润而忽略了防范系统的设立、完善和维护，企图把这方面所必须开支的费用转变为利润，最终结果是付出了大量生命的代价，造成的影响和带来的损失是无法估量的。

(2)减少风险损失。对于大量的机会风险，仅仅避开是不够的，应该采取积极的措施，使风险即使发生，其带来的损失也能降低到最小，结果是风险损失小了，而盈利的机会抓住了，经营效果也达到了最大化。

例如，交通运输是企业经营中必不可少的内容之一，产品、原材料、能源、人力都不能离开交通运输的环节，但不论哪种运输方式，总存在着发生交通事故的风险，有主观原因，如驾驶员的安全意识不强、装载配置不当等；也有客观上的原因，如道路、天气或者设备上的问题等。无论什么原因，都会带来损失。为了规避这种风险，需要采取许多措施，如运输设备的安全保证、驾驶员的培训和教育、运输过程的规范化运作等。但还是不能保证肯定不出事故，因此，"车辆险""运输险"等保险服务就出现了。一旦发生事故，只要认定不是故意事故，就可以获得赔偿，从而使损失减少。

减少风险损失不等于没有损失，发生车祸，经济上的损失尚可以弥补，人员伤亡却无法挽救。因此，这种控制是有限度的，需要全面考虑。

（3）转移风险。采取措施，将风险发生的可能全部或部分转移到其他人或组织身上。这种做法在经营活动中是最厉害的一个手段，"获利大家来，风险你承担"。

以加盟店的经营方式为例。拥有著名品牌的零售商店往往采取加盟经营的模式。从现象上来看，似乎加盟者可以利用著名品牌来获得市场的承认，增加销售额。那么拥有品牌的企业得到了什么？难道是因为缺乏资本而采取的无奈举措？仔细观察和思考很容易得到问题的结论，零售业的业绩不仅是拥有商店，更重要的是要拥有足够的长期顾客。没有足够的顾客登门，就不可能有足够的销售额。而且因为地域的不同、人口分布的不同、生活水平和生活习惯不同、时段的不同，使得需求的个性化非常突出，因此，商店经营的主要风险就体现在经营者对市场需求及变化的认识和把握上。让加盟者来经营就可以规避这种风险，即让加盟者承担风险，而品牌的拥有者可以稳定地获利。从实质上来看，品牌拥有者将市场风险转移到加盟者身上，而加盟者专门在一个地区经营，对这个具体的市场比较容易了解和把握，规避风险就容易得多，从而达到了双赢的结果，所以这种模式推广的速度很快。当然这种模式中也存在着合作风险，如因个别加盟者的失误造成品牌的失效，影响到所有的加盟者和品牌拥有者的利益，因此，必须从管理模式和方法上不断改进，来杜绝这样的事故出现。

在谈判中采用这种转移风险的方式是最普遍的行为，谈判者在合同的内容、条款的设定、用词的分寸等方面都要十分谨慎，其目的是为了实现各自的利益，而利益中有许多需要承担风险的部分，各方都在争取少承担一些，通过各种方法减少风险责任。对于转嫁风险往往这样考虑：第一步是推向社会，让社会来承担；第二步推向外部，由合作关系之外的组织承担；第三步推向对方，让对方多承担些责任。因此，在谈判中要密切注意关于风险及风险的规避问题。

13.2　风险分析

下面将针对商务谈判中出现的比较频繁的风险进行分析。当然，出现的风险往往是复合型的，单一风险出现的可能性较小，因此，在风险分析中要善于判断和分解。

13.2.1 政治风险

政治风险又可以分成政局风险和政策风险两种。政治风险的影响面最大，影响到整个国家，甚至其他国家和地区，影响到各行各业。

1. 政局风险

政局风险中又包括战争风险和变局风险两种类型，许多情况下这两种风险同时存在。

【案例 13-1】

中东的动荡局势带来的风险

20 世纪以来，中东的局势始终处于动荡之中。伊拉克问题一直是世界共同关心的焦点，伊朗问题又显现出来，巴勒斯坦和以色列的争端也没有停止过。实质上都是围绕着石油资源的争夺发生的国际争端。石油消费大国缺乏资源，而中东却储藏着全球大部分石油资源，各国必然用各种手段来争抢，如在经济上控制石油价格和供应，政治上培植自己的代言人和傀儡政府，军事上动用武力打击和消灭对自己不利的对手，等等。这样的局势必然影响到世界上所有的国家，也直接影响到企业的经营，给我国的企业经营带来的风险也是相当大的。例如，对我国自有的石油资源是充分开采，还是要做充分的储备？就成了十分重要的决策问题。我国持续高速发展的经济对能源的需求增加得非常快，而根据我国的国际政策与综合国力，是不可能和美国等国家一起去争夺中东的石油资源的。如果单纯依靠购买来满足我国的石油需要，则供应渠道就完全控制在国际石油巨头的手里，他们通过控制价格和供应量将直接控制我国的经济命脉。如果充分勘探和发掘我国自有石油资源来自给自足的话，尽管可以不必依赖国际石油，但我国石油资源有限，维持的时间也相当有限，开采完了该怎么办？如果开发新的能源，需要加大科技投入，进行深入研究，但不一定能取得满意的效果。

政府在决策过程中必须把这些问题作为重要战略问题慎重考虑，作为石油企业当然也要考虑，以石油作为原材料的企业也必须考虑。例如中国石油集团公司，作为我国主要的石油企业，面对这样的形势不断研究自己的战略定位和经营措施。最近中石油并购国际上有关的石油企业，力图减少对中东石油的依赖，降低以美国为首的石油垄断对我国的影响，提出了"从国内最大的石油生产企业转变为最大的石油供应企业"的战略转移，就是应对这样的形势而采取的措施。

除了石油企业要应对中东局势所引起的风险外，我国原来和中东国家的许多合作项目都只能因局势变化而停止，许多贸易也因此而中断，使相关的企业蒙受了巨大的经济损失。

案例分析：

一个地区的政治动荡固然有其原因，但却给和这些动荡无关的国家和企业带来了许多无法估计的风险和损失。中国在中东的政局动荡中没有任何介入，但同样受到了很大影响并因此蒙受了巨大损失。因此，各种企业都要关注似乎与己无关的政局动荡，及时采取措施来规避因此而带来的风险。

要注意的是，在这样的政局动荡甚至战争中，也有获利者。美国在政局动荡中付出了巨大的经济代价，但同时又得到了很大的收益。首先全面控制了中东的石油资源，政治上控制了当地政府，经济上控制了石油的开采、提炼和供应，市场上控制了石油的价格。不仅解决了本国自身所需的石油供应，而且从给其他国家和地区的供油中获利，同时保护了自己国内的石油资源，并将其作为战略储备。在这样的过程中有相当一部分企业获得了好处和利润，这是有目共睹的事实。因此，不能把这种风险看作纯风险，对于这些经营者来说这种风险是最大的机会风险或投机风险。

在政局动荡甚至战争中，按照常规思路进行决策和经营是不行的，为了规避风险要采取非常特殊的策略和措施，在投资方式、贸易方式、服务方式等方面都要考虑到时间因素，以适应超短时间内不稳定的变化，尽可能追求短的回报周期。

2. 政策风险

政府政策的制定和运作，都出自于对国家利益的追求。不同的国家和政府有不同的利益追求，因此，各国的政策是不同的。国家之间也因为利益追求不同而造成相互之间在政治上、经济上的摩擦。政府政策在制定和运作中存在着风险，主要体现在国家利益和局部利益、企业利益之间存在的差异上，这就有可能发生利益的冲突，造成社会的不稳定、不和谐。

对于企业来说，在经营决策过程中存在着与政策相关的风险。国内经营涉及的是国家政策风险，跨国经营就会涉及相关国家的政策风险。谈判过程则就更为复杂，涉及的是与谈判各方相关的政策因素。

政策风险是个性化的，首先表现在国家的发达程度不同，面临的政策风险也不同。发展中国家的政策变化总是很大，我国近年来经济持续高速增长，政策的变化也非常快，企业经营必须面对这种变化；而发达国家，经济发展相对要稳定得多，政策变化要小，但是其执法的力度很大，政策总是以保护强者为前提，因此其政策风险的表现形式就有很大的不同，企业也要承认这样的事实。

其次，政策风险的个性还表现在针对不同的行业、不同的职业有不同的政策风险。特定的地区、特定的时间段内，政策会向特定的行业、特定的职业倾斜，即鼓励特定的产业和职业的发展，或者限制特定的产业和职业的发展。在经营决策中应该重视这种风险并选择恰当的措施。即使在发达国家及其不同的地区内也存在这种政策的倾斜，并得到长期的贯彻。

最后，面对不同的经营者，其政策风险也是不同的，这种不同突出表现在跨国经营中，即所谓"内外有别"。允许国内经营者进行的活动，不一定允许国外的经营者进行相同的活动；允许本地区经营者开展的活动，不一定允许其他地区进行"渗透"。我国在改革开放的早期，为了招商引资制定了许多有利于国外投资者的政策也属于这种情况。从 GATT（关税及贸易总协定）到 WTO 的演变过程也充分体现了这种情况。因此，在经营决策中必须清楚了解这种差异，否则就无法面对这种风险。在商务谈判中更有必要弄清楚谈判各方面对的政策风险，处理得好，则承担政策风险的能力将成为自己方面的优势之一，作为谈判交易的筹码。

【案例 13-2】

美国对中国企业进行"337 调查"①

所谓"337 调查"是美国国际贸易委员会根据美国《关税法》第 337 条款授权，对进口过程中出现的各种"不公平行为"和"不正当手段"进行调查，违反337 条款的将被禁止进入美国市场。迄今为止，"337 调查"案件大部分涉及知识产权侵权问题。对美国企业来说，提请"337 调查"的门槛较低，而对应诉企业来说，其难度要大于反倾销。目前我国企业对此了解甚少，不少企业频遭"337 调查"，从而蒙受很大损失。

中国加入 WTO 以后，中美贸易出现持续增长的势头。但美国化工、机械

① 参见李志军：《美国对中国企业进行"337 调查"的基本情况、影响及对策措施》，载《中国工商管理研究》，2006(1)。

制造、钢铁、纺织、家具制造等行业出于贸易保护主义考虑，频繁地通过"337调查"对中国企业发起攻击，限制中国产品进入美国。1986—2004年，美国发起针对中国内地的"337调查"共39起，占美国该段时间内调查总数300起的13%。其中，1986—1995年的10年中，总数为143起，针对中国的3起；1996—2004年的9年中，美国对全球发起"337调查"157起，针对中国的有36起，占23%。尤其近3年，增加得更快，2002年调查立案17起，针对中国5起，占29%；2003年，立案18起，针对中国8起，占44%；2004年，立案26起，针对中国11起，占42%。中国已经成为美国"337调查"的主要对象和最大受害国。

在美国针对中国的"337调查"的39起案件中涉及的行业比较集中，主要有电子工业、化学工业、轻工业、机械工业、汽车工业、皮革工业。其中涉及电子工业的16起，化学工业10起，轻工业7起，机械工业3起，汽车工业2起，皮革工业1起。这一方面反映了中国商品在美国市场中的份额在不断提高，跟随主流技术，出口商品的技术含量增加，客观上在美国市场上构成了与美国国内产品的竞争；另一方面也反映出我国企业对美国的政策措施还不了解，中国企业频频遭遇这只拦路虎，除了个别的达成和解外，大部分都遭到了严重挫伤。就算是最后达成和解，也因为没有筹码，而被迫支付高额专利许可费。这种状况严重影响了国内企业和行业对美国的出口，有的甚至完全失去了美国市场。频繁的"337调查"已经给国内企业造成了重大损失，成为制约出口增长的重要因素。

案例分析：

从该案例中我们可以认识到政策带来的风险，尤其应注意在跨国商务活动中所受到的其他国家政策所造成的风险。这39起案子主要是针对技术、知识产权领域的竞争，单独针对专利侵权的有26起。这反映出我国内地企业在专利投入和保护上的薄弱。国外企业采用打知识产权官司的方式来获得经济利益和社会利益。国内企业在知识产权方面投入太少，技术上投入少、法律保护不够，以及这方面的人才短缺是造成这个问题的原因。其实有些案子发生的时候，我方根本就被蒙在鼓里，引进技术、进口部件时已经存在着发生冲突的潜在因素。一些国外的企业利用我国的廉价劳动力，生产和加工国际市场上有较大需求的商品，从中获得超值利润。而一旦发生纠纷，把造成的损失部分，甚至全部转移到我国企业的身上。

因此，我们应该从三个方面提高自己的能力。

1. 创新能力。形成我们自己的技术、知识、专利，这是解决问题的根本方法。开发自主技术、自主产品，同时也要用知识产权的法律来自我保护，在世界市场，包括美国市场上提高竞争力。

2. 研究各国的法律。仔细研究各国为了追求自身利益而制定的各种法律，以此可以在我们的经营活动中规避风险。当前的重点应该集中在对知识产权问题的研究上，对美国、欧盟等国家和地区的法律要作为重点研究。

3. 培养相关人才。当前我国在应对这些诉讼时最缺乏的是这方面的人才，律师、咨询人才不足是我国难以取胜的主要原因之一。因为人才不足，再加上经营者缺乏这方面意识，所以在碰到这方面纠纷时多数采取回避、拖拉、不积极应诉的态度，从而不仅造成了经济损失，而且破坏了我国企业的信誉。

【案例 13-3】

华为收购美国 3Leaf 公司

华为公司在国内通信设备行业中取得了巨大成功以后力图走向国际市场，采用并购的方式在世界许多国家进行了投资、扩产。目前，华为公司在通信设备方面已经走到了行业的最高端，其成功不仅给华为带来了发展，也为我国经济参与全球化开创了新的一页。华为在美国也成功地开拓了市场，为了进一步提高在美国通信设备领域的地位，收购美国当地企业，再进一步发展，成为华为发展战略的重要一步。然而，最近华为受到了一次较大的创伤。经过协商、谈判，华为和美国一家不大的通信设备企业 3Leaf 签订了收购合同，签约过程应该说是比较顺利的，但该项目在美国外资投资委员会(CFIUS)审查后遭到了拒绝，理由是华为的收购损害了美国安全，不予认可。具体提出了许多看似荒唐的理由，几经交涉都没有成功。

案例分析：

表面上来看美国似乎是纯市场经济国家，政府对企业的经营行为不予干预，但实际上并非如此。该案子在华为成功收购 3Leaf 后立即受到了美国国会的抵制，由 CFIUS 出面干预和处理。此前，华为没有充分认识到这方面的问题，忽略了与州政府及相关机构的沟通和协商，体现出了明显的政策风险。其实，利益机制存在于所有国家和地区，只是表现形式不同。当有可能损害到自身利益时，都会出现不同形式的抵制，政策只是利益的体现形式而已。从该案例中我们能看到要走出国门，就需要花较大的努力了解所在国和地区的利益倾向，研究具体的政策，从中分析风险存在的可能。

13.2.2 市场风险

市场风险的表现形式也是多种多样的。市场的形态有多少种，风险就有多少种，从商务谈判角度来看，主要表现在金融和商品两个方面。但不论哪种风险都和供需矛盾联系在一起。以下就在商务谈判中最值得关注的几个风险进行分析。

1. 汇率风险

国际商务活动中汇率的影响及其带来的风险是不可忽视的。汇率的实质是保护所在国利益的主要手段。当前，我国在人民币和美元的汇率问题上存在着很大争议，实际上体现了双方在利益分配上的分歧。

【案例13-4】

上海 R 大厦的融资问题

改革开放后利用外资进行经营的项目大幅度增加，其中用外资来进行房地产开发的项目也不少。20世纪90年代初，R大厦是上海最早利用外资的开发项目之一。随着经济的发展，房地产的需求很大，盈利潜力也很大，因此在市中心开发这样的项目风险不会太大，应该有较大的预期收益，但问题出在资金的来源上。当时整个项目的开发资金从日本金融机构引进，周期为四年。但到偿还期时却正好碰到了亚洲金融危机。按照我国的全部以美元为基本单位的结算方式，项目融资时，1美元相当于300多日元，而还贷时1美元核算为70多日元，相差四倍多。也就是说在还款时，即使不计利息也要归还四倍以上的贷款，怎能承受得了？最终只能以申请破产来解决问题。这样的例子在缺乏金融风险抵御能力的国家和企业中发生过很多起。

案例分析：

金融风险中，汇率风险是第一位的。该案例中是日美双方的经济争斗，而与这种争斗毫无关系的R项目受到了牵连，造成的损失无法弥补，只能以破产为结局。在那次的亚洲金融危机中，欧洲的百年老银行——巴林银行也因此而倒闭，可见汇率风险的影响之大。当时日本的出口顺差非常大，而其最大的贸易伙伴美国却出现巨大的贸易逆差。为了改变这种局面，美国动用了金融工具促使日元升值，来抵消贸易中的差异。

用国际贸易理论来分析，汇率和商品的供需矛盾联系在一起。以出口商品为主的国家希望其货币价值偏低，这样可以在国际市场竞争中占有价格优势，对进口国来说，获得了廉价的商品，当然也愿意。但事物总是两面的，大量进口必然影响到国内的同一行业的生存、发展和盈利，因此出于自身利益的要求，进口国用一切办法来限制，甚至抵制进口，其中最简单的办法就是改变汇率。贸易差就成为考核这对矛盾的重要指标。

我国改革开放以来，经济发展依赖出口的程度提高很快。在出口商品的数额不大、商品门类不多、产品质量不高时，没有引起国际的关注。而今，我国的出口总量已经进入全球三甲，商品门类很多，各种类型和各种档次的都有，产品质量也有了很大提高，但价格偏低，在国际市场上从受到关注进一步上升到受到抵制是必然的，问题是我们应该采取什么方式和手段来应对这种挑战。

2. 利率风险

利率风险和汇率风险相似，都属于金融风险的范畴，但两者影响的对象有所不同。从市场领域来看，利率是投资决策的依据。投资者在决策中首先考虑的是投资回报率，倘若回报率低于银行利率，投资者就会否定该投资项目，因此投资回报率高于银行利率是选择投资项目的必要条件。但是利率又和社会经济的状态有着密切的联系，成为政府调控市场经济的主要手段之一。当社会经济出现通货膨胀的迹象时，政府就会降低利率，鼓励减少存款，增加消费；相反，出现通货紧缩时，提高利率，鼓励存款和投资，减少消费。因此，利率受整个社会经济状态的影响，在决策过程中就需要考虑到利率风险，特别是在市场状态很不稳定时，利率风险是制约决策的主要因素之一。对于依赖筹措方式来获得投资资金的项目来说更要注意利率带来的双重影响。长期借贷的成本或收益会随利率变化而变化，因此，当市场发生变化时融资成本也随之而变。长期投资所获得的利润也会因市场的变化而变化，利率的调整又引起了回报率的变化，双重风险就体现出来了。国际经营中这种风险更为复杂，不同国家的经济状况不同，变化的规律也不同，因此利率的调整也不相同，风险的存在及其影响因素显得非常复杂。

正因为如此，对每个项目，无论是建设项目还是贸易项目，都要进行仔细的金融分析。对于资金的来源、资金流动的环节、流转的速度要有重点的策划，对利率变化的预期要有充分的准备。这就是近年来出现的重要职业之一——金融分析师的主要职业取向。

【案例 13-5】

墨西哥金融危机

20 世纪 80 年代，墨西哥发生的金融危机使该国蒙受了重大经济损失。墨西哥属于北美自由贸易区的成员之一，和美国、加拿大组成的国际经济合作组织，不仅在商品流通上免去了许多环节，而且允许国家之间的货币自由兑换。当时，美国国内的银行利率在 5% 左右，而墨西哥的利率在 10% 左右。国际资本的投机家就趁此机会进行了连续的炒作活动，将数十亿美元转存到墨西哥银行中，存期一个月。到期即转出，然后再转入，如此反复。作为墨西哥银行对这样的大额短期存款的确很难处理，无法在此期间动用和增值，但利息必须按章支付。墨西哥的经济实力本来就不足，根本经不起这样的折腾，经济危机随之而来。这种做法被称为"飞雁式投资"，在国际金融界受到了重视。

案例分析：

从该案例中可以看到利率风险的危害性。短短的一年多时间，把墨西哥的经济拖向深渊，到现在还得不到恢复。当然，应该声讨投机商人的非人性化做法。但从实质上我们看到了墨西哥政府的一个非常大的疏忽，即对利率风险没有充分的重视和应对措施，这是造成这次危机的主观原因。政府要进行反省，企业在经营中更要注意。当前，我国的金融市场正在加大开放的力度，按我国加入 WTO 的承诺，金融方面的竞争和较量将越来越多，必须有所准备。不仅银行要注意，各种企业都不能掉以轻心。

3. 价格风险

价格是调节买卖双方利益的主要手段。价格高对卖方有利，价格低对买方有利，但价格的确定远比此复杂。如果只是一对一的买卖关系，价格可以通过谈判决定，但市场是多变的，买卖关系也有当前的和长远的不同，因此价格的确定中蕴藏着很大的风险。

价格风险出现在宏观市场和微观市场上。在宏观上，如果企业确定以低价位的形态出现在市场上，强调"质优价廉"，就要以成本控制为主要出发点来制订经营战略，使产品比竞争对手便宜。一旦市场上形成了对产品的固有看法，即品牌效应，就不能有太大的变化，否则将得不到市场的认同，最终失去市场。如果强调"优质优价"，以高价位出现在市场中，也同样要保持这种状态，不能轻易变动。如果为了短期效益而经常对价格体系进行调整、变动，将严重损伤企业的社会形象，很难占领新的市场，也很容易失去已有的市场。我国商品在国际市场中已经造成了"廉价"的形象，现在要改变显得特别困难，需要较长一段时期，经过努力才能改变。这样使我国商品的利润率增长相当有限，只能在数量上下功夫。

在微观领域中，对于特定的交易，价格定位也十分重要。价格定高，对卖方有利，盈利增加，但是给了竞争对手一次机会，他们可以以较低的价格获得该项交易；但定得偏低，对买方有利，卖方的盈利水平降低，甚至亏本，失去了经营的意义。买方也同样存在着这样的矛盾。

对于复杂的工程项目或合资经营的企业在作价格决策时就要同时考虑宏观和微观两方面的因素。对于因价格定位而带来的风险，在经营策划中必须认真对待。

谈判会涉及多个方面，既要考虑当前的，还要顾及今后的变化和长期的打算，双方的利益追求存在着较大的差异，对此如何进行协调？其中的风险是多种多样的。

规避价格风险是当前经营活动中经营者最关注的问题之一，因此，各种手段也应运而生。除了进行精确的经济核算和市场信息的收集、分析、利用外，期货市场成为规避价格风险的重要手段。对于需要大规模采购特定原材料的企业，为了降低因为原材料价格的波动而造成成本失控的风险，经常采用期货经营的方式。

13. 2. 3　技术风险

谈判中会涉及大量技术问题，因为这是合作成功的保证。贸易谈判关注商品的技术水准和服务水平；工程项目则关心保证工程质量的技术问题；合作、合资项目关心各种技术的来源和可靠性问题。技术不仅体现在工程技术、生产技术方面，常常还会涉及管理技术和决策技术方面。在如何选用、采纳技术方面存在着风险，在谈判中不能轻视。技术风险表现在许多领域中，在谈判中主要体现在以下方面。

1. 技术投入和经济效益之间的关系处理带来的风险

决策过程中经常会遇到经济效益和技术投入之间的矛盾，采用先进的技术往往要投入大量的资金和人力，使近期效益受到影响；相反，关注了近期的经济效益，则技术上无法领先，造成市场上比较优势的丧失。因此，技术投入和经济效益之间存在着很大的风险。谈判过程中这方面的争论是最常见的问题之一。技术经济分析的重点就在这一点上，尤其是投资性项目，因为追求较长时间的投资回报，时间跨度大，因此这方面的考虑需要更加周全。

【案例 13-6】

我国企业采用 ERP 系统的现状

ERP，即企业资源计划系统，是当代信息化企业管理的先进工具，在世界上已经有许多成功的案例证明该项技术是很值得引进和推广的。因此，许多有条件的企业都花费了大量精力和财力引进了 ERP 系统。以 2000 年为例，在国内 MRPII/ERPDE（制造资源计划/DE 企业资源计划）的销售总额达 4.7 亿元人民币，增长速度达 13.1％，占整个管理软件销售量的 8％。但到目前为止，ERP 软件实施成功的例子相当少，初步统计成功比例只在 10％～20％之间，多数企业付出巨大代价而收效甚微。例如有一家著名的汽车配件公司，花费了400 多万元人民币引进了 ERP 软件，其中还不包括电脑和网络系统的硬件投资。运作三年来，没有给生产管理带来多大有实际价值的效益。在走访中了解到，为了应付日常运行中的变化因素，只能是 ERP 系统和原有的人力系统同时进行，从领导层面到操作层面的干部都为此而感到困惑。而从德国方面获得的信息来看，德国国内企业 70％以上都采用了 ERP 系统，成功的比例很高，各级管理者都不怀疑这种做法有什么问题。难道在中国 ERP 就没有用了吗？

案例分析：

毋庸置疑，ERP 系统对现代化企业管理的确有很大的帮助作用。但我国企业在采纳该项技术时存在着许多不充分的条件。

1. 目标理解不充分。为什么要采用 ERP？许多企业认为人家成功地采用了，所以我们也得用，特别是有很多国际合作关系的企业抱有这样的看法。也有一些企业领导是为了先进而引进 ERP，在大型国有企业中出现得比较多。而对引进以后怎样做却缺乏全面、长远的考虑。

2. 企业发展方向模糊。尽管许多企业都在研究发展战略，但只停留在概念上和大致的数值目标上，缺乏具体的安排和对策，从而使 ERP 系统无法形成具体的、有效的指标体系。发展目标或是朝令夕改，或是大致差不多，模糊的概念使信息系统模糊化。

3. 工程技术和管理技术的对立。只把 ERP 作为一种先进的技术对待，实际上只看到其工程技术先进性的一面，而忽视了要使该系统发挥作用，还必须有先进的管理，包括人力资源、生产流程、客户关系、供应商关系等的规范化管理。单纯依靠工程技术的先进性是不可能得到预想的结果的。

4. 准备工作不充分。正因为上述认识上的不足，使企业在应用 ERP 时缺乏基础性的准备。许多企业在管理岗位中对责任、权力、义务都没有界定清楚，流程的随意化程度很高，客户关系分散掌握在销售人员个人手中，采购供应系统更是随意管理，使得 ERP 系统中的许多要素无法明确，从而影响了系统的正常运行。

当然还可以找出更多的原因，但归纳起来关键因素在于经济和技术的配合。本案例告诉我们一个道理，没有明确的目标，再好的技术也无法取得好的效果。

2. 采用技术带来的风险

从技术本身来说，也存在着风险。

(1)采用落后技术带来的风险。许多企业墨守成规，采用一成不变的技术，认为有熟练的工人、用惯了的生产方式，会使事故减少。但是，风险是相当大的，即技术被淘汰的风险。市场发展变幻莫测，市场需求变化多端，使原来很成熟的产品、技术都会被淘汰，新的产品、新的技术很快就占领市场。而且，越是高新技术的产品，其生命期越短，被淘汰的机会越大。近来最典型的例子就是胶卷生产，像富士公司应该说在胶卷生产上是十分成功的了，但摄像技术的数码化，使原来的落后技术逐渐被淘汰。固守原来的技术肯定会被淘汰，对此没有充分准备就不可能应对市场的变化。

(2)采用成熟技术带来的风险。所谓成熟就是技术在使用过程中已经非常明确和熟练，但同样存在被替代的风险。因为成熟，因此采用这种技术的企业大量出现，价格战也因此而打响。在激烈的市场竞争中，标新立异是十分重要的手段，许多竞争对手会想尽一切办法，采用个性化的方式来替代原来的技术，以此来降低成本、提高效益。产品技术如此，管理技术也是如此。典型的例子是企业从原来的集团化生产，逐渐转变为集约化的生产经营。企业追求规模效应，使企业规模越来越大，这是成熟的经营管理模式。但问题是当到达一定规模后成本已经无法通过这种模式再进一步降低了，集约化经营就替代了原来的规模化经营。通过专业化生产和协作网络来达到既能满足个性化的市场需求，又能降低规模化生产成本的目标。如何集约化？这又需要大量变革的动作。

(3)采用先进技术带来的风险。先进技术是人们在发展研究中摸索得到的成果。既然是先进技术，怎么还存在风险呢？先进技术的风险就在于它的"先进"上。当该技术尚未被市场所接受，盲目引入，得不到市场需求的支持，则就无法获得预期的效益，从而走向失败。20 世纪美国通信技术采用了铱星技术，即设想通过发射一批人造通信卫星，来替代陆上通信网络。这样即使在大海中、沙漠中、深山老林中，也不再需要设立通信中转站就可以直接通过卫星进行全球的通信。技术上是领先的，而且已经具有可操作性，摩托罗拉公司承接了该项目，最后以失败告终。由于手机缺乏、销售力量不足、价格昂贵，开业的前两个季度，全球只发展了 1 万用户。到申请破产保护为止，这个耗资50 亿美元建立起来的通信网络只发展了 5.5 万用户，而要保持其正常运行的最少用户数必须大于 65 万。

13.2.4　合作伙伴带来的风险

谈判就是在谈合作，使各自的优势得到互补，从而可以减少风险，这是正确的认识。但合作伙伴的选择也会带来风险，风险的表现形式也有许多，可以归纳为以下几方面。

1. 信用风险

信用风险从谈判一开始就存在，没有信任感的谈判是不可能成功的，但有了信任感风险同样还是存在。即使是合作很久的合作伙伴，信用风险还是存在，作为谈判者必须时刻有这样的风险意识。对于缺乏信用的通俗理解就是"出尔反尔""说话不算数"。当问题的处理涉及自身的利益时，尤其损害到其基本利益时，是否定以往的承诺，还是遵守诺言？这是在谈判中经常面对的问题。

信用风险可以分为谈判过程中的信用风险和达成协议后的信用风险两部分。谈判中，实际上是在决策中，双方对合作中的问题逐个进行协商。对合作中可能发生的事物各自都有一个认识过程，尽管事前有了充分准备，但在谈判过程中发生出乎意料的情况是毫不奇怪的，调整谈判思路和策略也是常见的。因此，在谈判前期对某些问题达成共同看法，到后来要进行调整也不为怪，不能把对这些承诺或一致的改变看作缺乏诚信的表现。但是，如果在谈判过程中提供的信息、资料和客观事实有区别，则就应该视作缺乏信用、诚信的表现。因为这些不实的信息会误导谈判的方向和内容，给结果带来损害。而防范这种风险的主要手段是谈判者对客观事实的把握。因为，对方会出于自身利益的驱动，掩盖事实的真相或提供不真实的信息，我方如能直接了解事实的客观情况当然最好，但在谈判中不可能马上获得对方全部信息的真实性依据。要规避因此而带来的风险最好的办法是保持稳定的心态和敏锐的洞察能力，并在谈判中留有余地，不要急于表态，也不要轻易下结论。

达成协议、签订合同后的信用风险表现在履行合同过程中的诚信问题。严格遵守合同规定的内容和要求是合同双方共同的愿望，但在合同履行过程中往往由于相关问题有所变化或谈判当时没有意识到而使自身利益受到伤害，因此对合同中承诺的事企图反悔，严重的甚至要悔约，采用各种手段拒绝合同的继续履行。程度轻一点的是篡改合同中没有明确规定的内容，以满足自身利益或减少损失，即所谓"打擦边球"。这种行为都是不允许的，但如何规避这方面的风险，是合同制订和合同执行两个阶段中必须充分重视的问题。

2. 文化不同带来的风险

谈判双方文化不同会带来风险。在上一章中已经详细讨论过文化差异给谈判带来的影响，这里就不再重复。但要强调的是，谈判中因文化差异带来的问题很常见，但造成的影响和损失却很大。因此规避因文化不同带来的风险应该在谈判准备工作和谈判过程中得到重视。谈判者要做到以下几点。

(1)充分了解谈判对手的文化特点。包括价值取向、工作思路、性格特点等。

(2)在谈判前做好充分准备。例如明确谈判地点、时间，重视礼仪、招待方式，在文件、资料准备中重视语言文字的使用等。

(3)对参与谈判的人员进行合理的布置，甚至培训。规定谈判人员行为方式、注意事项等。

(4)针对对方的文化特点修订谈判策略。制定和实施谈判策略时要充分考虑文化的影响因素。

(5)谈判过程中发生争论、冲突时的处理方法要顾及文化差异的影响，即换位思考。

(6)合同执行中也要考虑因文化不同带来的影响。

3. 劣势引起的风险

谈判双方如果在市场上都有一定地位，则在谈判中尽管会发生争论，但相互的态度基本是公平的。如果谈判中有一方明显处于劣势，则该方发生风险的机会就相当大。所谓劣势有很多方面，主要有以下几点。

(1)市场劣势。指在市场中没有明显的优势，如市场占有率偏小，或者因为初入市场，从而在市场中缺乏影响力，因此，处于市场劣势的一方往往在谈判中力图依赖对方的市场优势来推出自己的产品、服务。这种情况下就存在风险。市场优势明显的一方会利用这一点来追求利益最大化，一旦市场发生对产品不利的变化时，会把这种因风险而带来的损失部分，甚至全部转移到弱势的一方。

（2）资本劣势。指资金短缺的一方，如流动资金缺少，技术改造资金短缺，扩大生产能力资本短缺等。为了能正常生产或实施发展计划，资本短缺的一方只能以放弃对大量利益的追求来换取资金来源，风险也就随之而来。尽管处于资金劣势的一方对其他利益作出了许多让步，但提供资金的一方还是会把经营中可能发生的风险责任推托到需要资金的一方，包括破产责任等。

（3）技术劣势。当合作双方中有一方必须依赖另一方提供技术的支持时，就充满了风险。例如技术的多家转让，使同样拥有这种技术的企业形成同质化竞争，严重损害了需要技术的一方，而拥有技术的一方不仅没有多大损失，反而因多次技术转让而获得利益。我国经常受到贸易国有关知识产权问题的投诉和制裁，也是技术劣势带来的。由于我方缺乏自主知识产权，又不懂得保护自己的技术和知识，因此蒙受了很大的损失，包括经济损失和市场信誉的损失，在谈判中经常处于很被动的局面。

（4）信息劣势。对市场的变化、技术的变化、竞争态势的变化的判断和决策都依赖于信息的完整、有效和及时。谈判中的一方因为信息劣势而带来的问题是严重的，一方面会给自身决策带来失误，另一方面对方完全可以利用这一点以获得更大的利益，同时将风险转嫁到自己身上，更为严重的是可能发生欺诈、诱骗等行为。我国开放时间不长，对各种信息的收集和分析还存在许多不足，应该对此加以重视，不仅要完善信息网络，更为重要的是要提高信息意识和信息分析能力。

4. 对方人员带来的风险

合作成功来自于双方，双方配合默契、相互信任、相互支持是保证合作成功的基本条件。但事物是复杂的，在利益的驱动下，这种合作态度随时会发生变化，从而带来风险。

这种风险有两个方面，首先是对方参与谈判的人员带来的风险。除了上面提到的诚信问题外，对方谈判人员的认识、能力等因素都会给合作带来风险，当然这种风险都会给双方带来损失。但如果对方人员为了自身利益而给合作带来风险，而这种利益又是其个人或小团体的利益的话，则影响就更恶劣。其次，合同的执行者有时因为种种原因偏离了合同的要求，给合作带来了风险。这种现象的发生有主观性原因，也有客观性原因。针对这样的风险最为有效的措施是不仅要在谈判中加强沟通，掌握尽可能多的信息和事实，而且在合同履行中也必须加强沟通，随时对各种变化及发生变化的可能作出判断，并采取积极的应对措施。

13.2.5　谈判带来的风险

谈判是决策，因此谈判本身就会有风险。尽管在谈判前和谈判中双方都投入了大量时间和精力争取尽善尽美的决策结果，但人们的认识总是有限的，因此，在谈判中产生风险也是很难避免的。

1. 讨论不充分带来的风险

谈判过程中对每个需要解决的问题都会进行认真的协商、讨论，最后达成共识。这个过程明显带有主观色彩，双方都认为合适，就意味着可行。当谈判人员对该问题的认识存在不足时，就留下了隐患，带来了风险。谈判要抓住机遇，争取早日达成协议，尽快实施，这是市场竞争的需要，因此，不可能有十分充裕的时间对每个问题都进行深入细致的研究讨论，这就给决策带来了风险。从这点出发，进一步肯定了谈判前准备工作的重要性和谈判人员能力的重要性。

2. 信息不对称带来的风险

谈判过程中大家会对共同关心、需要合作的内容进行交流、协商，而对合作关系不大的问题就很少会有所涉及，这样肯定存在着信息不对称，从而带来了风险。例如，贸易谈判中，买卖双方关心的是交易产品和交易过程，买方很少会去关心产品生产成本的具体构成、制造中的具体技术和计划安排等；而卖方很少会去关心买方购买产品的真正目的和用途，以及对方具体使用产品的过程和使用人的情况等，这就带来了风险。

3. 决策不周全带来的风险

谈判中对每个问题的决策都不一定能做到尽善尽美，都可能因为认识问题或者疏忽大意而造成决策不周全，这种风险普遍存在。许多经济纠纷，甚至闹上法庭请求裁决的纠纷，大部分都是这个原因造成的。我国在经济合作中，因为缺乏经验，因此很容易发生这样的事情。

【案例 13-7】

耕牛案①

杨某家中饲养了 3 头耕牛，在农忙季节因有一头闲置不用，遂于 2000 年 8 月出租给同村农民李某，双方约定租期 2 年，每年租金为 200 元。李某租用 10 天后，耕牛突然走失，李某寻找一天无果，于是李某和杨某双方协商，如果李某 1 个月内不能找回耕牛的话，则李某赔偿杨某 1 500 元损失，并支付尚未交付的租金 100 元。几天后，李某终于找到了耕牛。在将牛牵回家的途中，李某打听到市场耕牛价格已经涨到 2 000 元，李某遂将耕牛牵到集市上出售给了临村的张某，获价款 2 100 元。李某回家后，谎称耕牛没有找到，向杨某交付了 1 600 元。不巧几天后，杨某上邻村做活，在张某家发现了自己的耕牛。杨某要求带回耕牛，遭到张某的拒绝。杨某遂向法院起诉，要求返还耕牛，赔偿损失。李某辩称已向杨某支付了 1 600 元，杨某的请求没有道理。

案例分析：

这是个非常经典的案例，其中许多方面值得探讨，作为我国《物权法》制定过程中典型案例之一。杨某存在富余生产力，出租无可非议，李某在租用后耕牛丢失也是有可能的，双方约定赔偿条件也合理。但问题是李某为利益所动，用欺骗方式把找回来的牛卖了，从中获利 500 元。用上述风险分析的方法来看这中间存在着许多问题。

1. 信用风险。既然是同村邻居，应该是相当熟悉了，但李某照样能干出这样损人利己的行为。为了自身利益，可以置老邻居的交情于不顾。这种行为在市场经济中十分多见。

2. 信息不对称。在协商赔偿价格时，杨某对市场耕牛的价格不了解，因此赔偿价远低于市场价，使李某有机可乘。如果十分清楚市场的变化，李某就没有这样的机会，但作为一个农民，能知道那么多与自己关系不大的信息吗？从这一案例中我们应该思考谈判人员的知识面和信息掌握量应该达到什么水平。

3. 决策不周全。出租耕牛时没有估计到可能发生的问题，缺乏制约手段。从而无法在问题发生后维护自己的权益。所幸，在偶然的机会中发现了事实的真相，最后通过法律的途径追回了自己的损失。

---

① 参见王利明：《合同法疑难案例研究》，40 页，北京，中国人民大学出版社，1997。

当然，李某的行为应该受到谴责，受到法律制裁，但杨某从中应该吸取什么教训呢？我们从该案例中学到了什么？

13.3　规避风险的方法

从上述内容中我们看到，风险存在的范围很广，时间跨度很大，而且主观因素很突出。该如何应对谈判中可能发生的风险？这已经成为现代经济学发展的重要方向之一，其中存在着大量需要研究的课题和难点。不同的风险应该有不同的应对措施和方法，而且这一切都在不断的发展和变化之中。从谈判角度来看，规避风险主要从以下几个方面着手。

13.3.1　预测风险

对于可能存在的风险进行预测是规避风险最主动的方法。从风险的定义中我们已经看到了，事物都有其内在的变化规律，如果人们的认知能力能够认清这些规律的话，也就可以真正地规避风险了。现代科学发展实际上就是在不断深化对事物发展规律的认识，自然科学研究大自然的变化规律，以规避自然环境所带来的风险；社会科学则研究人类社会的发展变化规律，以规避社会变化带来的风险；管理科学则结合前两者的研究，规避决策和管理带来的风险。

在具体的谈判活动中利用前面提到的理论研究成果是十分必要的，但这些还远远不够，积累具体的行业和市场经验也是非常重要的。所谓预见能力强，就是指能将这两方面的优势进行结合并能灵活运用。

在风险的预测中，战略分析是前提。针对具体项目，只有明确了战略定位和战略目标，才能有效地进行风险预测。因为战略分析就是形势分析，明确了整体形势就明确了市场的变化趋势，确定了市场变化的因素，同时了解了市场中的竞争态势和格局，进一步也了解了合作伙伴在其中的地位和作用。

采用经济学理论中关于风险分析的各种方法来对谈判中涉及的问题进行数据分析很有必要，特别是对为规避风险所确定的预案分别进行可行性分析十分必要。贸易项目谈判中不仅要对产品的设计、生产、供给各环节进行分析，而且对交货中的各环节，包括现金流动、运输能力、安全保险、中介代理等也要进行可行性分析。对第一次合作、第一笔交易需要分析，对已经进行过长期交易的项目也不能麻痹大意。对于工程项目的分析则要复杂得多，技术分析、经济分析中都要充分考虑时间因素，越是周期长的项目越是要深入地分析。

有效信息的获得是所有分析的基础，而完整、准确、及时的信息是预测分析准确、有效的基础。现代信息技术的发展在很大程度上是风险预测分析需要推动的结果。采用先进的信息技术来支持谈判及谈判决策是现代企业发展的必然趋势，尤其是跨国经营中的谈判更是离不开现代信息技术和信息工具的支持。

因此，要在谈判中做好风险预测工作，有必要学习上述相关的理论和方法，在此基础上再来学习谈判技巧则就更为有利。

13.3.2 谈判人员的知识和素质要求

从前面各章节中可以看到谈判中涉及的因素很多，而且充满了变数，这就要求谈判人员要有尽可能宽的知识面，这将有利于规避在谈判中出现的风险。谈判人员需要分工，但要做到相互配合、相互补充，就需要每位谈判者有较宽的知识面。当然，不能要求每个人在每个方面都成为专家，但要求每位谈判人员至少在一个方面有很深的造诣，而对其他方面也要有所了解，至少能有共同的语言，用"一专多长"来形容不为过。

1. 工程技术和管理技术的结合

复合型的知识结构将十分有利于在谈判中发现风险、规避风险，尤其是在大型工程谈判中更是如此。在谈判中要考虑有关工程技术的各种因素，在选择采用某种技术时，考虑到其先进性的同时也要考虑到其经济性。例如，对于最近讨论的在交通线路上是否应采用磁悬浮列车技术的问题，两方持不同意见的专家的争论就体现了这一点。从先进性上来看，国内一些骨干交通线路采用这种技术将带来许多有利的方面，如速度快、能源省等，所以着力在这方面研究的专家大力推荐这种技术，希望尽快地上马，推广应用；而另一批专家则从可靠性方面提出异议，包括技术的可靠性、管理的可靠性、长期运行的困难等。这种争论很有好处，可以规避许多工程盲目上马的风险。

2. 关键技术的掌握

对于谈判中的合作双方，谁掌握了项目的关键技术，谁就掌握了主动权。当然，这里所指的关键技术不是单纯的工程技术，也包括管理技术，如营销技术、项目管理技术等。充分掌握关键技术是规避风险能力的又一个重要条件。

3. 信息的掌握和运用

会利用各种渠道获得信息，对信息进行分析，提出合理化的方法和措施，这样的能力对于谈判者来说也是十分重要的。尽管在谈判前和谈判中作为谈判的组织者很重视信息技术的应用，但如果参与人员没有较强的信息意识，也会造成很大的失误和损失。

4. 掌握预测技术

对谈判人员更进一步的要求就是能掌握和运用预测技术，对风险产生的背景、范围和各种条件进行预测，并能及时提出合理化建议。

5. 具备良好的综合素质

每位谈判者要具有良好的心理素质，体力充沛，仪表礼仪到位，以面对复杂多变的谈判局面，这也是规避风险所必需的。

6. 掌握较强的公关能力、表达能力、理解能力和反应能力等综合能力

谈判是人际交往的一种活动，不仅表现出个人的才能，还体现出企业或组织，甚至国家的形象，因此对个人综合能力的高要求也是规避风险不可忽略的条件。

13.3.3　谈判队伍的组织

对于每个参与谈判的人员要有一定的要求，而对谈判队伍的组织则同样要有很高的要求，才能有效地规避各种风险。

1. 企业或组织的忠诚度

通常，谈判队伍在谈判过程中得到企业或组织最高领导较大范围和较高程度的授权，可以在预先规定的范围内设定的原则下进行随机决策，这样就存在着内部的信用风险。谈判队伍，尤其是谈判的主要负责人——首席代表和骨干的忠诚度就显得特别重要。因此，在组织谈判队伍时，能力固然重要，但更重要的是谈判人员的忠诚度。

2. 知识结构

谈判队伍的构成要考虑到知识结构的全面、合理，并且能相互补充。要求

每个谈判人员知识面要宽，同时要求在每个重要领域都有专门人才的控制和把关，才能确保风险处于有效的控制之中。谈判需要技巧，谈判的组织也需要技巧。谈判队伍的组织应让每位参与者都有明确的分工，达到既能发挥各自的作用，又能达到相互配合的目的。

3. 团队合作

谈判队伍是一支精练的队伍，大部分谈判队伍是根据项目需要临时组织起来的。而且，经常会分成台前和台后两部分，即在谈判桌上只有少数人出现，而大部分人在幕后支持。这样的组织合作要求就很高了，业务上要配合默契，精神上要互相支持。内部发生争议是常事，但不能使事态扩大，而要一致对外，更不能把内部矛盾外部化，给对方以可乘之机；同时要使信息交流及时、准确。特别是在有些大型项目分成若干个子项目并同时进行谈判的条件下，如何保证各小组之间的信息沟通和口径一致常常是团队合作中的难题。

4. 指挥得当

谈判队伍内部需要严密的组织和分工，同时又要求和企业或组织的决策者保持良好的沟通。谈判队伍一般不会很大，人数不会很多，因此要保持良好的沟通应该是不太困难的，但因此而发生的麻痹思想造成的伤害也不是个别现象，尤其是当这种伤害和忠诚度联系起来时，造成的后果往往比较严重。某些"指挥员"独断专行，为自己牟取私利，使企业承受严重后果的例子大量存在。因此，除以制度方式规范谈判队伍的行为外，谈判首席代表的选择成为关键。大型谈判往往由企业或组织的主要负责人担任首席代表，似乎问题不大，相对小一些的项目由部门负责人来担任，这时要认真考虑指挥得当的因素，这是规避风险的重要因素之一。

13.3.4 决断在规避风险中的重要性

前面已经反复强调，谈判是科学和艺术的结合。而风险的规避不是解答了问题就能解决的，而是一种毫不犹豫的决断。风险的影响因素无数，而且出现的可能性始终存在，但人们的认知能力总是有限的。要把每个项目、每个问题分析得清楚到位，需要花费大量的时间和精力，但市场在变化，竞争在加剧，机会的到来很快，消失得也会很快，在这样的前提下没有时间，也不允许花费那么多时间来弄清所有问题，当机立断就放在决策者的面前。决断不是盲目的，也不完全是主观的，虽然其中不乏决策者的个人因素。在大部分问题已经得到了明确的答案，并且已经有了较大的把握时，决策者就要有勇气，毫不犹豫地决定和选择一种应对方案。对于具体项目来说就是上与不上的选择，是采用哪种方案进行的选择，是和具体哪个合作伙伴建立关系的选择，从中充分体现出了科学性——避免了主观武断，以及艺术性——抓住了时机，达到了预定的目标，从而规避了丧失时机的风险。当然也带来了其他的风险，勇于面对这种风险对于决策者来说是一种挑战，是一种责任的承担，更是一种领导能力的体现。

13.3.5 用好各种规避风险的工具

规避风险中人的因素是主要的，但用好各种工具也十分重要。在现代服务领域中，帮助企业或个人规避各种风险已经成为发展最快的业务之一，其中存在着大量的机会。专业企业或组织再加上专业人员专门从事该项业务不仅使规避风险更加有效，而且也造就了新的产业发展方向和个人发展事业的机会。以下介绍几种目前最常见的规避风险的方式。

1. 保险工具

顾名思义，保险业就是帮助客户规避风险的专业机构，其特有的经济保障和补偿功能使其在经济发展中的地位和作用日益突出，而且其理论和学科发展也相当快。在谈判中用好保险工具可以尽可能地降低因为风险而带来的损失。这样做的优点更体现在决策过程中可以减少对所有可能发生的风险进行的详细分析，而集中精力对付主要问题和重点需要解决的问题。保险是经营者进行决断的可靠性保障。

2. 信贷工具

资金运行过程中具有很大的风险，银行业中开设信贷业务的目的就是协助企业规避因为信用问题而带来的风险。信贷业务已经成为现代银行业务中的主营业务之一。无论是在贸易或工程项目还是在经济合作中采用信贷工具可以和银行共同分担资金运作过程中的风险，而银行通过长期的信用等级评价和信用信息处理，采用多种形式的担保和评估方式使风险得到有效控制。在国际商务中信贷工具已成为最重要的工具，我国的信用评估体系正在建设和完善过程中，这也是我国经济走向世界的重要步骤。

3. 期货工具

期货业出现的前提是规避时间因素带来的风险，可分成金融期货和商品期货两大类。

对于汇率引起的风险，采用金融期货来规避是最方便和有效的办法。例如，借贷一笔美元，还款期为一年，可以同时购买还款到期时的相同数额的美元期货。如果到还款时汇率发生变化，对自己不利的话，则可以动用购买的期货，不受汇率调整的影响；倘若没有损失，甚至汇率对自己有利的话，可以不去动用这笔期货。购买期货需要付出一些代价，但相对汇率变动带来的损失要小得多。

商品期货主要用来规避国际市场上许多通用原材料的价格变动引起的风险。例如，目前和石油相关的行业很多，以石油为原材料的企业，最担心的是产品的价格会受石油价格的影响。在签订商品合同时的石油价格和生产需要时的石油价格有很大变化时，在购买时就可能造成亏损。为此，在签订合同的同时购买需要采购时的石油期货，等到采购时如果石油价格比预期的价格还要高，就可以动用这笔期货，如果便宜，则可以按市价购买，价格风险就得到了规避，而为此付出的代价是在有效成本控制范围内的。

当然，正因为期货有保值和增值的功能，因此，也给某些人投机炒作提供了机会。

谈判中，尤其在国际商务谈判中应用、利用期货工具已经成为一种惯例，我国在这方面与国际还存在着很大差距，有待于我们进一步学习、完善和提高。

4. 法律工具

上述三种工具都得到了各国法律的支持。此外，在规避风险时利用法律工具也是必不可少的。在谈判过程中起草合同时就应该有很强的法律意识，一切条款都必须合法，这一点在前面已经反复强调了。从风险角度来看，还要注意每个条款、每个用词是否包含着被误解或乱用的可能，这是规避信用风险必须做的工作。因为合同作为最重要的证据，受到法律的保护，一旦其中存在隐患则很可能会出问题。

在合同执行过程中善于运用法律工具来确保合同的正常履行，发生纠纷时能用法律工具来维护自己的权益，在需要修改合同时能利用法律工具来顺利进行修改，等等，这样就可以规避项目进行过程中的各种风险。

法律工具的内容相当丰富，不仅需要法律专业人员的支持，谈判人员的法律意识和使用法律工具的能力也是十分重要的。学好经济法，国际商务人员还要学好国际经济法，这是谈判人员的必修课。

5. 留有余地

规避风险是一门科学，一门技术，需要不断学习总结。但风险涉及的范围很宽，出现的规律也不那么容易被完全掌握，同时引起的损失又很难预计。因此，在决策中留有余地是值得充分重视的问题。这似乎偏于保守，但留有余地不仅能减少风险出现的概率，还能降低决策的难度。当然，留有余地的度如何把握就成为讨论的焦点，甚至决策者之间会因此而发生争论。既要当机立断，又要留有余地，这里充满了经验的积累和考虑问题的艺术性。

【本章思考题】

1. 为什么说谈判中存在风险，而且风险的种类多，涉及范围大？
2. 对谈判中的风险应该抱有什么样的态度和思想准备？
3. 为什么说决断是不可缺少的能力和思维方式？
4. 要规避风险应该如何选择合适的工具？

第14章　谈判僵局及其突破

【本章结构图】

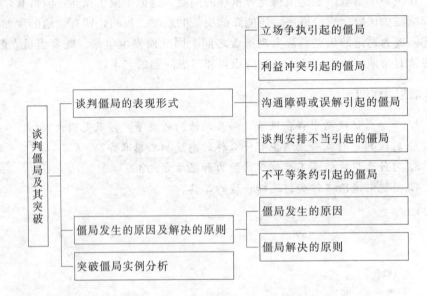

【本章学习目标】

　　谈判出现僵局是很难避免的，要突破僵局不仅要有冷静的头脑，而且要掌握这方面的技巧。突破僵局的能力是谈判艺术的巅峰，不能单靠学习知识来获得，而必须在实践中逐步培养，逐步形成个性化的特长。本章将理论和实际相结合，讨论突破僵局的思想和方法，希望读者通过本章的学习，了解僵局出现的时机和应对的思路，并以此为指导，在今后的实践中不断提升和总结。

　　谈判中遇到的最常见和最棘手的状况就是出现僵局，由于谈判涉及双方共同关心的利益，在签订合作合同过程中发生僵局是经常的事。作为谈判者既要有面对谈判僵局的思想准备，也应该有处理僵局的能力，具有突破僵局使谈判继续并达到最后目的的信心。如果说谈判中的风险和时间因素直接相关的话，则谈判中僵局的出现与时机的选择和把握相关。不发生僵局的谈判是少数，尤其是国际商务谈判中，僵局的出现有其必然性和突然性。为了应对僵局，谈判双方都要付出代价，甚至存在谈判破裂的可能性。因此，善于把握时机、突破僵局是谈判艺术的巅峰。

14.1 谈判僵局的表现形式

谈判僵局的表现形式是多种多样的，而且出现的时机也不尽相同。以下列举常见的几种形式。

14.1.1 立场争执引起的僵局

立场争执引起的僵局的过程是最艰难的。发生以后双方都很为难，持续的时间也可能较长，要突破也较为困难。

1. 政治方面的争执

跨国谈判中各方都会在维护国家、地区、民族的尊严和信仰方面给以很大的关注，如果谈判对手中出现有损于这方面的语言、行为时，僵局就会出现。同样，一些著名企业特别在乎本企业在国际市场上的形象和声誉，如果对方出现有损于这些方面的言行，也会在商务谈判中带来僵局，而这种僵局是很难处理的。受损方会以有损于自己的国格、人格等理由拒绝谈判的继续，哪怕已经在许多方面达成共识，签订合同就在眼前，发生这样的事端也会使谈判中断。即使冒犯别人的一方用赔礼道歉等方式来挽回局势也十分困难。处理不当，就很容易使谈判破裂。

国内谈判也会发生这样的冲突，双方在政治立场上出现分歧，为了避免上级政府的干预，谈判进入僵局也是常有的事。改革开放早期，许多台湾商人进入大陆寻求发展机会，因而发生过大量的商务谈判，但一旦涉及台湾和大陆的称呼，就很容易进入僵局。因为在合同中无法表达清楚两岸之间的关系，使谈判者陷入困境。有时甚至对合同最后关于签订日期的表达方式都会有争议，从而使谈判陷入僵局。后来聪明的商人想到了，在其他国家先注册一个公司，然后再以新公司的名义到大陆来谈判和签订合同，绕开了这种政治问题。

2. 习惯性做法

许多公司，尤其是一些大型跨国公司，在经营中已经形成了一整套习惯性做法，在谈判中另外一方如果对此提出异议，僵局就出现了。其中原因是多方面的，表面上看这是大公司的固执、傲慢，但真正的原因可能是谈判者得到的授权有限，没有能力改动这种习惯性做法，也可能因为这种做法使该公司取得了成功，使其思维方式已经比较固定所造成的。

【案例 14-1】

大公司有标准合同吗

20 世纪 90 年代初，世界上著名餐饮业公司 K 准备在我国某地区发展业务，派出代表对该地区进行了多方面考察，最终确定在经济相对比较发达的 G 市设立分公司，并开出第一家餐馆。K 公司代表走访了 G 市市政府，受到了热情接待，随即进入正式谈判的过程。第一轮谈判中双方就分公司和餐馆的地址、用房面积、价格水平、经营的政策规范等方面达成了一致。进入合同条款谈判阶段，K 公司代表拿出了一份合同书面稿，要求 G 市代表在谈判中只能针对合同文本中需要填充的空格内容进行协商，其他的不必讨论，也不能修改。在追问理由时，K 公司代表反复强调，该合同是 K 公司全球通用的合作合同，不能修改。G 市代表在该文本中发现了和我国政策规定和当地的要求有明显矛盾的内容，要求对方修改有关条款的书写内容，但遭到拒绝。谈判进入僵局。

案例分析：

该案例中出现的是许多大型跨国服务型公司通常采用的方法，因为这些公司在经营中要管理大量的商业门店，管理的层级又很多，在世界各地都有其分支机构，还有许多不是直接投资的加盟店。因此，在管理中最常用的是采用标准化的管理模式，使其合同也标准化了。但这样就忽视了各国、各地区之间的差别，尤其我国是发展中的大国，民族文化又有明显的个性。第一次进入该地区的 K 公司没有考虑这样的差异，而墨守成规，坚持其固有的经营方式，谈判进入僵局是必然结果。当然这种固执，也和 K 公司代表得到的授权有限相关，这样级别的管理决策人无权改变本公司全球性经营的政策体系也是可以理解的。

当然最后的结果还是比较理想的。经过多次沟通，双方都理解了对方的意图和困难，G 市领导主动出面帮助 K 公司代表和 K 公司的上层进行了沟通和协商，而 G 市也对合同中具体内容进行了仔细研究，凡是没有明显违反我国现有政策规定和地区要求的内容，就尽可能不做修改，对于必须修改的内容进行了细致而又充分的协商。最后双方在 G 市达成协议。三个月后，K 公司的第一家餐馆开张，半年后分公司开始正常经营。这次僵局的突破应该归功于 G 市领导的深思熟虑和合作的诚意，同时 K 公司也没有完全固执己见。

案例讨论：

1. 合同条款被修改后，是不是意味着 K 公司的管理模式被打破了？
2. 为什么 G 市领导会积极地突破这次谈判的僵局？
3. 如果双方都不让步，谈判结果会怎样？

3. 谈判中的个人因素

谈判是人与人之间的交流、协商活动，必然涉及参与者的个性和个人利益。如果在谈判中损伤了某人的个人尊严，损害了某人的私人利益，僵局也会发生。例如，伤害了对方某人的面子，让他在公开场合露丑，当然就会发生争吵，正常的谈判就会中断。又如，已经进行过多次交往，对某人已经存在某方面的成见，一旦出现或提及和这种成见相关的场面，争吵就会发生，僵局也就随之而来。再如，历史遗留问题没有得到妥善解决，新一轮谈判中就会旧事重提，引起争吵，把谈判主题引向歧途。这样的例子还有许多，归纳起来就是，谈判中双方的个性差异是僵局发生的潜在因素，需要密切关注。

分析立场争执要从谈判双方的历史文化背景、利益分配和人际关系等方面入手。只有谈判双方全面、系统、客观地对待这些客观存在的因素，进行冷静、理性的分析，才能弄清发生僵局的真正原因和采取应对的方法，从而结束僵局。在大部分情况下，因为立场争执，都会使双方丧失理性，抓住对方的态度不放，追究对方的细节，而放弃了对共同利益的追求，忘记了大局。这样不仅不能解决问题，反而使僵局越来越僵，甚至使谈判破裂。即使一方比较理性，但如果另一方不能改变态度的话，理性的一方也会因此丧失信心而回归不理性的态度。对于这种原因引起的谈判破裂，要想挽回是很困难的，许多历史上发生的事例充分证明了这一点。

14.1.2 利益冲突引起的僵局

这是谈判中最常见的僵局。谈判双方都是为了借助对方提供的合作来获得利益的，追求利益是谈判的最终目的。因此，谈判前双方都会对今后可能获得的利益有明确的目标。商务谈判也是以获得经济利益为主要目标的，谈判过程中必然会涉及利益的分配问题，一旦谈判中的一方可能获得的利益和预期的有较大差异，甚至影响到其基本利益的获得时，冲突就会发生，谈判陷入僵局。在商务谈判的经济利益分配中，只要有一方感到"不公"，僵局就会发生。因为利益的表现形式是多种多样的，因此，这种僵局的出现也是千姿百态的。可能因为局部利益的分配不公而引起全局的不稳定，造成谈判的全面僵局，也可能因为长远利益和近期利益的冲突而造成谈判无法继续进行。另外，在经济利益和其他利益的协调中出现分歧也会引起谈判的僵局，尤其是谈判双方对于本次谈判都持过于乐观的态度时，僵局出现的可能性就更大。因为过于乐观，对问题的考虑往往不足，而对利益的追求又总是偏高，一旦双方接触，就会发现事实并非想象的那么简单，如果再采用过激的言词和急躁的态度，局面就难以控制了。

14.1.3 沟通障碍或误解引起的僵局

谈判双方因文化差异、价值观念不同、语言表达方式不同，在沟通中引起误解，造成僵局。这是谈判中最不应该发生的，但一不小心就会因此而发生的僵局。最常见的是对某个问题或发生的事件，双方的看法可能出现完全不同的看法和态度，这样会引起对方的不满。例如，双方关于质量的看法会有很大的差距。产品制造者对工艺技术、使用的原材料等十分清楚，甚至对这些已经建立了深厚的感情，而针对买方提出的系列质疑，就会出现反感的情绪，认为对方对技术了解甚少却还在说三道四。作为买方则从自身的使用要求出发提出自己一系列意见，想通过这样来达到自己的要求，同时作为己方交易价格的筹码，而对卖方的强调理由的态度很反感。这样的谈判就进入情绪化的状态，出现僵局也就是顺理成章的事了。

有时仅因为价值观的差异也会造成僵局。例如，在许多医疗事故处理的过程中，医院方面和病人家属在赔偿损失谈判中经常出现僵局。发生医疗事故对病人家属来说无疑是头等大事，发生这种事故的机会毕竟很少，而且损失是直接的，从价值观上来看，事故是最重要的问题，尽全力解决，但对事故的理解和内在因素的了解是模糊的。但对于医院方面，一方面事故是经常发生的问题，对于医生来说对其中的问题又十分清楚，而且，事故对自己的直接损害是相对有限的；另一方面，还有许多其他问题和工作要去解决，因此，对事故的重视程度远比病人家属要低得多。这样双方的情绪就有很大的不同，医院方面稍有不慎，谈判中病人家属的情绪马上就被激化，僵局就会发生。这种现象在很多交通事故、工伤事故、社会公共事故的处理中也常有发生。

国际商务谈判中因为沟通障碍带来的僵局也是常见的现象。因此，这再一次告诉我们，翻译的作用是何等重要。谈判中的翻译，不仅要能准确地将各种要件翻译得正确，同时要充分理解对方的文化特点和经营习惯，在翻译过程中能灵活运用这些知识，使用语、用词十分到位，这就大大减少因此而造成的误解，使沟通流畅，减少僵局出现的可能性。

【案例 14-2】

对职业成功的理解①

著名教授安德尔·劳伦斯做了一项非常有意义的跨国研究，对于不同国家的管理人员所认为的职业成功的决定因素进行了探索。

88％的美国管理者认为"冲力和能力"是成功最重要的决定因素，体现在注重实效、个人主义、业绩导向和功能性的世界观。但只有52％的法国管理人员同意这样的看法。

88％的法国管理者认为有高度潜质是成功的决定因素，而持相同看法的德国管理者只占总数的54％。德国管理者认为在技术上的竞争力、在某方面的专家和业绩是成功的基本因素。

89％的英国管理者选择"人际关系和交往的技巧"作为职业成功的决定因素。

各国管理者对于职业流动的看法也很不相同。在日本大型公司中，公司间的人员流动几乎是没有的。大学的新毕业生成为各个公司培养高级经理的传统原料，因此，对一个具体公司来说，吸引高水平的毕业生至关重要。在职期间的流动是十分困难的，而且会被等同于叛逆并给家庭带来耻辱。职业流动在德国同样不被广泛看重，但出现这种现象的原因不是和忠诚度相关，而是由特定知识的要求决定的，因为流动而使特定的知识和技能的积累减少，同时对公司及员工的理解会较浅，因此，流动不利于管理能力的提高。而美国和英国则对这种流动保持着更宽泛的观点，接受一份自己不熟悉的工作从来不会认为会产生什么问题。法国则更是如此，高级经理经常在不同类型和领域的公司之间流动，甚至在公共服务部门和企业之间流动。

那么究竟什么是具有高度潜质的标准？这一标准是和成功环境密切相关的，而且和文化背景密不可分。

---

① 参见[瑞士]苏珊·C.施奈德等：《跨文化管理》，231 页，北京，经济管理出版社，2002。

案例分析：

本案例讨论了各国对职业成功条件的观点及区别，这就影响到各国不同的用人制度。在合作项目谈判时必然会涉及怎样组织项目团队、选择什么样的管理者和负责人等问题，各方对此发生争论是必然现象。在许多工程合作项目或合资经营企业的谈判中经常为了确定经理班子而发生争议，甚至出现僵局。原因在于，对某一特定的人选，谈判双方会有完全不同的看法和意见，要想在短时间内或在一个项目中改变对方的看法几乎是不可能的。在这些谈判的准备工作和谈判过程中要密切关注这方面的因素，否则，双方很难就组织团队和领导班子的安排达成共识。

案例讨论：

1. 为什么通过直接的沟通很难说服对方接受我方的意见？
2. 为什么各国管理者对于什么是成功的潜质的看法有如此大的差异？
3. 要达成共识的关键在哪里？

14.1.4 谈判安排不当而引起的僵局

谈判计划的安排、谈判地点的选择、谈判人员出席情况的变化、谈判进程的控制等环节如果掌握不当也会引起僵局，这方面和谈判者的文化背景、生活习惯、行为风格有着密切的联系。所谓"不当"，就是我方的安排使对方不满，其中包含的因素是多种多样的。有时安排不当，对方没有直接提出异议，但可能碍于礼仪而没有将心中的不满表现出来，当不满的次数增多或有其他诱因时，这种不满就暴露出来。尤其是国际间的谈判中这种僵局往往在没有意识到的时候就发生了。因此，不能只看一时一事，要有较长时间的观察和研究。对待这样的问题，既要大方得体，也要小心谨慎。

事例 1：

中国人很讲究招待，每次重要客人到来时都要认真款待，而且强调采用有相当规模的宴席作为主要方式，包括高级餐馆、高级食品、高级酒水，即使来了一位贵宾，也会有多位主人出席陪同。一顿酒宴可以耗时三四个小时。这种方式体现出对客人的尊重，以此和客人建立良好的关系，商务活动中经常采用这种方式。但是，当把这种习惯广泛用到国际商务活动中时，就会出现很多问题。尤其对中国文化不熟悉、第一次来中国进行商务活动的欧美商人，很不习惯，不认同这样的做法，他们会认为中国人效率观念落后，在吃饭问题上花费那么多时间不合理。更有人认为这是中国人的一种策略，企图用一顿饭来换取更多的利益。因此，在谈判计划安排时要充分考虑这种因素，尤其是谈判问题比较复杂、时间又相当紧凑时，更要注意这种安排的合理性。最好的办法是问题解决之后如果时间允许的话，款待对方一下，这对今后进一步合作有一定好处。最忌讳的是见面的第一件事就是长时间宴请。

事例 2：

会议座次对于中国人来说很有讲究，无论开会的主席台就座次序，会谈的主宾座次，饭桌上的左右先后，出行的先后次序，都有讲究，地位越是高的人对这方面越讲究。一般都以职位高低、年龄长幼为标准。一旦主人安排不当，就会引起不满，甚至影响到谈判的继续，出现僵局。欧美对于这种安排也有要求，却远没有我国这么考究。因此，在谈判计划安排时必须仔细弄清其中的规矩，在国内进行商务谈判时要重视，接待国外来的客人时也要关注这些方面。当我国的人员到国外出席活动时，也要入乡随俗，不能在这方面过于计较，否则很容易引起误会。

事例 3：

陪同人员的安排也很重要。谈判过程中可能需要参观、访问某些企业、场馆，甚至需要做一些调查研究，例如为了证明我方的某重要产品是十分有效的，就会让买方向我方产品的某位客户从使用角度来了解该产品的功效、质量及性价比。客人前往的过程中应该由谁陪同，在参观过程中应该如何解释等很有讲究。对中国人来说，会安排和自己地位匹配的人陪同，而且职位相差不大，性别最好相同。但其他国家的习惯不尽相同，例如在德国，他们会做好各种安排，计划非常到位，但不一定非要主人进行陪同，而是让参观地的主人出面接待，这样会被认为效率比较高，因此，在安排中也必须认真考虑。

事例 4：

安排接见在谈判中也很常见。一次重要的谈判，在进行过程中常会请有关当局的领导、公司的最高领导接见谈判代表，这样体现出对客人的尊重和对这次谈判的重视。但什么时间、什么场合进行该项活动却很有讲究，要注重把握好时机。谈判开始时就进行安排接见，体现出谈判的重要性和对谈判的重视程度；谈判结束时进行，则表达感谢和表示祝贺；谈判进入关键问题时进行，则是对双方施加压力；谈判进入僵局时进行，是力图借用外力，打破僵局。正因为如此，接见安排得好会起到积极的作用，而安排不当则可能造成负面作用，因此，安排谈判计划时要对此进行慎重考虑和研究。

事例 5：

谈判场地的选择很有讲究。谈判各个阶段中协商问题的重要程度、参加谈判的人数等要素都应该成为谈判场地安排中需要考虑的问题。非正式沟通是谈判过程中最常用的方式之一，在决策前进行非正式协商，一般情况下参与的人数很少，但出席的人往往是决策者，不希望太多的人知道讨论的内容，因此，安排时既要有宽松环境，同时又要避免打扰，以小型会议室为好。正式会谈的方式尽管在谈判中出现的次数不是很多，但很重要，参加人员除了决策者外，大部分谈判人员都会出席，此时应该安排在大会议室中，要有正规的布置和配套设施，但是否允许非谈判人员旁听、采访，就值得仔细考虑。还有处于这两者之间的谈判，即局部问题的协商，由分工负责的谈判人员参与，对某专门的问题或技术进行协商，要根据人数和参与人员的要求进行安排，如投影设备、录音设备等。由此可见谈判场地的选择和安排是一件非常细致的工作，如果安排不当会引起谈判者的不满，影响谈判的情绪，甚至出现谈判僵局。

14.1.5 不平等条约引起的僵局

谈判最终都以签订协议为结果，谈判各方对于合同条款的内容都十分重视。但一旦在合同条款中出现不平等的内容，经协商不能改变时，僵局随即就会发生。谈判双方如果实力相当，互补性很强，出现不平等条约的可能性相对较小。谈判双方如果在实力上有较大差距，强势方可能会在合同条款中强加某些内容和要求，迫使弱势方接受，不平等条约就此产生。例如，在交易中有严重的供小于求，供方不愁没有买家，因此在合同条款中增加了对自己有利的内容，特别在规避风险方面，要求买方承受更多的风险。现在社会上对这种不平等的条款称为"霸王条款"。僵局出现有以下两种形式。

(1)谈判过程中的僵局。当谈判一方发现了另一方提出的合同条款中有不平等要求时，随即提出不同意见并要求修改，但遭到拒绝，随之发生争论，僵局产生。

(2)合同履行中的僵局。弱势方在没有其他选择的前提下，勉强接受了不平等的要求，也签署了合同。但在合同履行中发生了相关的问题，在处理问题中发生了相互推诿、扯皮、拖拉等事故，最后只能通过法律途径来解决，而在法庭介入时，双方就会根据合同条款中的不公现象进行辩论，使问题很难在短时内得到解决。如此，造成损失是双方的。

这种僵局的出现有时是有意的，有时是无意识造成的，因此，在准备合同条款时，要仔细探讨，及时发现其中的不合理内容。

14.2　僵局发生的原因及解决的原则

14.2.1　僵局发生的原因

从上一节我们看到了僵局发生的范围是很宽泛的，那么如何防止和应对？这就需要对其发生的原因进行研究分析，然后，采取积极的措施。结合经济学等学科的理论和实践，可以将僵局的种种现象归纳成一点，即谈判各方的期望利益不一致，而又没有通过充分沟通、协商去争取使意见达成一致。首先，双方的利益追求存在着很大差别，谈判的难度客观存在；其次，没有进行交流和沟通，这种差异没有被各方所认识和理解，仍然按照原来的思路、计划进行谈判，冲突必然产生。如果在冲突中各方仍固执己见，不愿意改变自己的看法和方法，则冲突就演变成僵局。而这种固执己见是很容易形成的，在冲突中，不仅情绪会被激化，形成对立，而且会主观地认为对方在施用策略逼迫我方让步，如果我方轻易让步，则正中对方下怀。双方都持有如此情绪和思想的话，僵局的出现是必然的。从原来的利益角逐演变成情绪的较量和心理的较量，最严重的甚至出现过激行为，给双方造成很大损失。

根据以上分析，可以将形成僵局的具体原因分成以下四种。

(1)预计不足，信息不对称。谈判前双方对需要合作的内容都没有全面分析，而造成对可能发生的冲突预计不足，尤其是没有充分估计到对方利益追求的具体方面和程度，当谈判过程中逐渐暴露出来这种问题时，缺乏应对的准备，显得束手无策，无从下手。另外，双方对同一个项目或事物持有不同的看法，有不同的目标追求或不同的处理手段，即信息不对称，谈判中触及该问题时，各抒己见，在得不到对方的认同时，争论就发生，如果进入情绪化就很容易引起僵局。

(2)过于乐观，期望过高。谈判前和谈判中，谈判人员对谈判的难度缺乏正确的认识，轻视谈判中可能发生的问题，也有的谈判者把对方看得太弱，认为其很容易对付，从而没有做好充分的思想准备，一旦发生意想不到的情况，如对方并不是想象中的那么弱时，就很容易失去了理智。另外，其中的一方对谈判的结果期望过高，认为通过谈判似乎可以获得很高的利益，特别是当该方将谈判可能获得的利益水平已经向上级承诺，甚至已经向社会披露的情况下，当谈判进行到一定时候，发觉谈判已经不可能达到这样的结果时，就会想尽一切办法来弥补其不足。此时，对方会感到其不讲道理、无理取闹，纠纷就会发生，僵局也就必然到来。这和第一种原因的不同点在于，只要有一方对谈判结果过于乐观、期望过高就会造成这种结果，而第一种原因是指双方都对本次谈判缺乏正确的认识。

（3）对对方的意图了解不足。许多细节方面的纠纷，多数是对对方的意图缺乏了解。例如沟通不畅或谈判安排不当，按理来说只要解释清楚，经过沟通让双方达成谅解，纠纷就不会发生，僵局也不会出现。但事物是复杂的。对方的一个行为被认为不正常，往往不是从失误或考虑不周方面去理解，而是认为对方是有意造成这种行为，从坏处着想的结果必然造成无法控制的局面。如果能充分了解对方的行为特征和习惯，从好的方面去设想就不会使失误进一步加剧。

（4）谈判策略欠妥或一方存有恶意行为。以上几种原因说明谈判双方还是想把问题解决好的，主观意图还是积极的，只是处置不当。但不能排除谈判各方中确实有存有不良意图的情况，其中又可以分成有意的和无意的两种。无意的可以解释成为谈判策略欠妥，用不正确的谈判方法、态度，从而引起对方的不满，例如无意中揭开了对方的隐私，或重提老问题，使对方无法忍受。也有人把揭伤疤作为谈判的策略，这就是有意的行为，如果企图通过这样的方式来向对方施压，这就属于恶意行为，最严重的是采用恶作剧的方式、报复性的行为等，这样必然会造成僵局。

14.2.2　僵局解决的原则

事物是复杂的，谈判僵局的出现可能是上述原因之一，也可能是几种原因的综合作用。要避免在谈判中出现僵局，或者力图突破已出现的僵局，就要从谈判准备工作开始的每个阶段，在思想上、计划上、策略方法上有所准备。发生僵局后能冷静对待和处置，采用有效的方法有条不紊地进行解决。其中应该遵守以下原则。

（1）谈判准备工作全面充分。谈判准备工作不仅要在技术可行性、经济可行性上进行准备，而且还应该在各种信息的收集上做到尽可能完备，避免信息不对称。尤其要注意谈判双方在利益追求上的异同点和程度上的不同，包括追求的目标、追求的方法、追求的策略等方面。针对可能发生的纠纷和争论应该有详细的预案，对于可能出现的争论焦点就更应该有多种方案的准备。

（2）强调沟通的充分性。谈判过程中和合同履行中双方的沟通应该充分，没有达成共识时不轻易下结论，也不采用强加于人的措施，即使时间紧迫，也不急于求成。沟通的内容不仅包括与项目相关的信息和内容，还应该充分考虑双方谈判人员的感情交流，做到相互体谅和理解。

（3）理智控制情绪。谈判中发生争论是经常性的事情，应理智对待争论，甚至争吵，在用语、用词、行为、动作等方面保持理性、冷静是关键。在激烈的场合能保持这种情绪也是一种能力的体现、修养的体现。采用换位思考的办法，常会使自己冷静下来，以实事求是的态度来面对现实，这是处理僵局的基本态度。

（4）以获得最终利益为目标。面对谈判僵局将采用一系列措施，这些措施都应该围绕着最终利益的获得，这样才能避免感情用事，同时用这种思路把对方引向共同利益的获得这个大前提上来。即使对方存有恶意行为，如果感到还有合作的必要时，应该放弃次要的感情冲突，而回归到利益的追求上来，己方就可以用自己的行为和言语鼓动对方放弃不合理的要求和态度。

14.3　突破僵局实例分析

突破僵局是谈判艺术的巅峰，因此不可能用最简单的语言来表达。而且，对不同的人、不同的事物有完全不同的处理方法。以下用两个案例来讨论突破僵局的策略和方式。

【案例 14-3】

成功的招标活动

W 公司和 H 公司已经有了较长时间的合作，W 公司为 H 公司提供生产控制系统所必需的元器件。W 公司是生产这种元器件的专业企业，其产品具有较高的性价比，因此在市场中已经有了一定的知名度，也有 25％ 左右的市场占有率。而 H 公司是实力比较强的控制系统开发、设计和制造的工程公司，在同行中具有较大的竞争优势，特别在产品质量上的优势更加突出。因此，H 公司是 W 公司的主要客户。

5 月 10 日，H 公司计划部 L 经理亲自打电话通知 W 公司要求尽快见面协商一个重要项目。W 公司的营销部经理 S 先生不敢怠慢，第二天一早就来到 H 公司总部，和 L 初步接触了一次。S 从 L 处知道，H 公司为了 D 市一个重大项目在做准备，需要 W 的积极配合。具体项目名称不太清楚，可能涉及 H 公司的商业机密，所以 S 也不便多问。在以后的日子里，H 公司逐渐把所需的技术要求以书面方式交给 W 公司。5 月 20 日，H 公司约 W 公司进行具体的谈判，因为已合作多次，许多枝节问题显得简单了，因此，W公司组织了以S为首的三人小组参加谈判，包括技术方面的负责人和计划部门的主管。当天，谈判十分顺利，双方就技术问题和生产所需天数等问题达成共识，就差最后价格问题没来得及协商。最后约定在6月1日前再进行谈判，具体时间另行约定。会后，S组织有关部门布置了各种准备工作的要求，并向总经理Z先生进行了详细汇报，估计该项目的销售额可达150万美元，是最近以来最大的订单，希望得到公司的全力支持。为此，在总经理办公会议上还专门研究了该项目的管理分工问题。5月30日，在W公司的建议下谈判继续进行，S首先介绍了W公司的重视程度和下一步的具体打算，体现出合作的诚意。L也介绍了H公司的项目这几天的进展情况。接着就尚未讨论过的问题进行协商，很快就进入价格谈判。S递交了一份详细的报价单，对于该项目中所需要的各种元器件给出了成本核算单和利润率。L拿到单子稍稍翻看了一下，马上表态说该报价不合理，希望重新报价。S做了诚恳而细致的解释，根据过去的合作结果，W公司的报价没有多少变化，而且根据这次项目的特点做了一些调整，因规模较大，因此都是往下调的，W公司的盈利水平没有提高。而L仍然坚持要W公司重新报价，理由是价格偏高。S出示了同类产品的市场价调查报告，以此来说明价格的合理性，因为W公司的报价低于市场平均价的10%左右，而产品质量排名中W公司排在前三名。但L没有松口，也没有再说理由，谈判到此不欢而散，也没有商定下次谈判的日期。

这样的僵局在W公司和H公司的合作中尚未发生过，虽然双方对价格的争议已经发生过多次，这容易理解，因为大家都是为了争取更多的利益。但这次是什么原因造成这样的僵局呢？S回到公司和参加谈判的人员及相关的其他同事进行了仔细的分析研究。首先感到L的态度有些反常，其次，对于H公司的项目似乎很不清楚。研究结果认为这次僵局肯定不是价格引起的问题，应该有其隐情。S向总经理Z作了详细汇报，得到了Z的认可和支持。立即组织了一支调查小组，由S负责，首先从H公司准备进行的项目入手。通过各种渠道了解到D市正在进行一项大型基础设施建设，其中关键项目就是该工程的控制系统，为了能采用公平竞争的方法，采取了向社会招标的方式。而具有这项工程资质又愿意参与的有四家公司。这四家公司都在做认真的准备工作，目前还看不出哪家具有较大的把握，招投标工作在6月下旬进行。在Z的主持下，W公司进行了一次秘密会议，专门讨论对策，大家都认识到，这次谈判僵局的原因是，原先H公司认为D市项目还会用原来的方式直接委托H公司进行，因此感到时间紧迫，及时和合作伙伴沟通，希望能尽快地开始该项目。而现在情况发生了很大变化，该项目是否能中标尚没有把握，如果和W公司签订购买合同，则损失怎样弥补呢？如果和 W 公司交代清楚的话，不仅丢尽面子，而且担心 W 公司会因此而不配合。因此用拖延时间的办法来处理这种尴尬，是没有办法的办法。

根据会议的决定，W 公司采取了一系列措施，首先对 D 市项目进行了认真的技术分析，理解和认识到了该项目的关键，以及 W 公司提供的元器件应该达到什么水平等具体问题。其次，通过有效渠道和 D 市该重大项目负责部门进行了沟通，展现了 W 公司的实力和愿意提供合作的决心，同时也了解了该项目的许多细节问题。最后，和 H 公司进行了沟通，直接约见了 H 公司的总经理，双方就问题的实质和解决办法进行了细致的分析交流，最后提出 W 公司和 H 公司联合投标的建议，做到强强联手。

6 月 25 日，D 市项目开展公开招标，不仅允许社会各界人士旁听，而且进行了电视直播，公证机关也参与了整个招标活动。会上四家公司递交了投标标书，而其中唯有 H 公司的标书是由工程建设商和元器件供应商联合投标的，在 D 市历史中没有发生过类似的做法，引起各界的重视。6 月 30 日，评标结果公布，H 公司和 W 公司联合投标成功，获得了该重大工程的全部控制系统的设计、建设和试运行项目，总价值 1.2 亿元人民币。

7 月 2 日，H 公司和 W 公司举行了庆祝会，并对下一步的合作问题进行了细致的分工，签订了合作合同，为将来两公司进一步建立战略伙伴关系提出了一系列设想。

案例分析：

该案例从一次谈判僵局开始，通过实施积极的解决措施，不仅将重大项目稳稳地拿到手，而且两方的合作关系进一步加深了，这是最为理想的结果。但要达到这一结果，W 公司付出了很大的精力和代价，抓住了问题的关键，利用创新思维的方式拿出了最为有效的解决办法。从中我们可以讨论突破僵局的几个关键点。

1. 找到发生僵局的根本原因。首先不能为对方情绪所动，一个有过很长时间合作的朋友，为什么会出尔反尔，开始时非常积极，甚至着急，而等到有了些眉目却出现相反的动向，不那么着急了，甚至出现拖拉推托的现象？如果以情绪化的思维方式来看，则会认为对方因为有了一笔大业务，企图以此来对我方施压，真不够交情。采取的措施就会是"以怨报怨"，出现抵触情绪，就不会积极地寻找解决办法。当然也可能会为了拿到大额订单，忍气吞声，等待结果，如此也只会采取消极的态度或吃小亏的准备。该案例中的问题是 H 公司不一定有把握拿到项目，因此，消极的态度风险是比较大的。用客观的、科学的态度和思维方式来面对僵局，情况就大不一样了。W公司动用了各种渠道和关系了解到出现僵局的根本原因，并不是因为H公司的无能，站在客观立场上来看，H公司面对的情势有些无奈，因为以前只要和D市相关部门搞好关系，项目的获得是没有问题的，而现在情势变了，要求公平竞争，把握就一下子变小了，对于如何适应这种变化H公司尚无很好的办法。从主观上来看，H公司还是力图和W公司合作，因此僵局只是一种表面现象，实质是对方在利益获得方式上出现了问题。

2. 寻找双方共同利益获得的渠道和方法。如果只从自身利益出发来寻找渠道和方法，往往是得不偿失的，因为需要合作才能得到应得的利益。案例中，W公司要获得大面额订单就必须使H公司能中标，如果H公司能拿下该项目则自己的订单也就落实了。如果只考虑自己，只能和H公司讨价还价，尽可能去争取更高的价位。在本案例中当然是行不通的，因为，H公司的杀价为的是拖延时间，如果拿到项目，合同可以签订，如果拿不到项目，合同就黄了，这样既不造成损失，也不丢掉信誉和面子。案例中W公司找到了联合投标的方式，使得项目负责人对于项目优质完工的信心更足，因为是强强联手，在市场中的力量更强，因此，获胜的可能性更大了。

3. 用好沟通的工具和信息收集分析的工具。谈判是沟通，但只是针对特定的内容进行，因此具有局限性。发生僵局后应该扩大沟通的范围，增加信息收集的范围和数量。制订解决方案时需要这样做，在实施方案时更需要加强沟通和信息征集。本案例中，W公司在找到了僵局的原因和确定了解决策略后和各方面进行了沟通，包括与合作伙伴H公司的沟通，也和项目所在单位进行了沟通，甚至利用社会媒体工具宣传这种新的合作模式，从而得到各方面的理解和支持，这是成功的基础。如果不注意沟通的渠道、沟通的方式方法，就可能得不到其他各方的理解和支持，注意在整个过程中，只要有一个组织或部门不理解、不支持的话，W公司成功的可能性就会大打折扣。在沟通中不仅要讲友情、交情等公关关系，更应该客观、公正，摆事实、讲道理，以获得共同利益为目标。创新思维的核心就在于此。

4. 注意规避风险。突破僵局的过程中也会存在风险，因此正确理解风险和对待风险也很重要。本案例中W公司这样做存在着较大的风险。首先，对方的意图如果和自己考虑的不一致，就不可能成功，例如，这次合作中H公司有改变合作伙伴的打算时，问题就出现了，因为，H公司可能以选择更强的元器件供应商来抬高自己的竞争能力，这也是一种战略选择。其次，通过各种渠道了解项目的情况、收集各种信息，这种行为有两种风险：一种是可能会触犯对方核心机密，构成犯罪行为的风险；另一种是可能会引起合作伙伴的反感情绪的风险。最后，新方案本身也具有风险，比如新方案是否会得到各方面的支持和理解，这样做能否达到预期的结果，对于这些问题还没有答案。因此，在确定解决方案时必须认真思考风险的存在和对策。

这种僵局突破的方式是偏于理性的，而且是比较友好的方式，谈判双方没有出现激烈的争论和争吵，双方的情绪在平和中得到控制，我们可以认为这是偏"蓝"的手段。在僵局突破中最提倡的是这种思路，因为双赢是长久合作的基础，是双方共同发展的条件。但事物是复杂的，有时不一定能用这种方式获得成功，因此，可能出现另一种方式，请看下例。

【案例 14-4】

沃达丰收购曼内斯曼[①]

沃达丰(Vodafone，以下简称 V)是伦敦股市最大的上市公司，全球最大的移动电话公司。成立时间不长，但发展势头很好，在欧洲移动通信市场中占优势地位，自从与 Air-Touch 在 1999 年 6 月完成价值达 766 亿美元的合并后，更成为全球最大的移动通信经营商之一。曼内斯曼集团(Mannesmann，以下简称 M)创建于 1885 年，业务包括电信及生产多项工业产品。最近才涉足通信行业，1999 年该项收入达 46.5 亿欧元，而机械及汽车为 120 亿欧元，但 1999 年上半年，电话业务同步增长 34%，而汽车只有 5%，机械几乎没有变化。因此，电信增加的投资已经占总投资的 80%。和 Orange 公司合并后成为欧洲移动通信中的老大，拥有 2 500 万用户，远超名列第二的意大利电信的 1 800 万用户。1999 年英国的 V、德国的 M 和美国的 Air-Touch 三家大公司在规模上、市值上相差不大。前两者为防止后者的收购，曾经达成协定：任何一家如果受到后者的威胁，另一家应该出来拯救，充当白衣骑士。但 1999 年 10 月 V 突然收购 Air-Touch 导致整个战略联盟格局失去平衡，M 决定出手反击。1999 年 10 月 M 突然收购了与 V 同处英国本土的另一家移动通信公司 Orange。此举震惊了 V，成为 V 力图收购 M 的导火线。

1999 年年末，V 提出以 1 990 亿美元收购 M，整合欧洲移动通信行业，提出"M 与我们在一起，我们会更好"。M 在市场上马上作出反映："M 独立发展更好，与 V 合并根本没有好处。"1999 年 11 月 4 日，M 拒绝了 V 的合并提

① 参见干春辉、刘祥生：《企业并购——理论、实务、案例》，370 页，上海，立信会计出版社，2002。

议。正如 V 所料，从德国总理到 M 的雇员，都对这种合并提出反对，没有任何一家德国银行愿意出任 V 收购 M 的财务顾问团，V 只能聘请瑞士华宝银行和美国的高盛作为财务顾问团。谈判从一开始就进入了僵局，而且是很难突破的僵局，因为，德国人出于民族情结，不可能愿意让别国公司来收购德国排名第二的大公司。

M 构筑了一道坚固的防线，从舆论上和经营策略上都下了功夫。M 认为 V 要收购自己有很多法律上的障碍，根据欧盟规定，V 要收购 M 必须得到 75％股权股东的支持，而且要为少数股东提供高达 600 亿欧元的现金。于是，这场涉及英国和德国文化冲突的收购与反收购谈判就开始了。

1999 年 11 月 14 日，V 的总裁 Chris Gent 飞到杜塞尔多夫与 M 总裁 Klauss Esser 会面，第一次提出收购条件，宣布以每股 203 欧元的价格收购 M 的股票，遭到拒绝。此次，V 再加价 14％，仍遭拒绝。

1999 年 11 月 16 日至 19 日，在瑞士华宝银行的安排下，V 开始接触主要投资者。

1999 年 11 月 19 日，V 又一次提高收购价，宣布以每股 232 欧元的价格，也就是用 V 的 53.7 股股票换取 M 的 1 股股票。这项总额达 1 350 亿美元的特大交易遭到德国的强烈抵制。

1999 年 11 月 20 日至 12 月 13 日，V 在顾问团的帮助下对 M 的股东进行了说服工作，提出"顺应市场规律，取得最大价值"的逻辑，在英国、美国和欧洲大陆的 M 股东已经广泛支持这样的收购。同时，V 在媒体上进行了大量宣传工作，在政治上进行大量的沟通工作以获得各级政府和社会各界的支持。

2000 年 1 月 4 日，形势对 V 很严峻，《金融时报》上登载了 V 公司总裁贬低 M 总裁的言论，流传很广，而 M 的经营业绩增长很明显。而且以此为契机，M 进行了一系列的保卫战，从个人的言论，到业绩的公布、合并的困难和风险等都作了宣传。

2000 年 1 月 14 日，M 发布了反收购说明书。

2000 年 1 月 17 日至 2 月 4 日，V 进行第二次对 M 股东的说服工作，结果得到了 M 大部分股东的支持，包括德国的股东态度也有很大的变化，同时，V 又拉拢了 M 的战略伙伴 Vivendi，给了 M 的致命一击，断了 M 的后路。

2000 年 2 月 4 日，两家公司达成了合并协议，涉及金额达 4 000 亿德国马克，即 2 000 亿欧元。完成了迄今为止世界上最大的收购案。M 占合并后新公司的 49.5％股份，每股相当于 V 股的 58.96 倍，每股的市价达 353 欧元，比 V 最后报价提高了近 5％，比最初的报价高了近 90％。

2000 年 4 月，欧盟委员会批准了这次收购案。

2000 年 6 月 11 日，沃达丰空中通信公司（Vodafone Air Touch PLC，VOD）正式接手了曼内斯曼公司（Mannesmann AG，G. MMN）管理层。新公司成为世界上最大的手机制造商之一，拥有用户 4 200 万，营业范围达全世界，在 13 个国家拥有控股运营机构，在 25 个国家拥有参股运营机构。

案例分析：

这是世界上最大的一次并购案，也是一次跨国公司的实力较量。在双方势均力敌的情况下，怎样突破僵局、走向成功？这是一个很好的案例。经过多次直接的谈判都没有达到预期的结果，僵局似乎会演变为破裂，但结果并非如此。并购是怎样走向成功的呢？值得深思。碰到难以解决的僵局时，可以从中得到几点启示。

1. 持之以恒，不放松努力，争取成功。本案例涉及的是世界上最大的一次并购，双方都是举足轻重的大型公司，在国际上都有很大影响，因此并购难度很大，不仅涉及资金、市场、效益，而且还必然涉及政治和不同的文化因素，其中每个要素的作用都会使这场并购活动失败。V 公司的成功就在于持之以恒，没有被困难所压服，特别是面对德国文化的挑战没有气馁。可见，遇到谈判僵局时，需要的是勇气、决心和信心，躲避是不能解决问题的。

2. 分清形势，明确目标。本案例中，V 之所以能胜利完成并购，主要是目标选择的合理性。因为合并可以使股东权益最大化，使公司在世界市场中具有更强的竞争力，可以有更大的发展空间，尤其是通信行业和全球化经济的关系最为密切，对全世界的影响最大，因此，一个强大的通信公司如果可以为全球进行全方位的服务，将受到广大股东的欢迎和用户的支持。而仅仅靠文化的冲突，或民族情结来制约这种追求就显得软弱无力了。对于谈判中出现的这种僵局，也应该这样来思考，倘若目标对双方都有利，而且能顺应市场的潮流，得到市场的认可和支持，僵局就不那么可怕了。

3. 用好应对策略。本案例的成功与 V 采用的成功策略很有关系，M 公司的领导出于自身利益和民族情结，特别是政府的干预，没能看清形势，坚决抵制合并，在谈判中立场坚定，态度傲慢，没给予对方任何商量的余地。但 V 没有因此而却步，采用了动员股东的方式，因为股东有决定公司发展方向的权力。通过有理、有利、有节的开导和说服，终于让大部分股东认识到合并对股东有利，可以使投资利益最大化。因此，支持这场看上去有点悬的并购，结果也证明了这样做是正确的，所以，并购得到了各方面的认同和批准。这种方法"避实就虚"，带有"釜底抽薪"的味道，因此最后被定义为"恶意收购"的典型。在解决突破僵局问题时，这是一种有效的方式。可见，当谈判遭遇僵局，而又很难突破时用好策略是十分关键的一步。

4. 用好中介。在恶劣的竞争中，各方无不用尽其力，尤其是势均力敌的情况下，单靠自身的力量很难胜出，用好中介服务机构很重要。本案例中，V聘请了瑞士和美国的著名银行作为自己的顾问机构，一方面体现出自己的经济实力，更重要的是利用了这些著名银行在市场中的信誉和各方面的专家，对广大股东进行说服和启示；另一方面又能对市场的发展提出系列的指导，使得V能在如此严酷的形势中脱颖而出，组织新的公司。这场胜利中，中介机构功不可没。在谈判过程中用好中介服务机构十分重要，尤其在严重的谈判僵局出现时，这种作用是无法替代的。中介服务可以包括银行、保险、咨询、公证、律师、投行等，根据项目的具体情况来确定，而且，从谈判准备工作开始时就让他们介入将更为妥当，如果在僵局出现后再想利用这些，可能就有困难了。

从这一案例中我们可以得到和上一个案例不同的结论，对待谈判僵局除了用理性的、友好的思维方式和方法外，根据情况的不同和要求，也可以选择强势的处理方式，带有"恶意"的味道，即采用偏"红"的手段，当然其目的是为了达到双赢，而绝对不是欺诈的行为。

归纳以上两个案例，可以得到上面八个处理方式，综合应用这八方面的建议，在实践中灵活选择具体的应对策略，谈判僵局是能够突破的。当然，这其中经验的积累和素质的培养是成功的基础。

【本章思考题】

1. 为什么谈判出现僵局是常见的情况？

2. 僵局的出现意味着谈判无法继续进行吗？为什么？

3. 谈判出现僵局的根本原因是什么？

4. 对待僵局的主要态度、手段和方法是什么？

5. 为什么说突破僵局的能力是谈判艺术的巅峰？

第 15 章　模拟谈判

【本章结构图】

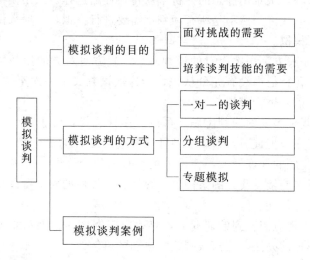

【本章学习目标】

作为全书的最后部分，本章简单介绍了模拟谈判这项训练方法的实施要求和案例，希望读者能在学习谈判的理论知识的同时进行实际训练，提高谈判理论的实际应用能力。

15.1　模拟谈判的目的

以上各章节都十分明确地说明了谈判是科学和艺术的结合，因此要掌握谈判的技巧不能单纯地依靠理论学习，而必须在认真的理论学习的基础上在不断的实践中总结和提高。但这还只是从学习谈判上来看问题，在实际谈判中，单纯依靠知识和经验还不够，特别是面对重要而又复杂的谈判任务，即使进行了认真的准备还是有可能留有隐患。总结以上两个情况，采用模拟谈判的方式是十分有效的手段。模拟谈判的目的有两个：面对挑战的需要和培养谈判技能的需要。

15.1.1　面对挑战的需要

在竞争极其激烈的市场中，许多因素是多变的，因此谈判中不可能只有一种选择。因为情况会不断发生变化，谈判对方会改变策略，改变最终的追求，我方也会改变方式甚至改变初衷。因此，在谈判开始前的各种准备和策略都会面对多变的形势，很难用静态的分析来获得最佳的选择。采用模拟的方式是最为有利的准备方式。当然不是所有谈判都需要进行模拟，一般来说具有以下特征的谈判需要模拟。

(1)对方是我方第一次面对的谈判对手，我方对对方的谈判风格了解不够全面，对其文化特征尚没有充分认识，而这次谈判又是一次至关重要的决策，在这种情况下需要进行模拟。

(2)对于复杂多变的谈判主题，可以有多种选择，对于哪一种选择可以成为现实尚没有充分把握时，需要对各种可能进行模拟。

(3)谈判主题的深度较大，而进入的路径又很窄，即谈判中可选择的空间不大，要使对方能接受我方的条件很不容易，选择性的模拟可以用来尝试解决问题的路径的可行性。

(4)谈判出现意想不到的僵局后，寻找出现僵局的原因和突破僵局的方法时可以采用模拟的办法，试探谈判策略成功的可能性。

(5)对于大型的谈判项目，而谈判的组织也是刚成立的，尚缺乏合作的经验和默契，通过模拟来协调和组织是有效的方法，可以避免在正式谈判开始后因内部协调能力不足而造成失误。

15.1.2　培养谈判技能的需要

提高谈判能力简单依靠书本学习是不够的，还需要大量的案例学习和分析，更重要的是，需要更进一步的实践，但实战训练的机会是不多的。正式的商务谈判一般不会让无关人员参与，而且谈判队伍强调精练，不会让过多的人员加入谈判队伍，因此实战训练就十分需要借助模拟。通过模拟谈判，可以培养谈判人员的如下能力。

(1)培养谈判中面对竞争对手时应该具有的心理素质。冷静的情绪、谨慎的态度、接受挑战的心理在理论学习中是无法得到锻炼的。

(2)沟通能力。谈判中的用语也是一种艺术，不仅要充分表达自己的思想和观点，要具有较强的说服力和亲和力，更应该培养具有个性化特点的表达能力。

（3）应变能力。在动态的谈判活动中，针对不同的状态、不同的议题、不同的对手应该有较强的应变能力，在模拟谈判中训练的就是这种能力，针对对方的不同态度和问题学习不同的应对方式和方法。

（4）洞察能力。这是进一步的能力要求，可以通过对方的语言、表情和态度，预见到对方的思想和下一步的企图。培养洞察能力需要丰富的经验，具有这方面能力的谈判者容易获得成功。

（5）分析能力。模拟谈判不仅包括面对面的训练，还应该包括针对谈判各个阶段的训练，包括项目分析、计划制订等方面。针对一个完整的谈判项目进行全方位的准备有利于谈判队伍的建设。

（6）协调能力。谈判不是个体的活动，而是一组团队的活动，既要有明确的分工，又要有密切的协作，协调能力的培养是不可忽视的部分。谈判桌上需要配合，谈判桌后面的支持队伍也需要密切配合。

15.2 模拟谈判的方式

根据模拟谈判的目的可以有组织地进行多种形式的模拟谈判。

15.2.1 一对一的谈判

1. 组织方式

两位谈判者面对面地进行模拟谈判，其他人员围着听和观察。最好有一位专家在边上进行指导和调度。

2. 谈判主题

以一个具体问题为中心进行。如果是培养性质的模拟练习，则可以选择一个案例，在双方都做了一定准备工作的基础上进行，双方各抒己见，力图说服对方接受自己的意见。如果是对大型谈判中的疑难问题的突破性模拟，则可以准备多种可行性方案进行模拟。

3. 训练目的

以训练语言能力为主，也可以针对比较困难的问题，为寻找突破口而进行模拟。

4. 其他人员的参与

其他人员在仔细听和观察的基础上，在每个阶段结束时对谈判进行评点和指出其中的不足。专家掌握进程和评点内容。

5. 注意事项

(1)案例或问题的选择要十分具体，信息要尽可能详细，模拟前要对问题有充分的理解和准备，因此不宜选择太大或太复杂的问题。

(2)交谈的速度要严格控制，不宜太快。专家可以在其中进行控制和协调，有必要的话可以使谈判暂停或重新进行。

(3)最好指定人员对谈判做记录，对整个过程有比较详细的记录将对总结和提高带来好处。

(4)周围的人员不能插嘴，只能听和观察，到一段落时再进行评点，保持连续性很重要。

(5)可以对同一个问题进行多次模拟，再来比较优劣。

15.2.2 分组谈判

1. 组织方式

谈判人员分组进行，每组以 4～6 人为好，针对特定案例分成甲乙两方，各方为一个组，进行面对面的谈判和背对背的准备。专家在边上进行指导和协调。

2. 谈判目的

以综合性训练为主，包括谈判的准备和谈判的策略选择等，也可以针对某特定项目的关键部位进行模拟，寻找突破口。

3. 谈判过程

选择一个完整的案例，首先各方对案例进行背对背的分析和讨论，对项目的关键和自身利益等进行充分的议论，制订谈判计划和选择策略，并做好每个人的责任分工，包括首席代表、技术负责人、商务负责人、翻译、文书等。

然后进入模拟谈判阶段，首先对双方要协商的议题进行确认，并对谈判的顺序进行协商，并自我介绍自己方面的组织和分工。接着可以就第一个议题进行协商，根据议论的深入，不断调整谈判的策略。每形成一个共识就签订一份备忘录。如果发生争议无法达成一致，则可以稍事休息，甚至可以选择在下次进行，在小组中重新议论后继续。

最后根据计划制订合同草稿，再在谈判中协商，并达成协议。

4. 注意事项

(1)案例选择很重要，可以是比较简单的商贸项目，也可以是工程类项目、合资经营项目、行政类项目，但关键是信息的完整性。

(2)模拟中允许增加假设性的信息，但应该有记录，并对其系统性提出依据。

(3)训练时如果人数多则可以分成多个小组进行，对同一个案例可以有不同的谈判中心议题，可以由各小组自己选择。

(4)背对背的准备工作很重要，准备时间应该长于谈判的时间。

(5)每个小组都要认真做好记录，以备总结。

(6)合同的起草工作应提前做好，不能在谈判桌上进行。

(7)发生争议时应该冷静对待，防止发生意外事故。

15.2.3　专题模拟

对一些重大谈判项目的模拟需要用专题进行。

1. 组织方式

我方的人员不变，专门组织一支队伍模拟对方，可以聘请局外人或咨询机构参与。

2. 事前准备

针对可能发生的问题进行充分准备，尤其是模拟对方的小组，更应该站在对方的立场上仔细分析其利益追求、谈判个性、文化特点等方面，并对对方可能采取的方案进行分析，模拟对方的各种行为。

3. 模拟谈判

根据我方的谈判策略和模拟对方进行谈判，对问题逐个模拟，对每个可能发生的问题进行细致的模拟，然后，根据发生的问题和结果进行总结。

4. 注意事项

(1)问题解析是关键。只有把可能发生的问题分析得充分,模拟的效果才会明显。

(2)理解对方的处境和立场很重要。

(3)有必要对同一个问题进行多次反复讨论。

(4)把问题看得困难些更好。

15.3 模拟谈判案例

本书前面各章节大量列举了各种案例和情境,均可以作为模拟谈判训练的内容,本章提出两个比较完整的模拟谈判案例作为参考。

1. 汽车零配件供应谈判

适用于一对一的谈判。

模拟谈判(A 方):

本公司生产的产品中,有一种汽车配件,每件市场零售价为 1 500 元。市场上有五个同类产品的供应企业,其市场价各不相同。本公司是在 700 元左右,其他的有比这高的(如 750 元),也有更低的(如 650 元)。本公司每月的销量在 1 500~2 000 件之间,在竞争对手中排行第二。生产这种产品需要一种元器件,世界上供应商总共有三家,今天的谈判对手是其中的一家。我们与其已经有了三年的合作经历,因此质量上已经没多大问题,问题是价格,现在的供应价格是每件 100 元。最近汽车价格竞争非常激烈,所以有可能在价格上爆发一场恶战,这种产品在本公司中又是最主要的盈利产品,其他竞争对手有可能降低价格。因此,在这轮谈判中,能否使对方适当降价是关键。其实,这里有一次机会,即在淘汰竞争对手的过程中我公司能扩大生产量,使本公司成为老大。

其他因素请谈判者自己设定。

模拟谈判(B 方):

本公司的产品中有一件是为汽车配件提供的专用元器件,在世界上共有三家供应商,本公司供应量最大。今天谈判的对手就是我们的客户之一,已经合作了三年,关系正常,但不是我们最大的客户,属于重要客户的范畴。我们的供应价格是每件 100 元,每月销量在 1 500~2 000 件左右。在公司的产品中这种产品的盈利水平不算高,但销售额总量不低,公司还是比较重视的。问题是石油价格上涨使成本在不断上涨，这次谈判想使对方提高一些价格。

其他因素请谈判者自己设定。

2. 靖江市人民路 10 号地块改造商业综合大楼

该案例适用于分组模拟谈判。

说明：这是个真实的案例，信息和数据比较全面，模拟谈判可以从中选择一个主题进行，不必涉及所有方面。

案例具体内容见本章附录。

【本章附录】

靖江市人民路 10 号地块改造商业综合大楼
预可行性研究报告

一、项目背景

江苏省靖江市近年来社会经济都有了长足的进步和发展。2000 年，全年生产总值 68 亿元，同比增长 10.5％，人均国内生产总值超过 1 万元，同比增长 8.0％，分别高出全国平均值 45％及 1％。全市经济结构得到了进一步调整，第一、第二、第三产业的比重由 1999 年的 10.6：45.5：43.9 调整到 2000 年的 10.1：45.5：44.8，第二、第三产业的比重在增加。全市人口 66 万，其中非农业人口为 20 万，占 30％，靖城镇（市区）人口为 20.33 万，占全市人口的 30％。全市居民总消费 27 亿元，其中城镇居民消费 10.9 亿元，农民总消费 10.9 亿元，政府消费 5.9 亿元，均比上一年增长 10％左右。城镇职工平均工资 6 776 元，农民人均纯收入 3 749 元，城镇储蓄达 50 亿元，人均 2 525 元。从这些数据看，靖江的发展速度达到了历史上的最佳状态。

该市基础设施建设步伐也进一步加快，提前完成宁通公路封闭工程，新长铁路靖江段建设顺利，江平公路靖江段拓宽改造备土工程基本完成，城市建设和旧城改造建设加快，贯穿市区的人民路拓宽路面全面竣工。拆建正按计划分步实施，完成旧城改造 08 号地块开发建设。一批商业和居民住宅建成。其中从新跃桥到城北桥之间 2 公里的人民路改造是旧城改造的重点，筹建大型中心绿地，改造人民路沿线的商业布局和档次，使靖江市的整体形象大幅度提升，而其中 R10 地块更是中心的重点，地块中心绿地和人民路相交之处，占地面积约 7.29 亩，合 4 800 平方米。经规划红线内面积为 3 420 平方米，建筑用地可达 2 000 平方米。在此基础上兴建综合商业楼，从地点上来看是靖江市中最好的地块之一。无论从现有还是发展的情况来看都有良好的投资建设前景。因此，市委市政府对此地块的改造提出了一系列要求，不仅要求这一地块的建设要体现出靖江市不断发展的形象，而且将其列入人民路改造的总体要求之中，该建筑的主体造型、色彩要与省规划的人民路改造街景规划相符，并要配套建设地下停车场等公共设施。

二、综合经济分析

(一)靖江市经济分析

1. 比较分析表(以 2000 年综合数据为例)

表 1　靖江市经济分析(以江阴市为参照)

序　号	栏　目	单　位	靖江市	江阴市	比较值(%)
1	总人口	万人	66.43	115.18	57.67
	农业人口	万人	46.15	78.51	58.78
	非农业人口	万人	20.28	36.67	55.30
2	总面积	平方公里	665.04	988.00	67.31
	耕　地	千公顷	29.22	51.69	56.53
3	GDP(实绩)	亿元人民币	67.95	328.03	20.71
	第一产业	亿元人民币	6.83	14.78	46.21
	第二产业	亿元人民币	30.80	194.74	15.82
	工　业	亿元人民币	25.56	184.29	13.87
	第三产业	亿元人民币	30.32	118.51	25.58
	批发零售业	亿元人民币	7.58	52.26	14.50
	金融保险业	亿元人民币	2.99	11.01	27.16
	房地产业	亿元人民币	4.39	13.84	31.72

续表

序　号	栏　目	单　位	靖江市	江阴市	比较值(%)
4	固定资产投资	亿元人民币	14.52	70.65	20.55
	工业投资	亿元人民币	7.37	51.89	14.20
5	消费品零售	亿元人民币	24.76	70.26	35.24
6	财政收入	亿元人民币	5.16	25.02	20.62
	地方财政收入	亿元人民币	2.89	11.71	24.68
7	银行存款余额	亿元人民币	65.63	245.54	26.73
	居民存款余额	亿元人民币	49.97	118.40	42.20
8	城镇平均工资	元/年/人	6 776	9 685	69.96
	在岗职工工资	元/年/人	7 499	10 074	74.44
9	农民可支配收入	元/年/人	3 740	5 134	72.85
	农民消费支出	元/年/人	3 705	4 169	88.87
10	人均 GDP	美元	1 231	3 431	35.87
	居民人均储蓄	元	7 525	10 306	73.02
11	农业人口/总人口	%	69.47	68.16	1.31
12	第一产业/GDP	%	10.05	4.51	5.54
13	房地产/GDP	%	6.46	4.22	2.24
14	批发零售/GDP	%	11.16	15.93	−4.77
15	第三产业/GDP	%	44.62	36.13	8.49
16	三资企业新增	家	7	94	7.45
	当年协议外资	万美元	2 810	43 500	6.46
	平均每户	万美元/户	401.40	462.76	86.74
	当年实际利用外资	万美元	1 183	31 156	3.80
	平均每户	万美元	169	331	51.00
	利用率	%	42.1	71.6	−29.50
	累计利用外资	万美元	13 553	216 239	6.27

资料来源：以上数据来自《靖江统计年鉴 2000》。

2. 比较分析

江阴市是国内最发达的县级市之一，和靖江市仅一江之隔，车程因江阴长江大桥通车而缩短到十分钟，二地从人口、土地等要素上看差距不大，故很具有可比性。通过全面分析可形成以下几点看法。

(1)靖江市与江阴市的经济发展有较大的差距。主要表现在劳动生产率、发展基本条件、经济开放程度、人民消费水平和积累等多方面。

(2)靖江市相对江阴市来说处于发展中阶段。近年来经济发展均有10％的速度，农业在国民经济中所占的比例在逐年缩小，第二、第三产业的比重逐年增加。从上表中可见，房地产的比重较大，说明经济发展进入了一个新的阶段。

(3)靖江市的开放速度会进一步加快。随着交通设施的改善，人民思想进一步解放，该市人民对引入外资及外来资源的期望逐年加大。因此市政府对于靖江市各个方面的发展都有着很大的积极性，从政策层面上对于进一步开放给予了充分重视，并采用了灵活的政策。

(4)因长江大桥通车，靖江成为发达的江南到苏北的主要通道，有着良好的交通运输和沟通条件。

3. 分析结论

(1)从靖江所处地理位置及发展态势来看，存在着大量的投资机会，最值得重视的是该市处于悬殊的梯度经济的枢纽地，无论在商业、延续扩展的制造业、现代农业等各方面都有着快速发展的机会。

(2)可以将苏南地区的各种项目引向苏北地区，经由靖江进行操作，例如与房地产直接相关的建材业、与农业直接相关的农资项目以及劳动密集型的制造业。

(3)鉴于以上情况，在靖江设立招商引资、投资管理、商业招租等的经营系统是有价值的，当然这需要一个过程，其规模也只是地区级的。

(二)友谊超市在靖江市零售业的地位分析

1. 比较分析表

表2　友谊超市在靖江市零售业的地位分析(根据2000年12月报表值)

序　号	栏　目	单　位	友谊超市	全市零售业	比较值(％)
1	流动资金	万元	1 981.8	10 720.8	18.48
2	存货	万元	905.5	1 352.8	66.94
3	固定资产	万元	434.9	9 049.7	4.81

续表

序 号	栏 目	单 位	友谊超市	全市零售业	比较值(%)
4	总资产	万元	2 454.9	20 366.4	12.05
5	流动负债	万元	2 088.6	16 146.5	12.94
6	所有者权益	万元	366.2	4 132.6	8.86
7	应收资金	万元	80.0	504.5	15.86
8	销售收入	万元	8 865.2	23 521.1	37.69
9	销售成本	万元	7 609.4	20 306.8	37.47
10	管理费	万元	390.4	1 313.4	29.72
11	财务费用	万元	4.6	425.6	1.08
12	营业利润	万元	104.3	−69.5	
13	利润总额	万元	94.3	−18.2	

2. 分析结论

(1)友谊超市在全市零售业中所处的地位很重要,其零售额占全市零售额的 37.69%,达 1/3 以上,说明其规模已相当大了。

(2)友谊超市的进货渠道与全市的进货方式相比没有独特性,其销售成本/销售收入=85.83%,而全市平均值为 86.33%,相差不到 1 个百分点,说明友谊超市的运作是正常的。

(3)友谊超市的运作效率在全市是较高的,其销售收入/总资产=3.611,而全市平均值为 1.155。

(4)友谊超市的经营业绩在全市是较高的:

营业利润/销售收入=1.18%,全市平均值为−0.89%;

利润总额/销售收入=1.06%,全市平均值为−0.08%;

利润总额/总资产=3.84%,全市平均值为−0.09%。

(5)从财务分析可见,友谊超市在经营中不仅资产运作效率高,管理费与财务费用也低于平均水平,故能产生高于全市平均水平的经营业绩。

管理费用/销售收入=4.4%,全市平均值为 5.58%;

财务费用/销售收入=0.05%,全市平均值为 1.81%。

(6)在市场调查中可见,友谊超市在全市有很大的知名度,从居民委员会到小区管理者,消费者代表都一致对友谊超市有较高的评价。从商品门类、服务方式、价格水平方面该超市都能适应靖江市的实际需要。

(7)友谊超市尚存需改进的方面:

第一,尚需与市外的大型超市集团连锁经营,以获得更大的竞争优势,单靠自身的力量将不足以抵御外来竞争;

第二,随着靖江经济发展,超市有必要扩大营业面积和商品供应门类以保持在靖江市的优势;

第三,从 2000 年财务分析可见,存货量及应收账款偏大是制约其进一步发展的主要障碍,应在管理上引入更先进的方式以提高经营水平。

(三)靖江供销合作总社经济分析

1. 比较分析表(根据 2000 年 12 月财务报表值)

表 3 靖江供销合作总社经济分析(以全市批发零售业为参照)

序 号	栏 目	单 位	供销社	市批发零售业
1	流动资产	万元	21 536.4	48 596.5
2	存款	万元	6 416.9	12 103.3
3	固定资产	万元	24 889	19 414.6
4	资产合计	万元	47 139.2	70 166.4
5	流动负债	万元	31 531.3	55 779.1
6	长期负债	万元	594.3	1 604.8
7	所有者权益	万元	15 013.7	12 358.2
8	实收资本	万元	5 878.7	9 066.3
9	商品销售收入	万元	24 583.3	141 730.7
10	销售成本	万元	21 409.9	125 458.2
11	销售利润	万元	1 889.4	8 275.0
12	管理费用	万元	1 497.7	5 714.2
13	财务费用	万元	302.5	1 338.8
14	营业利润	万元	181.5	2 079.3
15	利润总额	万元	226.7	1 844.9

2. 分析结论

供销合作总社有相当一部分运营纳入市批发零售总额中,但还有其他部分的运营,因此,两者可以相互比较,以认识供销合作总社在全市的地位和作用。

(1)供销社的商品批发零售在全市占有相当大比例，约为 17.3%，且业态接近，销售成本与销售收入之比，供销社约 87.09%，市批发零售业为 88.52%。

(2)资产利润率供销社为 0.48%，市批发零售业为 2.63%；销售利润率供销社为 0.922%，市批发零售业为 1.3%，说明供销社在经营上尚与全市有一定差距。在资产上两者比例达 2∶3，其中固定资产两者比例为 1.28∶1，流动资产两者比例为 0.45∶1。

由此可见，供销合作总社很有必要改变自身的资产结构，引入先进的管理方式，使这样一个占相当大比重的企业组织发挥出更大的效益和作用。

三、项目已具备条件

(1)靖江市供销合作总社已获得 R10 地块的受让，受让合同已于 2001 年 9 月在靖江与靖江市国土管理局签订，受让土地 3 400 平方米，商业用途，使用年限 40 年，每平方米 3 264.12 元人民币，受让金总额约 11 098 000 元人民币。

(2)靖江市计划委员会批准该地块的建设项目，文号靖计基[2000]105 号，同意新建一幢集超市、餐饮、娱乐、休闲、多功能写字楼为一体的综合楼，面积 12 000 平方米，总投资 2 980 万元。

(3)靖江市建设委员会对选址的批复，文号靖建规选 2000 字第 034 号，定建设项目名称为综合楼，建设单位为靖江市供销合作总社，建设项目依据靖江市城市总体规划，建设面积 12 000 平方米。并附人民路 R10 地块供销社建设选址红线圈。

(4)中国电信靖江市电信局承诺提供新建商业用房所需 300 条左右固定电话线路(2001 年 11 月 17 日)。

(5)新疆创天集团有意向参与投资该项目。新疆创天集团公司成立于 1996 年 7 月，是以房地产开发为主业，业务涉及物业管理、建材生产等多元化经营的企业集团，先后被国家建设部、自治区建设厅、地产协会授予"全国百家房信誉企业""2000 年房地产开发建设先进单位"等荣誉称号。

(6)靖江市供销合作总社不仅获得了 R10 地块的使用权、承建权，而且该社在靖江市经济活动中，尤其在批发零售行业中有着很大的作用，其销售收入总量占全市批发零售业的 17.4%，销售利润占全市批发零售行业的 22.8%。另外，其下属骨干企业在靖江市有很大影响，如友谊超市及靖江市购物中心都有很大的知名度。

(7)本项目周边的商业情况：目前 R10 地块正值改造初期，人民路拓宽及水泥路面工程已经完成，中心绿地尚在规划和筹备阶段，仅 R10 地块已动拆迁完成，后续项目尚未启动。

四、R10 地块实地调查情况

（1）从周边的现有商业情况来看，R10 地块正值商业中心地段偏东南，主要商店有：

友谊超市	2 500 m²	平房建筑
购物中心	8 000 m²	八层建筑
百货大楼	3 000 m²	二层建筑
商业大厦	8 000 m²	八层建筑
靖江宾馆	主要为休闲	
金都大厦	主要为休闲	七层以上设宾馆 50 个标房
新潮宾馆	政府招待所	50 个标房
扬子江宾馆	三星级	100 个标房，距 R10 约 2 000 米左右

（2）经市场调查，靖江市中心 R10 地块附近商业业态需求情况排序如下：

超市、大卖场、特色饭店、鞋帽服装、药店、首饰、文具、体育用品、中高档旅店、桑拿浴室、菜市场、眼镜店、土特产、家用电器、小百货、书店、工艺品、小礼品、钟表店、维修部、茶叶店、低档招待所、游戏机房。

其中游戏机房因属控制开放行业而排在末位。

（3）靖江人消费习惯和中国大部分地区相差不多，在现有收入水平下以改善饮食为主要方向，如今年春节，预订年夜饭已全部爆满，其次是服装，对住房的需求也逐年有所增加，因此该市人民对老城区的改造都十分赞赏和拥护。

（4）由于靖江市没有大型工矿企业、集贸中心市场及著名旅游景点，因此没有大量商务人员经常滞留靖江，而且随着交通情况改善，逗留的人员也进一步减少。为了改善投资环境，吸引更多外来项目和资金，从市领导到基础组织，普遍有一种愿望，即建设档次较高的宾馆，这也是容易理解的。

（5）受习惯影响和经济发展水平的制约，靖江的商业区域相对集中，交通便捷，近距离的购物方式还将维持相当长的一段时间，因此大卖场、超市还将是商业网设置的首选。

（6）R10 地块周边将发生较大的变化：人民路已加宽，路面质量很高，流通能力大大加强；中央绿地及与此配套的地下工程规划已完成，动工日期待定；市政府随老城区改造将搬迁。以上三点使 R10 地块的商业地位进一步提高，地价升值空间较大。

五、建设方案

(一)主要技术指标

(1)地点：江苏靖江市靖城镇人民路 R10 地块。

(2)基地面积：3 420 m²。

(3)建筑占地面积：2 000 m²。

(4)建筑面积及其他参数，具体如表4所示。

表4　方案A和方案B的建筑面积及其他参数

	方案A	方案B
层次	8 层	12 层
面积	18 000 m²	18 800 m²
建筑高度	32.5 m	40.7 m
建筑密度	58.4%	58.4%
容积率	4.7	4.9

(5)达到国家标准的抗地震最高要求。

(6)因紧靠市中心中央绿地，可适当考虑绿化率。

(二)各楼层功能分配

方案A和方案B的楼层功能分配情况如表5和表6所示。

表5　方案A的楼层功能分配情况

层　次	建筑面积(m²)	层　高(m)	功　能
−1	2 000	4.0	停车库
1	2 000	4.5	商场
2～3	2 000×2	4.0	商场
4～8	2 000×5	4.0	餐饮、商业门店
合　计	18 000		

表6　方案B的楼层功能分配情况

层　次	建筑面积(m²)	层　高(m)	功　能
−1	2 000	4.0	停车库
1	2 000	4.5	商场
2～3	2 000×2	4.0	商场
4～6	1 200×3	4.0	商用
7	1 200	2.2	技术转换
8～12	1 200×5	2.8	商住、商办

（三）建筑要求

（1）大楼地处市中心，中央绿地之侧，总体形象高雅、大方，在靖江市别具特色。

（2）结构采用钢筋混凝土条形基础，考虑地基条件，设计部分钢筋混凝土短桩。

（3）1～3层为超市布局需要，设营业大厅、仓库、管理及配套空间，并设自动扶梯上下。

（4）－1层为地下室作停车库，按标准要求设计。

（5）大楼设四部电梯。

（6）大楼达到消防要求，应设有消防通道、消防监控、喷淋系统。

（7）大楼给排水系统按国家标准设计，充分考虑到饭店与浴池的给排水要求。

（8）预设电话300门及有线电视终端300门。

（9）大楼设防盗监控系统、物业管理信息系统。

（10）大楼用材档次取中高档。

（11）大楼周围的通道和绿化要满足大量人员来往的空间和方便。

针对方案A增加：

（1）4～8层应餐饮、娱乐专业门店的不同要求，拟为大面积空间，便于根据需要进行隔断。一般情况下，拟定7～8层为餐厅，4～6层为各种专业门店。

（2）大楼设中央空调，但分区进行控制，1～3层为独立区域。

针对方案B增加：

（1）根据靖江市情况建议，4～6层为商业用房，适用于餐饮、娱乐、休闲、淋浴等。其中，4层为沐浴与休闲，5层为中餐厅，6层为娱乐中心。布局与设施应满足这方面要求，必要的话可设自动扶梯上下。

（2）7层为技术转换层，由于大楼上下面积不同，用途各异，设技术转换层以满足不同需要和布局，并兼作物业管理空间。

（3）8～12层为商住、商办两用楼盘，建议每层设置二室一厅和三室一厅的标准套房，可用作办公、居住使用，也可以作为公寓式旅馆，满足商业交流、会议等使用，靖江市尚无具备此功能的酒店。

（4）大楼不设中央空调，1～3层设区域性中央空调，4～6层分楼层设中央空调，8层以上留出安装空调的空间和设施，地下室设机械排风系统。

（四）大楼命名

建议称为：靖江友谊大厦。理由是：友谊超市在靖江有很高的知名度；友谊象征着欢迎各地乃至国际友人来访靖江；友谊表示着和平与发展。

六、项目实施进度和建设费用

(一)项目实施进度

该项目在靖江市属较大的项目，根据以往的进度情况归纳成下表。

表7 项目开发进度表

项目月份	1	2	3	4	5	6	7	8	9	10	11	12	13	14	15	16	17
可行性研究及批准	▬	▬															
初步设计			▬														
施工图设计				▬													
地下工程						▬	▬	▬	▬								
地上工程										▬	▬	▬	▬				
设备安装工程											▬	▬	▬	▬			
市政配套工程													▬	▬	▬	▬	
收尾工程																	▬

其中可行性研究时间可能可以缩短1个月左右，总工期控制在16个月左右。包括项目资金筹措时间，整个项目准备工作控制在2年之内。

(二)建设费用

方案A的建设费用总计4 509.60万元，具体见表8。

表8 方案A的建设费用

序 号	项 目		总值(万元)
1	土地费		1 500.00
2	项目建设费		2 880.00
	土建费用：基础、墙体 1 000元/m²×18 000 1 800.00 安装费用：电梯、强弱电、给排水、消防 600元/m²×18 000 1 080.00		
3	工程管理费	项目建设费×2.5%	72.00
4	可行性、勘察设计、审照费	项目建设费×2%	57.60

注：其中土地费除了受让费外又增加了动迁费用，总计达1 500万元。

方案B的建设费用总计4 643.36万元，具体见表9。

表9 方案B的建设费用

序 号	项 目		总值（万元）
1	土地费		1 500.00
2	项目建设		3 008.00
	土建费用：基础、墙体 1 000 元/m² × 18 800	1 880.00	
	安装费用：电梯、强弱电、给排水、消防 600 元/m² × 18 800	1 128.00	
3	工程管理费	项目建设费×2.5%	75.20
4	可行性、勘察设计、审照费	项目建设费×2%	60.16

（三）配套收费

方案 A 的配套收费总计 377.28 万元，具体见表10。

表10 方案A的配套收费

收费项目	应收标准	计算基数	收费值（万元）
1. 建委系统收费项目			223.20
城市建设配套费	75 元/m²	18 000m²	135.00
教育附加费	10 元/m²	18 000m²	18.00
人防建设基金	24 元/m²	18 000m²	43.20
墙改基金	10 元/m²	18 000m²	18.00
抗震设防审查费	5 元/m²	18 000m²	9.00
2. 有偿服务收费项目			14.94
垃圾清运费	5 元/m²	18 000m²	9.00
档案资料编制费	1 元/m²	18 000m²	1.80
白蚁防治费	2.3 元/m²	18 000m²	4.14
3. 其他部门收费说明			50.40
环评费	工程造价5‰	2 880 万元	14.40
消防	5 元/m²	18 000m²	9.00
散装水泥押金	2 元/m²	18 000m²	3.60

续表

收费项目	应收标准	计算基数	收费值(万元)
污水净化工程保证金	工程造价5‰	2 880万元	14.40
解困基金	5/m²	18 000m²	9.00
4. 水、电增容费			88.74
营业用水增容费	DN40、DN50		22.00
拓宽工程分摊费			40.00
电话	208元/门	300门	6.24
电视	150元/门	300门	4.50
电力	160元/KVA	1 000 KVA	16.00

方案B的配套收费总计390.10万元，具体见表11。

表11 方案B的配套收费

收费项目	应收标准	计算基数	收费值(万元)
1. 建委系统收费项目			233.12
城市建设配套费	75元/m²	18 800m²	141.00
教育附加费	10元/m²	18 800m²	18.80
人防建设基金	24元/m²	18 800m²	45.12
墙改基金	10元/m²	18 800m²	18.80
抗震设防审查费	5元/m²	18 800m²	9.40
2. 有偿服务收费项目			15.60
垃圾清运费	5元/m²	18 800m²	9.40
档案资料编制费	1元/m²	18 800m²	1.88
白蚁防治费	2.3元/m²	18 800m²	4.32
3. 其他部门收费说明			52.64
环评费	工程造价5‰	3 008万元	15.04
消防	5元/m²	18 800m²	9.40
散装水泥押金	2元/m²	18 800m²	3.76
污水净化工程保证金	工程造价5‰	3 008万元	15.04
解困基金	5/m²	18 800m²	9.40

收费项目	应收标准	计算基数	收费值(万元)
4. 水、电增容费			88.74
营业用水增容费	DN40、DN50		22.00
拓宽工程分摊费			40.00
电话	208 元/门	300 门	6.24
电视	150 元/门	300 门	4.50
电力	160 元/KVA	1 000 KVA	16.00

注：以上数据根据房地产项目要求预算测算而得。

(四)小结

1. 方案 A

总造价 4 886.88 万元，平均每平方米建筑面积约 2 715 元。

项目总费用控制在 5 000 万元之内。

2. 方案 B

总造价 5 033.46 万元，平均每平方米建筑面积约 2 677 元。如扣除技术转换层的面积 1 200 元/m^2，则每平方米约 2 860 元。全部项目应在 15~16 个月完成，全过程不超过两年。项目总费用控制在 5 100万元之内。

以上所列的两个方案的费用与申报和批准的文件有一定差距，需办理有关手续。

七、经济预测与分析

(一)综合商业大厦价格方案

根据市场调查和预测，比较保守地估算价格如表 12 所示。

表 12　综合商业大厦价格估算表

每平方米建筑面积			
楼 层	使用功能	每平方米售价(元)	每平方米租价(元/月)
—1	车库	3 000	66
1	商业	13 000	190~290
2~3	超市	7 000	100~156
4 层以上	商业	3 500	50~78

注：①底层价格按目前 R10 地块周边销售价计算，估计可达 15 000 元/m^2；

②2～3 层引入超市，见后面建议；

③其他楼层价格按现行价格估算；

④每平方米租金：商业用房每月租金是售价的 1/45，商住用房每月租金是售价的 1/80，表中租价的下限是目前租金调查的平均数字，可适当上浮。

(二)按全部销售静态分析

1. 方案 A

方案 A 的销售收入和投资回报如表 13、表 14 所示。

表 13　方案 A 的销售收入

序　号	楼　层	建筑面积(m²)	单价(元/m²)	总价(万元)
1	-1	2 000	2 250.00	450.00
2	1	2 000	13 000.00	2 600.00
3	2～3	2 000×2	7 000.00	2 800.00
4	4～8	2 000×5	3 500.00	3 500.00
	合　计	18 000	5 194.44	9 350.00

表 14　方案 A 的投资回报

序　号	项　目	收入(万元)	支出(万元)
1	销售收入	9 350.00	
2	营业税(5.8%)		542.30
3	调节税(11%)		1 028.50
4	营销费用		1 000.00
	合　计	9 350.00	2 570.80
5	投资收益	6 779.20	
6	项目投入		4 886.88
7	税前利润	1 892.32	
8	所得税(33%)		624.47
9	净利润	1 267.85	

投资回报率 $R_A = \dfrac{1\,267.85}{4\,886.88} = 25.94\%$。

2. 方案 B

方案 B 的销售收入和投资回报如表 15、表 16 所示。

表 15　方案 B 的销售收入

序　号	楼　层	建筑面积(m²)	单价(元/m²)	总价(万元)
1	−1	2 000	2 250.00	450.00
2	1	2 000	13 000.00	2 600.00
3	2～3	2 000×2	7 000.00	2 800.00
4	4～6	2 000×3	3 500.00	1 260.00
5	8～12	1 200×5	2 500.00	1 500.00
6	7	1 200	转换层	
	合　计	18 800	4 579.79	8 610.00

表 16　方案 B 的投资回报

序　号	项　目	收入(万元)	支出(万元)
1	销售收入	8 610.00	
2	营业税(5.8%)		499.38
3	调节税(11%)		947.10
4	营销费用		1 000.00
	合　计	8 610.00	2 446.48
5	投资收益	6 163.52	
6	项目投入		5 033.46
7	税前利润	1 130.06	
8	所得税(33%)		372.92
9	净利润	757.14	

投资回报率 $R_B = \dfrac{757.14}{5\ 033.46} = 15.04\%$。

3. 分析说明

(1)未计及资金成本,及资金时间价值。

（2）未计及因拖延销售时间造成的损失。

（3）调节税已按当地要求减半。

（4）营销费用中含销售中各种费用。

（三）按全部出租静态分析

1. 方案 A

方案 A 的出租收入和投资回报如表 17、表 18 所示。

表 17　方案 A 的出租收入

序　号	楼　层	建筑面积（m²）	出租中间价（元/m²）	总价（万元/月）
1	−1	2 000	66	13.20
2	1	2 000	240	48.00
3	2～3	2 000×2	128	51.20
4	4～8	2 000×5	64	64.00
	合　计	18 000	98	176.40

表 18　方案 A 的投资回报

序　号	项　目	收入（万元）	支出（万元）
1	销售收入	176.40	
2	营业税（5.8%）		10.23
3	管理费（20%）		35.28
4	月收入	130.89	

静态回收期 $L_A = \dfrac{4\,886.88}{130.89} = 37.34$ 月，约 3～4 年。

2. 方案 B

方案 B 的出租收入和投资回报如表 19、表 20 所示。

表 19　方案 B 的出租收入

序　号	楼　层	建筑面积（m²）	出租中间价（元/m²）	总价（万元/月）
1	−1	2 000	66	13.20
2	1	2 000	240	48.00
3	2～3	2 000×2	128	51.20

序　号	楼　层	建筑面积(m²)	出租中间价(元/m²)	总价(万元/月)
4	4～6	1 200×3	64	23.04
5	8～12	1 200×5	31	18.60
6	7	1 200	转换层	0.00
7	合　计	18 800	81.94	154.04

表20　方案B的投资回报

序　号	项　目	收入(万元)	支出(万元)
1	销售收入	154.04	
2	营业税(5.8%)		8.93
3	管理费(20%)		30.81
4	月收入	114.30	

静态回收期 $L_B = \dfrac{5\ 033.46}{114.30} = 44.04$ 月，约4年。

(四)按1～3层出售，其余出租计算

1. 方案A

方案A的出租和销售收入如表21所示。

表21　方案A的出租和销售收入

序　号	项　目	金额(万元)
1	销售收入	5 400.00
2	营业税(5.8%)	−313.20
3	调节税(11%)	−594.00
	合　计	4 492.80
4	出租年收入(按平均价)	926.40
5	营业税(5.8%)	−53.73
6	管理费(20%)	185.28
7	税前利润	687.39
8	所得税(33%)	−226.84
9	净利润	460.55

按总投资4 886.88万元计，出租一年后即全部回收投资。

2. 方案 B

方案 B 的出租和销售收入如表 22 所示。

表 22 方案 B 的出租和销售收入

序 号	项 目	金额（万元）
1	销售收入	5 400.00
2	营业税 5.8%	−313.20
3	调节税 11%	−594.00
	合 计	4 492.80
4	出租年收入（按平均价）	658.08
5	营业税 5.8%	−38.17
6	管理费 20%	−131.62
7	税前利润	488.29
8	所得税 33%	−161.14
9	净利润	327.15

按总投资 5 033.46 万元计，出租两年后即全部回收投资。

3. 分析说明

(1)出租过程中未计及调节税和每层折旧款项。

(2)出租率简单设为 100%。

(3)未计及所得税。

(4)管理费中包括不可预见费用。

(五)动态计算

1. 项目建设投入期

项目建设投入期如表 23 所示。

表 23 项目建设投入期

序 号	日期（月份）	项 目	投入数（万元）	
			A	B
1	1	土地	1 500.00	1 500.00
2	1	启动	1 700.00	1 760.00
3	12	中期	1 000.00	1 060.00
4	24	完工	686.88	713.46

2. 销售从第二年开始，且在两年内全部销售完毕

折现率取 8%，则两个方案的动态分析结果如下。

(1)方案 A 的动态分析如表 24 所示。

表 24　方案 A 的动态分析表

序　号	支出(万元)	收入(万元)	现值(万元)	折现率	净现值(万元)
1	3 200.00		−3 200.00	1	−3 200.00
2	1 000.00		−1 000.00	1.08	−925.93
3	686.88	3 390.00	2 703.12	1.166	2 318.28
4		3 389.20	3 389.20	1.260	2 689.84

净现值 $NPV_A = 882.19$。

扣除所得税 30% 后，$NPV_A = 617.53$。

投资收益率 $R_A = \dfrac{617.53}{4\ 714.02} = 13.1\%$。

(2)方案 B 的动态分析如表 25 所示。

表 25　方案 B 的动态分析表

序　号	支出(万元)	收入(万元)	现值(万元)	折现率	净现值(万元)
1	3 260.00		−3 260.00	1	−3 260.00
2	1 060.00		−1 060.00	1.08	−981.48
3	713.46	3 082.00	2 358.54	1.166	2 031.34
4		3 081.52	3 081.52	1.260	2 445.65

净现值 $NPV_B = 235.51$。

扣除所得税 30% 后，$NPV_B = 164.86$。

投资收益率 $R_B = \dfrac{164.86}{4\ 853.37} = 3.4\%$。

(六)小结

(1)方案 A 与 B 的静态回报率分别为 25.95% 与 15.04%，折现率取 8% 时，动态回报率分别为 13.1% 和 3.4%，全部出租时，两方案的回收投资静态不超过 5 年。

(2)两个方案均可行，收益情况良好，方案 A 好于方案 B，但方案 B 在形

象设计时稍容易一些。

八、风险分析及对策

从经济分析来比较，两个方案均可行，为使其更有说服力，拟对各种风险进行分析，并提出建议性对策。

(一)市场风险

1. 风险描述

靖江是一个县级市，人口 60 多万，市区人口仅 20 多万，无大型工矿企业和商贸中心，来往人员不多，经济发展落后于江南的江阴市，开发房地产业具有市场风险、需求风险。

2. 风险分析

靖江近年经济发展势头尚好，从发展速度来看并不低于省内其他县市，近五年内没有大型楼盘建成和开工，近年来有若干项目进行，但相比之下总面积不大。尤其是江阴大桥通车后，江南的经济发展将会带动江北的发展，尤其是江阴市从经济上存在着向外延伸的需求，而作为相对欠发达的靖江来说，正是一个很好的引入机会。

3. 风险对策

该大楼正处于人民路中间地带，属市中心段商业中心区，选择恰当的商业业态是关键，利用占有率最高的友谊超市进入并发展是重要举措，其他面积以市场化方式引入最受欢迎的业态，如在大楼顶部几层可以引入特色餐饮业，中间几层可以引入各类专卖店、休闲娱乐设施。由于靖江市正处于发展阶段，业态变化较大，建设大楼时应充分考虑每隔 2～3 年会有一次大幅度变化的可能，因此，不宜以固定商业要求招商。

(二)价格风险

1. 风险描述

与市场风险相关，靖江的房屋价格相对较低，与江阴、上海等市相去甚远，因而不宜提高销售价格。

2. 风险分析

在本分析书中所提的价格已充分考虑到价格的走向，为进一步说明，对方案 A(建筑总面积 18 000 m²)用再低一些价格进行测算(见表 26)。

表 26　不同的价格水平的收益情况

序　号	每平方米价格 (元)	总　价 (万元)	营业税 (万元)	调节税 (万元)	营销费用 (万元)	收　益 (万元)
1	5 194.44	9 350.00	542.30	1 028.50	1 000.00	6 779.20

续表

序 号	每平方米价格（元）	总 价（万元）	营业税（万元）	调节税（万元）	营销费用（万元）	收 益（万元）
2	5 000.00	9 000.00	522.00	990.00	1 000.00	6 488.00
3	4 800.00	8 640.00	501.12	950.40	1 000.00	6 188.48
4	4 600.00	8 280.00	480.24	910.80	1 000.00	5 888.96
5	4 400.00	7 920.00	459.36	871.20	1 000.00	5 589.44
6	4 200.00	7 560.00	438.48	831.60	1 000.00	5 289.92
7	4 000.00	7 200.00	417.60	792.00	1 000.00	4 990.40
8	3 800.00	6 840.00	396.72	752.40	1 000.00	4 690.88

按总投资 4 886.88 万元计算，每平方米平均价格从 5 200 元降至 3 900 元左右时，才将收益降低到与投资持平。

九、说明和建议

1. 大楼设定为 12 层的依据

(1)作为 20 多万人口的地区性城市，靖江市普遍楼层均在 8 层与 8 层以下，最高建筑 12 层。

(2)本大楼在容积率上虽然没有限制，但到 12 层已经达到 4.9，已足够高了。

(3)靖江市目前楼盘价格不高，一般居民住宅楼均价在 1 500 元/平方米左右，而大楼基本造价在 1 600 元/平方米以上，达 12 层以上造价还会上升，因此楼层不宜太高。

(4)由于社会需求的变化尚有一个渐进的过程，本项目建议将大楼定位为多用途，也是为了适应这种渐进的变化。

(5)如果楼层太低(如设在 8 层左右)，则达不到作为人民路中心地段标志性建筑的要求，与中心绿地相匹配存在困难，也不适应靖江市进一步发展的要求。

2. 不建常规型宾馆的说明

(1)靖江本地人口 20 多万，郊区幅员不大，交通极其便利，因此外地人在当市滞留的机会不多，外地到靖江的人数也相当有限，商务人员到靖江的人数取决于大型企业的数量、物资集散的规模、旅游景点的多寡、商业中心的特点等，而这几个方面还有待于靖江的进一步发展。

(2)当地宾馆已有一定数量，本报告尚未在具体流量上作出调查，但从经济发展水平上来看，较高等级的宾馆建设尚需慎重。方案中建议将大楼定位为商住商办楼盘的目的在于适应这种变化形势，可以比较好地规避风险。

(3)从上海发展的经验来看，与餐饮、娱乐、休闲消费等直接相关的行业每3～4年就会在装潢、改建等方面发生变化，以满足市场需求的变化，许多楼盘每3～4年入住的客户就会变动一次，业态也随之而变。因此，方案建议大楼必须具有较大的可改造性，另外，建议将第七层设为技术转换层的目的也在于此。

3. 几点建议

(1)由于时间、资料、信息的关系，本报告为预可行性报告，为编制正式可行性报告提供参考依据，许多方面尚未及展开和深入。

(2)为使本项目顺利进行，建议即刻着手项目可行性分析，对本报告逐项内容进行深入论证、确认，并对大楼的外形、布局、建筑结构、内部设施等进行分类细化。同时，对市场需求进行调查和分析，并对销售方式进行策划。

(3)对投资双方的权益应着手进行讨论，形成正式的合同文本。

4. 结论

靖江市靖城镇人民路R10地块建设综合商业大厦是一个很好的发展项目，从经济效益和社会效益上来看都有较好的投资回报，在靖江市的社会经济发展中该项目的建设具有较大的现实意义，也必然得到政府和广大市民的支持。为建好这幢大楼，对可行性方案进行进一步的深入研究是非常有必要的。

附　录

培养谈判能力的重点和难点

经过多年商务谈判的学习、经历和教学，对谈判有了一定的认识。尤其是在针对在职学员的讲学过程中进一步认识到了在市场经济条件下，商务人员的谈判能力是综合能力中十分重要的一个方面。中国长期历史文化集聚的"官本位"思想非常深刻，决策和合作都依赖于领导的思想和布置，因此，谈判在中国的作用显得不那么重要。改革开放给中国特别是中国经济带来了巨大的改变，最大的变化是进入了市场经济时代。以前的做法尽管不可避免地存在，但直接影响了经济的持续发展，尤其在国际商务活动中，中国商人付出了巨大代价，却得不到相应的效益，其中谈判能力不足占较大比重。培养谈判能力成为当前教育目标的主题之一。下面对培养谈判能力的重点和难点进行讨论，其中不乏可以争论的部分，供读者参考。

重点一：谈判人员心理素质的培养

谈判人员的心理素质是谈判成功的基本条件。主要体现在以下方面。

(1)平等心理。谈判双方面对面交谈是谈判中最常见的方式，但是双方在经济实力、社会地位等方面都不一样，有时还存在着巨大差异。如果你处于强势，你的态度会怎样？相反，如果你处于劣势又会如何？注意到平等心理是解决该问题的关键，也只有平等的心理才能正确应对局势，你的行为和语言才能客观和平和，这不仅给自己带来优势，对方也会感到满意。

(2)平衡心理。谈判是寻求合作和分工，因此双方都有利可图，才会走到一起。当然，双方的利益追求不一定相同，会获得利益的多少也不一样。注意，利益不仅是经济利益，名誉、地位等也包含在利益之中。双赢是理想的结果。谈判时的心态必须是平衡的心理，不能一味追求自身的利益最大化而忽视了对方的需求。有许多谈判失败的原因不是经济利益上的过分追求，而是情绪上无法接受。培养心理素质可以通过教育和培训，但更重要的是在实际谈判中不断总结和反思，因为每个人的心理状态是不同的，需要通过自身修炼才能达到目的。

谈判人员心理素质培养的难点主要表现在以下方面。

(1)通常在谈判前已经有了谈判的明确目标，而谈判往往受到时间的限制，一旦谈判过程中发现目标很难达到，甚至达不到时，心理压力大幅度提高，心理不平衡就会出现，抱怨情绪直接体现出不平等的思想。

(2)有时谈判过程十分艰难，好不容易获得了一定进展，但当向没有直接参与谈判的领导汇报时得不到领导的体谅，甚至得不到认可时，心理压力增大，给下一步谈判带来了许多变数。

因此，谈判人员的心理素质培养不只是就事论事，要在团队建设、企业内部沟通、企业文化等方面统筹思考和安排。

重点二：与谈判相关的信息收集和分析能力的培养

谈判的成功和信息收集的完整和准确度有着密切关系。不仅要了解谈判项目相关的各种信息，还需要了解对手的信息，包括对手公司的相关信息和谈判对手的信息。此外项目所处环境包括经济、社会、政治环境等，在前面章节中有详细的阐释，此处不再赘述。但这方面能力的培养应该体现在以下方面。

(1)主动性。谈判人员应该有收集和获取各类信息的主动性，而不能局限于领导的布置。而且信息的可靠性是十分重要的，如何辨别信息的真伪、有效及有效的条件等就是一种能力。

(2)全面性。信息不是数量所能衡量的，对整个项目的全面了解是关键所在。所谓全面是指业务范畴上的全面、时间段上的全面，尤其是对手方面的信息，不仅是对手公司的，包括该公司其他合作伙伴和历史上一些重大事例等。

(3)适应性。对哪些信息将对本次谈判起作用、哪些信息没有影响等的辨别能力十分重要，决断能力就表现在这方面。其中对涉及信息之间的关联程度等的判断也是不可轻视的方面。

这些方面能力的培养需要从理论上和方法上共同努力。现代信息技术的发展领先于其他技术的进步，说明了信息的重要性。

谈判中信息处理的难点主要表现在以下方面。

(1)谈判中涉及双方的利益，可能发生利益冲突，因此，谈判中有相当部分信息处于保密状态。经济上、技术上甚至各种关系上都有许多信息处于保密状态，如何获得有一定难度。

(2)谈判中还经常会出现"伪信息"，出于某方面目的，谈判各方都有可能为了获取对方的信息而制造伪信息，以此来试探对方，获得自己方面所需要的信息，因此如何识别和判断信息有一定难度。注意，"伪信息"还可以分成善意的和恶意的两种，区别对待很重要。

(3)可变性。谈判过程中有些信息因谈判的进程而发生变化也是常见的。我方的承诺改变对方的判断和决策，使得某些信息改变，从而影响到我方的判断。

因此，在信息获取和分析的能力上，谈判人员的要求比其他方面人员要高得多。正因为如此，在谈判组织中就会有不上谈判桌的人员，他们可以以客观平和的情绪来收集、分析谈判中所需要的信息。

重点三：谈判沟通能力的培养

谈判中沟通是最重要的工具，因此沟通能力是参与谈判的基本功。无论什么类型的谈判都离不开双方的沟通。语言表达能力是谈判沟通能力的一部分。形体表达，包括手势、态度等也是不可或缺的方法。时间的安排、地点的选择，甚至座位的安排都会透露很多非言语能表达的信息。样品的展示、现场的参观等也是沟通中不可缺少的方式。此外，如何倾听对方的讲话和观察对方的其他表达方式也是谈判沟通能力中的重点之一，就是所谓的"聆听"，从对方的表达中得到正确的信息的能力是很值得重视的，因此，在能力培养中要注意以下几点。

(1)语言的精确性。谈判中不能长篇大论地发表自己的认识和看法，需要用精练的语言发表自己的意见，既要体现出高度，又要体现出适用度，不能出现模棱两可的内容，因为这样不仅浪费时间，更重要的是降低对方对你的信任度。

(2)表达方式的适宜性。采用什么方式表达、谁来表达都很有实际价值，因此，在表达前要做好充分思考和准备。基本训练时就要学习这种选择。

(3)聆听能力。在听取对方的讲话和观察其他表达形式时，你的形态、姿势和动作都很有讲究，不仅能使自己获得准确的信息，同时向对方表达了你对其的重视，从而提高了相互的信任度。最忌讳的是对方讲了对你来说不中听的语言和内容，你马上显露出不耐烦的情绪，这将给进一步谈判带来不好的效果。

(4)善于归纳总结。能用较短的时间和语句准确归纳和总结对方所表达的内容，这是谈判表达能力中最高端的。

谈判沟通能力的难点主要表现在以下方面。

(1)不同的谈判对象、不同的谈判内容不可能用同一种方式进行沟通。个性化带来的困难是其他沟通无法比拟的，受文化差异的影响最大，因此在学习中要花费比较多的时间研究和分析文化特点。

(2)因为表达方式多样，因此，一致性很难做到，最麻烦的是相互矛盾。

这是谈判中经常遇到的问题，如谈判团队中的不一致、表达内容的不一致，因此，细致的策划是谈判的必然需要。

(3)当双方沟通中存在较大分歧时，情绪容易失控，给沟通造成困难，这在第一个重点中已经强调过了。谈判能力强的人情绪控制能力一定要强，哪怕认为自己是占理方，也会用平和的情绪面对。

因此，沟通能力的培养是一个长期的过程，不可能短期成功。

重点四：谈判综合协调能力的培养

谈判涉及的因素很多，而且谈判本身是一次决策行为，重要性不言而喻，因此，大家对谈判的结果甚至过程都十分重视，企业领导格外重视，即使是看上去不太重要的谈判，公司领导也会十分关注。正因为如此，谈判经常不是个人行为，需要多方面的合作，综合协调能力也是学习谈判中重点。即使你只是谈判队伍中的一员，同样需要在整个过程中和其他人员进行协调。谈判综合协调能力的培养要注意以下几点。

(1)团队精神是综合协调能力的基础。谈判有明确的目标，但分工以后每人都有自己的具体目标和内容，这样会造成每位成员对目标的理解存在差异，因此，团队精神是求同存异的最有效方式。从大局出发考虑自己的行动计划，才能确保一致性。

(2)协调方式方法的选择很重要。团队内部信息沟通固然重要，现代信息技术又快又准，使这方面协调似乎容易很多，但是情绪的交流和协调是不可取代的，因此，谈判团队内部的协调沟通需要制度化和常态化，单纯依靠网络交流是不可取的。

(3)发生问题后应及时处理，不能拖延。谈判中团队内部意见出现分歧很常见，造成预先没有考虑到的问题也在所难免，处理不及时会给谈判带来重大影响。作为谈判首席代表当然要出面处理，即使是成员也应该主动进行协调。

谈判综合协调能力培养的难点主要表现在以下方面。

(1)谈判不是重复的人际活动，因此个性化极强。同时谈判队伍的组织往往不是长期性的组织，人员相互合作机会不多，很容易发生分歧。谈判又是短期工作，因此协调能力既重要，又很难。因此，在谈判综合协调能力培养中不仅要注意方式方法，还要培养稳定情绪的能力。

(2)谈判是决策活动，其结果将会影响到今后许多方面，对于谈判人员，尤其是首席代表，精神压力很大，给予其解决问题的时间和其他资源又十分有限，因此综合协调能力既重要又很难具备，这是谈判能力培养中最困难的方面之一。

重点五：谈判能力培养的长期性和特殊性

以上四个方面已经体现出谈判能力培养的主要方面，当然，不同人、不同事还有许多不同的方面，因此，第五个重点主要强调的是谈判能力本身是科学性和艺术性相结合的一种特殊能力。强调科学性主要体现在决策应建立在科学的基础上，因决策失误将会带来巨大损失。同时，谈判面对的是不同的环境、不同的事、不同的人，因此处事方式需要"因地制宜"，体现出艺术性。谈判有其规律性的一面，同时又有其特殊性的一面。其科学性在于讲科学，但涉及的科学领域很多，重点也不同。其艺术性又与一般的艺术门类不同，其即时性特别突出。可见谈判能力的培养难度很高，需要有长期的计划和打算。谈判能力培养中要注意以下几点。

(1)"因地制宜"。理论学习很有必要，但只停留于此将无济于事。案例教学不可少，但在案例学习中不是简单学习其方式方法，而必须通过案例思考在这种情况下为什么需要这样做，如果情况有变，我该如何应对，小变怎么变，大变又如何变。

(2)"对症下药"。自己在日常工作中面对的谈判也是学习的机会。总结自己的工作及谈判的经历，发现适应自己的规律所在，对今后的工作和谈判将是一笔不可多得的财富。如果经常参与公司谈判的人员则更需珍惜机会，及时归纳总结，针对所在行业、国家、地区、企业，寻找其内在规律，体现出科学性的一面。同时，针对谈判中的失败，哪怕是局部、偶然的失败更要思考其原因，为今后谈判带来帮助。我们经常说人类的知识来源于"成功的经验和失败的教训"，失败的教训更重要。

(3)加强交流不可少。同事、同行、朋友间的交流是很好的方式。而用模拟谈判来提高谈判能力是个好方法，建议经常实施。选择当前公司最关心的主题，组织不同的团队进行模拟谈判，对结果共同进行分析总结，这对谈判能力的提高有很大帮助，尤其是让新加入公司工作的职工或领导参与其中，不仅培养了新人，而且对于老员工也是接受挑战的机会。

进行该项活动的难点主要有以下两点。

(1)公司本身业务就很忙，无时间来做这样的培养工作。公司管理者应该知道，谈判能力也是公司竞争力的重要方面，如果在这方面进行投资，将来获得的回报将远大于投入。

(2)谁来组织这些活动也是难点。建议公司在组织和制度上增加这方面内容，纳入职工培训的相关领域。

参考文献

1. Hans Binnendijk. *National Negotiating Styles*. Washington，D C：Foreign Service Institute，1986.

2. Otomar J Bartos. *Simple Model of Negotiation*：*A Sociological Point of View*. In：I William Zartman ed. The Negotiation Process：Theories and Applications. Beverly Hills，California：Sage Publications，1978.

3. Charles W L Hill. *Global Business Today*. 4th ed. New York：McGraw-Hill，2006.

4. ［瑞士］苏珊·C. 施奈德等. 跨文化管理. 石永恒主译. 北京：经济管理出版社，2002.

5. 刘园. 国际商务谈判：理论、实务、案例. 北京：中国商务出版社，2005.

6. 井润田，席酉民. 谈判机理. 北京：机械工业出版社，2001.

7. 白彦锋. 国际经济惯例宝典. 北京：民主与建设出版社，2001.

8. 俞里江. 合同法典型案例. 北京：中国人民大学出版社，2003.

9. 张丽娟. 商法典型案例. 北京：中国人民大学出版社，2004.

10. 李晓文，张玲等. 现代心理学. 上海：华东师范大学出版社，2003.

11. 朱建林. 国际商事案例评析. 北京：中信出版社，2002.

后　记

　　商务谈判的教材已经有过一些，但其数量和质量总的来说和市场需求还有一定距离。欧美的许多商学院已经开设了商务谈判专业，集中精力培养适应现代商务活动的谈判人才，从这个角度来看，商务谈判教材还有更大的发展空间。在现在国内的谈判教材中，有大量的谈判理论和理念都借鉴于国外发达国家的成果，而具有我国特色的谈判的系统理论和方法还需要在实践中不断总结和提高。和其他学科不同，谈判不仅有其内在客观的规律，而且和所在国家、地区、行业的特点有着很密切的联系，简单引进只是学科发展的开始，如何归纳出适应我国经济发展需要的谈判人才所必须具备的能力和技巧，是我们今后必须重视的研究课题。本书只是在这个方面做了一些尝试，还需要更进一步的深入探讨和创新，尤其要在收集、总结、分析我国大量谈判案例的基础上，进一步提高我国学科自主发展的能力。因此，希望读者一起来参与该项研究活动，提升我国谈判人员的实践能力，形成符合我国特点的商务谈判理论体系和方法。

　　编者在编写本书过程中得到了许多同事、同学和朋友的大量帮助，特别是在初稿形成后，他们帮助指出了书中大量不足的部分，从而使书稿得到了多次修改和完善。在此对他们一并表示深切的感谢，并希望我们今后的合作进一步加深加大，为本书的进一步改进共同努力，为培养出更多更好的谈判人才贡献力量！

　　另外，为了使本书内容更趋务实和更易理解，我们引用了一部分相关方面的优秀文章和案例作为参考，在此基础上做了适当修订。在此，向相关作者表示深切的感谢，并尽我所能与你们联系。尚未联系上的作者，请见书后与我们联系，以便我们支付相应的报酬，谢谢。

编　者

北京师范大学出版集团
BEIJING NORMAL UNIVERSITY PUBLISHING GROUP
北京师范大学出版社科技与经管分社

官方微信公众号　　官方微博

地址：北京市海淀区信息路甲 28 号科实大厦 C 座 12B
电话：010-62979096/8896　　传真：010-62978190
网址：jswsbook.com　　　　邮箱：jswsbook@163.com

教师样书申请表

尊敬的老师，您好！

　　请您在我社网站的最新教材目录中选择与您教学相关的样书（每位教师每学期限选 1-2 种），并以清晰的字迹真实、完整填写下列栏目后经所在院（系）的主要负责人签字或盖章。符合上述要求的表格将作为我社向您提供免费教材样书的依据。本表复制有效，可传真或函寄，亦可发 E-mail。

姓名：＿＿＿＿＿＿＿　性别：＿＿＿＿＿　年龄：＿＿＿＿＿　职务：＿＿＿＿＿＿　职称：＿＿＿＿＿

院校名称：＿＿＿＿＿＿＿＿＿＿大学（学院）＿＿＿＿＿＿学院（系）＿＿＿＿＿教研室

通信地址：＿＿＿＿＿＿＿＿＿＿＿＿＿＿＿＿＿＿＿＿＿＿＿＿＿＿＿＿＿＿＿＿＿＿＿

邮编：＿＿＿＿＿＿　座机：＿＿＿＿＿-＿＿＿＿＿　手机：＿＿＿＿＿＿＿＿＿

E-mail：＿＿＿＿＿＿＿＿＿＿　微信：＿＿＿＿＿＿＿＿＿＿　QQ：＿＿＿＿＿＿＿

教授课程	学生层次	学生人数/年	用书时间
	□研究生□本科□高职 ＿＿＿＿＿		□春季 □秋季

现使用教材	版本	换教材意向
＿＿＿＿＿＿＿＿＿＿＿＿＿＿＿＿＿＿＿	＿＿＿＿出版社	□有　□无

换教材原因
课程 ＿＿＿＿＿＿＿＿＿＿＿＿＿＿＿＿＿＿＿＿＿＿＿＿＿＿＿＿＿＿＿＿＿＿＿＿

原因 ＿＿＿＿＿＿＿＿＿＿＿＿＿＿＿＿＿＿＿＿＿＿＿＿＿＿＿＿＿＿＿＿＿＿＿＿

曾编教材情况

书　　名	出　版　社	主编/副主编/参编	出版时间

教材编写意向：　□近期有编写意向　　□目前暂无意向

希望编写教材名称：＿＿＿＿＿＿＿＿＿＿＿＿＿＿＿＿＿＿＿＿＿＿＿＿＿＿＿

申请样书

书　　名	书号（ISBN）	作　者	定　价